BİNALAR NA

YEM Yayın

BİNALAR NASIL OKUNUR?

Resimli Bina Okuma Rehberi

YEM Yayın

3. Baskı

Carol Davidson Cragoe

YAPI-ENDÜSTRİ MERKEZİ
YEM Yayın – 179

Binalar Nasıl Okunur?
Resimli Bina Okuma Rehberi
Carol Davidson Cragoe
Özgün Basım: *How To Read Buildings*, Ivy Press, 2010

Çeviren: Pelin Derviş
Redaksiyon: Volkan Atmaca

Yayın Yönetmeni: Gülçin İpek
Yayın Sorumlusu: Mesut Kaya
Kitap Editörü: Bahar Demirhan
Grafik Uygulama: Kemal Kara

Birinci Baskı: Mayıs 2011
İkinci Baskı: Haziran 2012
Üçüncü Baskı: Haziran 2013
ISBN: 978-9944-757-47-8

YEM Yayın (Yapı-Endüstri Merkezi Yayınları)
Fulya Mah. Yeşilçimen Sok. No: 12/430
34394 Fulya/İstanbul
Tel: 0212 266 70 70 Faks: 0212 266 70 10
Sertifika No: 12370
e-posta: yemyayin@yem.net
web: www.yem.net

Çin'de basılmıştır.

Ivy Press baskısında;
Yaratıcı Yönetmen: Peter Bridgewater
Yayıncı: Jason Hook
Yayın Yönetmeni: Caroline Earle
Sanat Yönetmeni: Sarah Howerd
Proje Editörü: Dominique Page
Tasarım: JC Lanaway
Görselleştirme: James Neal

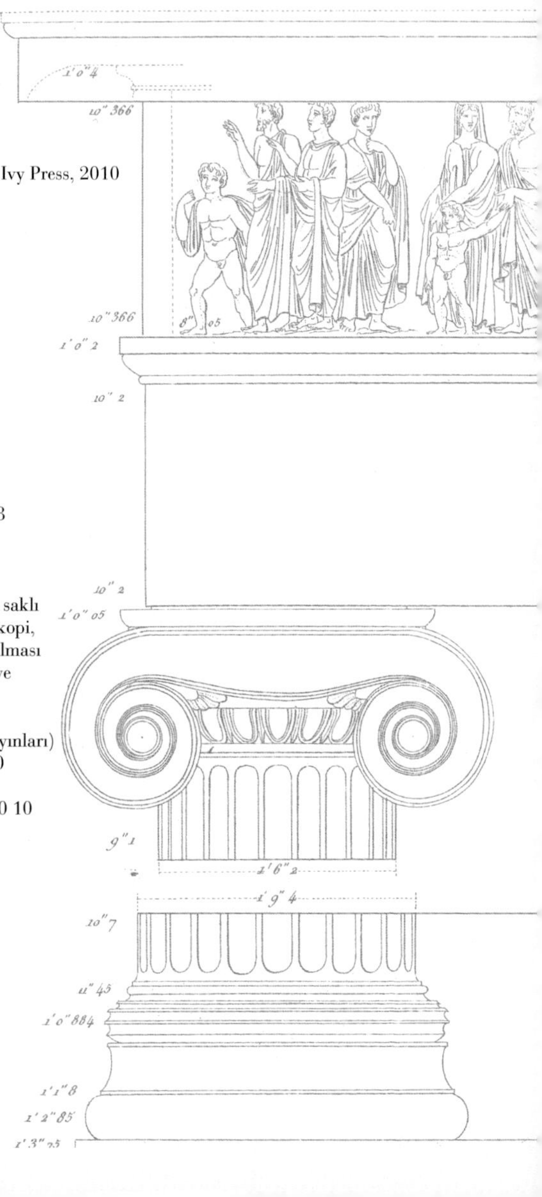

İÇİNDEKİLER

GİRİŞ

Çoğumuz her gün yüzlerce binanın önünden geçeriz. Bu binaların bazılarının farklı ya da özel olduğunu kolayca fark ederiz. Peki ama ne bakımdan farklıdırlar? Ne zaman ve niçin inşa edildiler? Elinizdeki kitap bu soruların yanıtlarını bulmanıza yardım edecek ve binaları anlamak için gereksinim duyduğunuz becerileri edinmenizi sağlayacak. Binanın tamamını ve bağımsız parçalarını gösteren gravürleri kullanarak, Antik Yunan'dan günümüze kadar gelen her çağa ait yapının anahtar özelliklerini tanımayı öğreneceksiniz.

Bina yapma sanatı olarak mimarlığın kendine ait bir dili vardır ve binaları okumak tıpkı herhangi bir dilde okuma yapmak gibidir: Başlamak için temel bileşenleri anlamamız gerekir, ama bir kere dilin yapısını kavradınız mı her şeyi okuyabilirsiniz.

Mimarlığın gramerini oluşturan üç anahtar konu vardır: Çağa bağlı üsluplar, farklı bina türleri ve yapı malzemeleri. Bunların tamamı binanın görünümünü son derece etkiler. Bu nedenle kitapta her birine bir bölüm ayrılmıştır. Bu 'gramatik' yapı içinde, binanın bağımsız parçalarına ait sütun, şömine, çatı, merdiven, pencere ve kapı gibi elemanları kapsayan bir mimari vokabüleri (sözcük dağarcığı) mevcuttur. Dekoratif bezeme de bu vokabülerin önemli bir parçasıdır. Kitapta yine bunlara ait ayrı bölümler bulunmaktadır. Ancak sizin de fark edeceğiniz üzere; üslup, bina türü ve malzemelerin gramatik yapısı tutarlı bir çerçeve sağlamakta, her bağımsız parça bunun içine girmektedir.

SAĞ ***Hephaistos Tapınağı, Atina, yak. MÖ 449'da Dor düzeni kullanılarak yapılmıştır; 7. yüzyılda Hıristiyan kilisesine çevrilmiştir.***

Bir binayı okumak

Özel detaylara girmeden önce mimari dilin öğelerinin birbirini nasıl tamamladığını gösteren bir örneğe bakalım. Burada gösterilen iki bina üzerinde düşünün. Ne olduklarına veya nerede bulunduklarına takılıp kalmayın; sadece benzerliklerine ve farklılıklarına dikkat edin. Farklılıkların ne olduğu açık: Soldaki Hephaistos Tapınağı uzun ve alçakken, sağdaki St. Pancras Kilisesi'nin ortasında yüksek bir kule var. Biraz daha yakından bakınca benzerlikler ortaya çıkmaya başlar: Kilisedeki detaylandırma daha hafif ve incelikli olmakla birlikte, özellikle kilisenin üçgen bir alınlıkla tamamlanan altı sütun dizisi ile tapınağın cephesi birbirine çok benzer. Bu bir tesadüf değildir. 19. yüzyılın başlarında inşa edilen kilise Yunan Yeniden Canlandırma üslubundadır. Dolayısıyla detayları kasıtlı olarak bir Antik Yunan tapınağını taklit eder. Kitabı bitirdiğinizde bu gibi karşılaştırmaları kolaylıkla yapabiliyor olacaksınız.

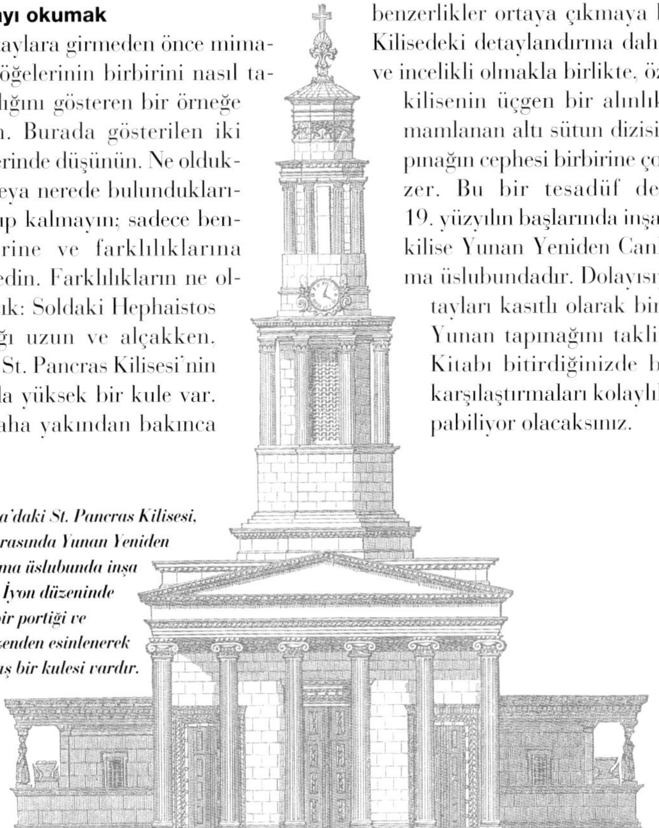

SAĞ *Londra'daki St. Pancras Kilisesi, 1819-22 arasında Yunan Yeniden Canlandırma üslubunda inşa edilmiştir; İyon düzeninde yapılmış bir portiği ve Klasik düzenden esinlenerek tasarlanmış bir kulesi vardır.*

İpucu Aramak

Binaları anlamak hafiyelik yapmaya benzer: Binayı teşhis etmenizi sağlayacak ipuçlarını bulmaya çalışmanız gerekir. Bu ipuçları, değiştirilmiş pencereler, malzeme farklılıkları, ya da onarım esnasında eski yapıdan artakalan parçalar olabilir veya binanın neden böyle olduğunu merak etmenize yol açan küçük detaylar ya da ilginç düzensizlikler gibi daha küçük ve hemen göze çarpmayan şeyler olabilir. Her yapı bir diğerinden farklıdır ve tıpkı iyi bir hafiye gibi, her birine açık fikirlilikle yaklaşmanız gerekir. Bununla birlikte, bulmaya çalışabileceğiniz kimi ortak ipuçları da vardır.

Detayların etkisi

Bu resimlerin de gösterdiği gibi, bir binayı anlamaya çalışırken hem detaylara hem de temelini oluşturan biçime bakmak son derece önemlidir. Bu üç evin içi tamamen aynıdır. Ancak dış cephede, birbirinden farklı görünmelerine neden olan düşey pilastr ya da yatay kat silmesi gibi farklı detaylar kullanılmıştır.

Çatı izleri

Bir binada yapılan değişikliklerin çoğu doku üzerinde bir tür işaret ya da iz bırakır. Burada, çatı hizası, daha yatık olacak şekilde değiştirilmiş ve önceki çatının izi ortaya çıkmıştır (1). Eski duvarın kalıntısı da, şimdi artık var olmayan yapıya ait bir ipucu veriyor (2).

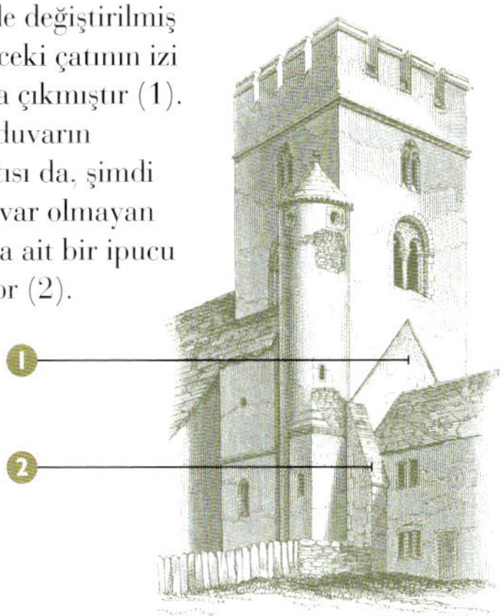

Değiştirilmiş pencereler

Farklı üsluplara ait pencereleri tanımak, bir binanın nasıl değiştiğini anlamaya yardımcı olabilir. Girişik bezemeli kayıtlarıyla ayırt edilen bu büyük 15. yüzyıl penceresi, 12. yüzyılda yapılmış olan ve kısmen halen görülebilen iki pencerenin yerini almıştır. Bu da kilisenin zaman içinde nasıl değiştiğini ortaya çıkarmaya yardımcı oluyor.

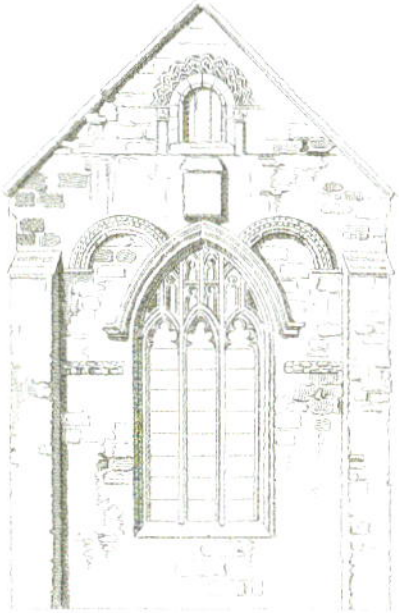

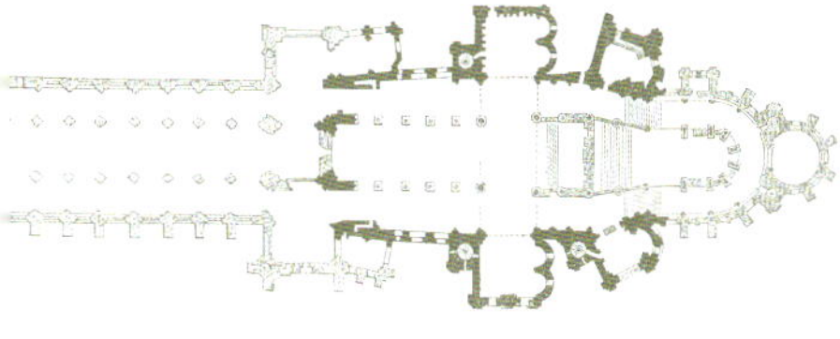

Gariplikler

Alışılmadık ya da düzensiz özellikler, genellikle binada yapılmış değişikliklere yönelik işaretlerdir. Örneğin, İngiltere'deki Canterbury Katedrali'nin doğu ucundaki (burada sağda) girintili çıkıntılı eğrisellikler daha eski bir yapıya işaret eder. 1170 ile 1180'ler arasında katedralin doğusundaki yeni kısım yapılırken bu eski yapı kısmen yıkılmıştır.

Kat ilavesi

Bu İtalyan belediye binasının arasına 18. yüzyılda bir kat ilave edilmiş olmalı, çünkü üstündeki Neoklasik pencereleriyle dükkân cepheleri, onları çevreleyen ve özgün halinde açık olması gereken Ortaçağ kemerleriyle çelişiyor. Dıştaki merdiven de iç mekân düzenlemesindeki bu değişikliğin bir işareti.

Giriş

Binanın işlevi onun görünümünü etkileyebilir. Pek çok binanın, kilise kulesi ya da dükkân vitrini gibi, onları tanımamızı kolaylaştıran belirgin özellikleri vardır. Çoğunlukla bu özellikler dekoratif olmanın yanı sıra kullanıma yönelik amaçlar taşır: Örneğin bir kilise kulesinin içinde, insanları ibadete çağıran çanlar bulunabilir. Bu anahtar özelliklere aşina olmak farklı bina türlerini tanımamıza yardımcı olacaktır. Fakat bir bina türüne ait elemanlar bambaşka bir binada dekoratif unsurlar olarak da kullanılabilir. Genellikle bunun nedeni bir yapı türünü diğeriyle ilişkilendirme çabasıdır.

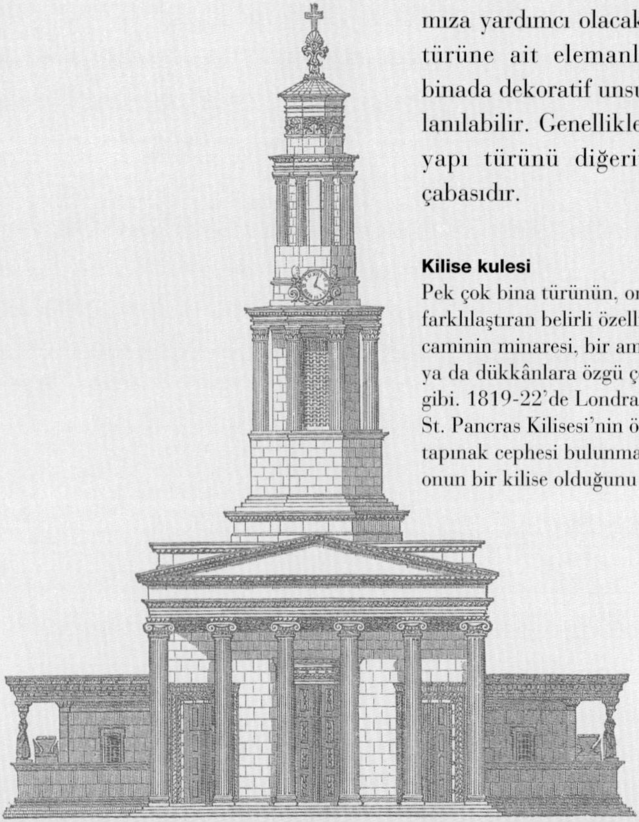

Kilise kulesi
Pek çok bina türünün, onu diğerlerinden farklılaştıran belirli özellikleri vardır. Bir caminin minaresi, bir ambarın büyük girişleri ya da dükkânlara özgü çok geniş pencereler gibi. 1819-22'de Londra'da inşa edilen St. Pancras Kilisesi'nin önünde bir dekoratif tapınak cephesi bulunmakla birlikte, kulesi onun bir kilise olduğunu gösterir.

Tapınak cephesi

Burada gördüğünüz, İzmir, Seferihisar'daki Teos Dionysos Tapınağı'nda olduğu gibi, sütunlar üzerinde taşınan belirgin üçgen alınlığıyla bir Klasik tapınağın kendine özgü cephesi, içinde bir sella (*cella*) yani kutsal yapı barındırır. Tapınak cephesi Rönesans, Barok ve Neoklasik dönemlerde bir dekoratif unsur olarak yaygın şekilde kullanılmıştır.

Birleştirilmiş özellikler

Olabildiğince çok bina türüne ait özellikleri tanıyabilmek yararlıdır, çünkü bazı binalar birden fazla biçimi bir araya getirir. Örneğin, Polonya'daki Malbork Şatosu, Knights' Hall'da bir müstahkem kule biçimi kullanılmıştır. Ancak buna, bir aristokrat konutunun karakteristik özelliği olan büyük, dekoratif pencereler eklenmiştir.

Tren garı

Yeni işlevler, tren garı gibi yeni bina türlerinin geliştirilmesine neden olmuştur. 1851-2'de inşa edilen, Londra'daki King's Cross ilk garlardan biridir. Büyük ve kemerli tren hangarları belirgin bir şekilde bina cephesine yansıtılmıştır. Ayrıca dikkat çekici bir saati ve büyük bir bekleme alanı vardır.

Kolonatlı sıraev

John Nash tarafından tasarlanan, Londra'daki erken 19. yüzyıl yapısı Park Crescent, aslında bitişik nizamda düzenlenmiş uzun bir sıraevdir. Sütun dizisi, tüm tasarımı birleştirerek, her evin sahip olduğundan daha büyük bir bütün oluşturmasına yardımcı olur.

Dinsel

Dini yapıların biçimi bir dinden diğerine farklılık gösterir. Ancak pek çoğu, inananların bir araya gelebileceği bir mekân sağlama özelliğini paylaşır. Çoğu dinde bu mekân cinsiyete göre bölümlere ayrılmıştır. Ayrıca bir dine henüz tam anlamıyla girmemiş kişiler için de özel alanlar ayrılmış olabilir. Hıristiyan ayini gibi, rahipler tarafından gerçekleştirilen ayinlerin düzenlendiği dinlerde, genellikle bu amaç için ayrılmış açık veya gizli bir mekân ayrıca bulunur. Dini yapılar genellikle çevredeki en belirgin yapılardır ve kubbeleri ya da gökyüzüne uzanan yüksek kuleleriyle daha da dikkat çekici hale gelmiş olabilirler.

Kilise cephesi

Bölümlerin düşeydeki organizasyonuna cephe denir. Büyük Ortaçağ kiliseleri çokkatlı yapılardı. Bir kilise ya da katedral cephesinin anahtar bölümleri içinde; üst kısımdaki yüksek tepe pencereleri (1), triforyum (2), tonozlar (3), tonoz destekleri (4), nef kemeri (5), yan sahın pencereleri (6) ve sağır arkatlar (körkemer dizisi) (7) bulunur. Ancak her kilisede bu elemanların hepsi birden olmayabilir.

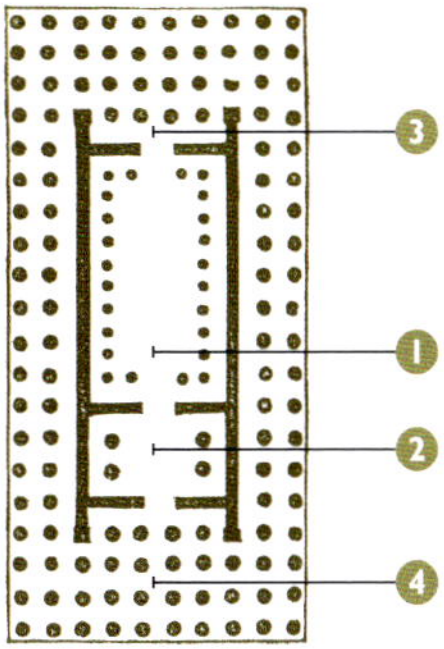

Tapınak planı

Yunan tapınağındaki sella (1), içinde tanrıya adanmış bir heykel barındırmaktaydı. Penceresi yoktu ve ibadet eden kişiler dışarıda dururken, burası sadece rahiplere ayrılmıştı. Önünde *pronaos* (2), arkasında *epinaos* (3) vardı ve tamamı genellikle bir peristil ya da kolonatla (4) çevriliydi.

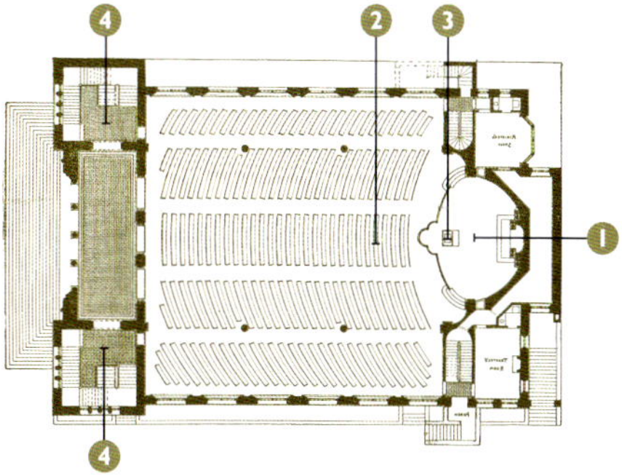

Sinagog

Sinagog bir Yahudi dini yapısıdır ve doğu ucunda, içinde Tevrat'ın bulunduğu kutsal dolabı taşıyan bir yükseltilmiş platform (1), oturmak için büyük bir alan (2) ve bir okuma sırası ya da *bema* (3) barındırır. Burada gördüğünüz, New York'taki Temple Beth-el'de (1892), merdivenlerle ulaşılan kadınlar galerisi de bulunmaktadır (4).

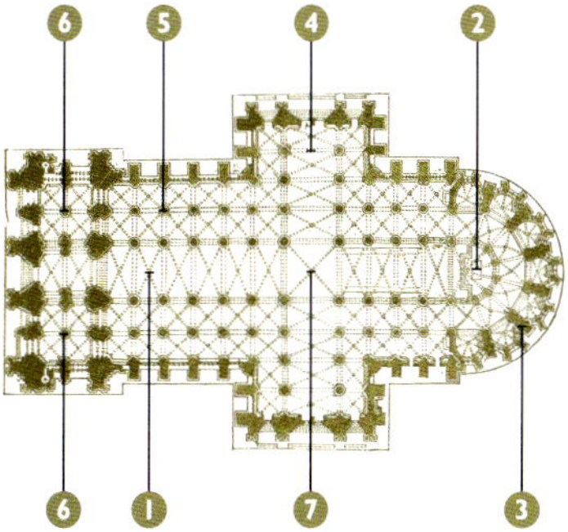

Kilise planı

Bir Hıristiyan kilisesinde iki ana bölüm vardır: İbadet eden kişilerin toplandığı nef (1), ayinin gerçekleştirildiği koro yeri (2). Burada gördüğünüz, Almanya'daki Köln Katedrali gibi daha büyük kiliseler daha karmaşıktır ve genellikle içinde kavisli bir apsit (3), transeptler (4), yan sahınlar (5) ve batı kuleleri (6) ile bir merkezi transept kavuşağı (7) barındırır.

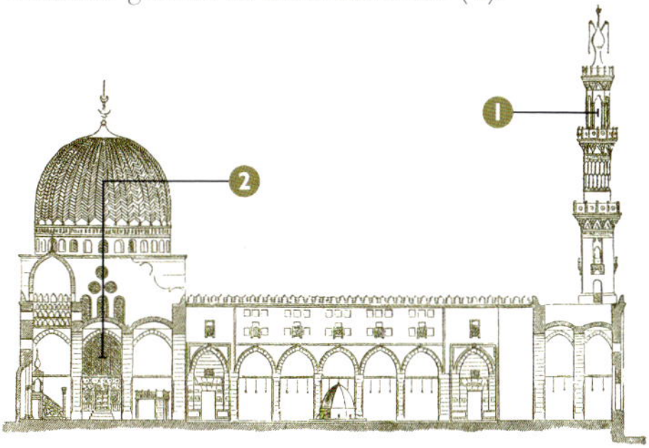

Cami

İslami ibadet yerlerine cami denir. Anahtar özellikleri arasında, ezan okumak için kullanılan ve minare adı verilen bir yüksek kule (1); ibadet eden kişilerin toplandığı ve vaaz dinlediği, genellikle kubbeli bir büyük mekân (2) vardır. Burada 12. yüzyıla ait Sultan Barkuk Camisi'ni görüyorsunuz (Kahire, Mısır, yak. 1149).

Şato ve Saraylar

Şato bir savunma yapısıdır. Saray ise kraliyete ya da aristokrasiye ait bir konuttur. Ancak Ortaçağ'da ikisinin arasındaki fark bulanıklaşmış, şatolar bir lüks yaşam ve konaklama mekânına dönüşmüş, saraylar dışarıya karşı daha korunaklı hale getirilmeye başlanmıştır. Kule de Ortaçağ kalelerinin ve aristokratik konutların önemli bir parçası haline gelmişti. 17. yüzyıldan sonra kale ile aristokratik yerleşmeler belirgin bir şekilde ayrıldı. Saray mimarisi, sahibinin zenginliğini ve saygınlığını yansıtan bir vitrin haline geldi. Büyük evlerin çoğu 18. ve 19. yüzyıllarda inşa edildi. Diğer yeni bina türleri, özellikle de büyük oteller, saray mimarisine ait terimleri ödünç aldı.

Ortaçağ şatosu

Bir Ortaçağ şatosu olan, Paris'teki Eski Louvre (bugünkü Louvre'un altında kalıntıları halen görülebilir), bir kale kapısı (1), köşe kuleleri (2) ve bir merkezi burçla (3) güçlü bir şekilde korunmaktaydı. Ancak aynı zamanda kral ve ailesi için lüks konaklama mekânları (4) ile bir de şapeli (5) vardı.

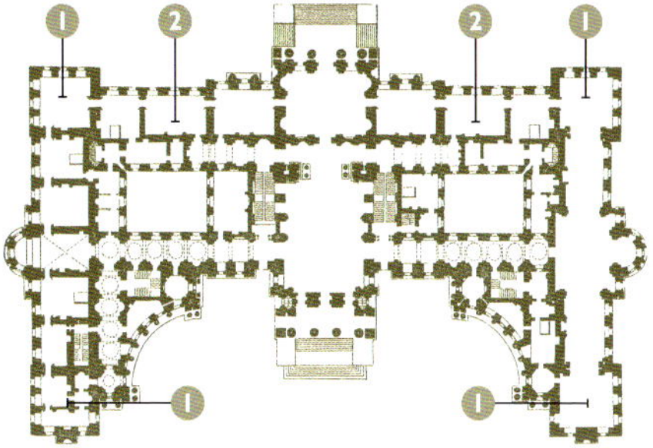

Rönesans sarayı

Medici ailesinin Floransa'daki sarayı (*palazzo*) İtalyan Rönesansı saraylarına tipik bir örnektir (yapımına 1444'te başlanmıştır). Güçlü duvarlarıyla giriş katı, eşyaların saklanması için depo alanları sunmakta ve ortadaki avluya geçiş sağlamaktaydı. Ana yaşama ve uyuma mekânları, çifte kemerli pencere düzeninin olduğu üst katlarda yer almaktaydı.

Çıkma kuleli saray

İngiltere, Oxfordshire'daki Blenheim Sarayı, Marlborough Dükü için 1705-22'de yapılmıştır. Köşe kuleleri (1), sarayın korunaklı yapısını ve askeri zaferlerin anısını hissettirmekle birlikte, işlevsel değil dekoratiftir. Bu dönemde yaygın olarak görüldüğü üzere, lüks içindeki ana odaların, ayrı bir koridora gerek olmaksızın birbirine geçişleri vardır (2).

Milyonerler malikânesi

19. yüzyılın varsıl ticaret ve endüstri patronları kendilerine, adı saray olmasa da saraydan farkı olmayan muazzam evler yaptırdılar. Vanderbilt ailesinin İtalyan tarzında yaptırdığı 78 odalı evi The Breakers buna örnek gösterilebilir (Newport, Rhode Island, ABD). Richard Morris Hunt tarafından tasarlanan bina 1893-5 tarihinde yapılmıştır.

Büyük otel

19. yüzyılda tren ve buharlı gemilerin gelişmesi ve kitle turizmini desteklemesiyle birlikte, otel giderek önem kazanan bir bina türü haline geldi. Sarayların görsel dilini ödünç alan oteller çok büyük binalar meydana getiriyordu. Örneğin, Singapur'daki Raffles Oteli (1887) Palladyen pencere düzenini yerel motiflerle birleştirmekteydi.

Konut

Etrafımızı çevreleyen başlıca bina türü konuttur. Konut tasarımı çağlar boyunca hatırı sayılır değişimler geçirdi. Antik dünyada, (hatta günümüzde) pek çok sıcak ülkede evler, bir merkezi avluyu çevreleyen, yan tarafı açık odalar şeklinde yapılırdı. Ortaçağ Avrupası'nda evlerin en önemli mekânı büyük holdü. Bu büyük açık oda mutfak, yemek yeme ve uyuma alanı olarak kullanılmaktaydı. 16. yüzyılda bölümlere ayrılmış özel mekânlar daha sık görülmeye başlandı; buna üst katlardaki mekânlar da dahildir. Şehirlerin büyümesi aynı zamanda sıraevlerin gelişmesine neden oldu.

Toskana atriyumu
Bu Toskana atriyumunun (*atrium tuscanum*) içi, Antik Roma evlerinin son derece zengin olan işçiliğini gösteriyor. Gökyüzüne açılan merkezi atriyumun kasetli bir tavanı ve duvarlarında renkli freskleri vardır. Bağımsız odaların açıldığı bu mekânın ortasında bir su öğesi yer almaktaydı.

Büyük hol

Bir Ortaçağ evinde, müşterek yemek yeme ve uyuma alanı olarak kullanılan büyük hol ana yaşama mekânıydı ve tipik olarak büyük pencerelerle çatıya açılıyordu. En uçta yer alan kapılar, ayrı ayrı yaş ve kuru depolama yapılan kilerlere açılmaktaydı.

Çıkmalı kentsel konut

İçeriye girmeden, bu Ortaçağ Fransız konutunun kaç katlı olduğunu söylemek mümkündür. Çıkmanın güçlendirme amacıyla dışarıya doğru taşan döşeme kirişleri, farklı katları belirgin olarak gösterir. Evin cephesi boyunca uzanan çıkma kirişinin genellikle ağır bir bezemesi vardır.

Banliyö evleri

Örneğin, bunun bir ev mi, yoksa bir dükkân mı olduğundan nasıl emin olabiliriz? Kısmen, ne çok büyük ne de çok küçük olan boyutlarından, kısmen de tek bir girişi ve tüm katlarda aşağı yukarı aynı büyüklükte pencereleri olmasından dolayı bu bir evdir. Bir dükkânın zemin kat pencereleri daha büyük olur.

Apartman blokları

Highpoint Blokları Londra, Highgate'te yaklaşık olarak 1935'te inşa edilmişti. Bunun bir apartman bloğu olduğunu tekil girişlerinden ve katlar boyunca devam eden pencerelerinden açıkça anlayabilirsiniz. Bloklar, her daireye düzgün bir biçimde gün ışığı ve hava girecek şekilde tasarlanmıştır.

Kamusal

Pek çok toplumun çok sayıda insana açık olan bazı kamu binaları vardır. Bu binalar belediye veya hükümet binaları ya da büyük ölçekli eğlence veya yurt binaları olabilir. En yaygın kamu binaları arasında tiyatrolar, hükümet binaları, kütüphaneler ve müzeler vardır. Bu binaların, onları konutlar, dini ya da ticari yapılardan ayıran, kendine özgü bir mimari vokabüleri vardır. Belediye saraylarının hemen göze çarpan kuleleri gibi belirli anahtar özellikler yaygın olarak görülmektedir. Ayrıca kamu binalarının (bir tiyatronun oditoryumu veya bir müzenin açık galeri mekânları gibi) belirgin iç mekân düzenlemeleri de vardır.

Tiyatro
Bir Antik Yunan tiyatrosundan alınan bu kesit, onun modern tiyatroya ne kadar benzediğini gösteriyor. Oturma yerleri, herkesin sahneyi rahatça görebilmesi için kademelendirilmiş veya açılandırılmıştır. Gösteri, müzisyen ve dansçıların yer aldığı orkestranın üzerindeki yükseltilmiş sahnede gerçekleşmekte, onun arkasında da soyunma odaları ile depo alanları bulunmaktaydı.

Belediye sarayı

Brüksel'deki bu 15. yüzyıl Geç Gotik belediye sarayının, üzerinde bir saat ve içinde çan bulunan çok belirgin bir kulesi vardır. Saatin şehrin içinden görünmesini sağlayan kule aynı zamanda kent sakinlerinin gururu ve şehrin bir simgesiydi.

Okul kütüphanesi

Kütüphane eğitim yapıları için her zaman çok önemli olmuştur. İngiltere, Cambridge'deki Trinity College'ın 17. yüzyıla ait kütüphanesinin, üst kattaki okuma odasına doğal ışığın düzgün bir şekilde girmesini sağlayan büyük pencereleri vardır. Alttaki kemerler kitap raflarını perdelemektedir.

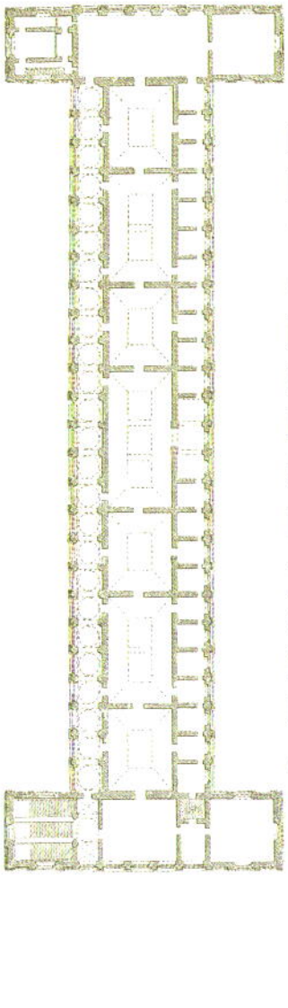

Müze

Devlet müzeleri geç 18. yüzyılda yeni bir bina türü olarak ortaya çıkmıştı. Münih'teki Alte Pinakothek bunun ilk örneklerindendir. Müzenin ortasında birbirine bağlı bir dizi galeri yer alır. Bu galerilerin yanında, yukarıdan ışık alan ve yanları açık olan daha küçük galeriler bulunur. Bu düzenleme bugün hâlâ müzelerde yaygın olarak kullanılmaktadır.

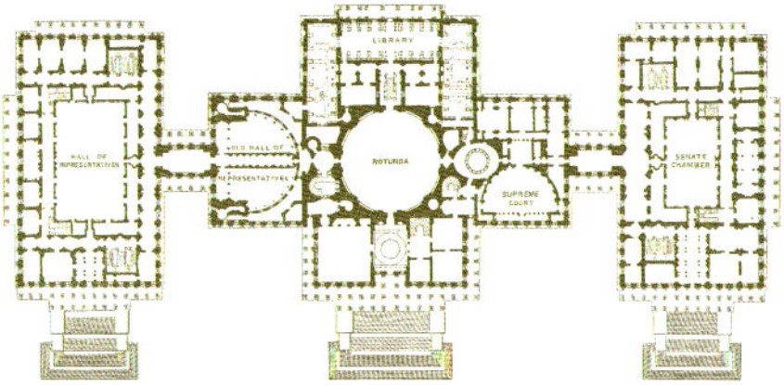

Hükümet binası

Washington D.C.'deki Kongre Binası'nın mimarisi, seçimle gelen iki organı olan Senato ve Temsilciler Meclisi'yle birlikte Amerikan hükümetinin yapısını yansıtır. Her ikisinin birer uçta yer alan büyük salonları vardır. Merkezde bir kubbeli giriş rotondası bulunmaktadır. Yüksek mahkeme için de ayrıca daha küçük bir salon yer almaktadır.

Ticari

Alım satım ya da üretim yapan her toplum, bu malları üretip saklayacağı, ayrıca satıcı ve alıcıların buluşabileceği yerlere gereksinim duyar. Bir ticari mekân, yere serilen örtü kadar basit olabilir. Ancak şehirler geliştikçe, malların hem saklanıp hem de satılabileceği, ticari amaçlı yapılara sahip olmak cazip hale gelmeye başlamıştır. Şehirlerde mekân üzerindeki baskı, dükkânların, genellikle sahibinin içinde yaşadığı ya da kiraya verdiği konutlarla birleştirilmesi anlamına gelmekteydi. Her türlü malın satıldığı büyük mağazalar 19. yüzyılda gelişmeye başladı.

Stoa

Bir tür üzeri kapalı, bir veya iki katlı kolonat olan Antik Yunan *stoa*'sı, ilk alışveriş merkezlerinden biriydi ve genellikle bir pazaryerini çevrelemekteydi. Arkadaki masif duvarın karşısına küçük dükkânlar yapılır, öndeki açık kolonat ise müşterilere ve diğer köylülere gölgeli bir yürüyüş yolu sağlardı.

Ticaret ve konut

Şehir mekânları üzerindeki baskı, dükkân ile konutun genellikle aynı bina içinde bir araya gelmesi demekti, bugün için de bu geçerli. Bu Geç Ortaçağ Fransız yapısının zemin katında bir dükkân, üstünde ise, modern apartmanlardaki gibi, farklı aileler tarafından kullanılan birkaç kat konut vardı.

Hal

Ortaçağ'da giderek büyüyen uluslararası ticaret, liman kentleri gibi ticaret merkezlerinde tüccarlara yönelik bina yapımının gelişmesine neden oldu. Valencia'daki bu Geç Ortaçağ İspanyol ticarethane ya da halinin (*casa lonja*), orada satılan malları koruma altına almak amacıyla yapılmış kalın duvarları ve sık parmaklıklı pencereleri vardır.

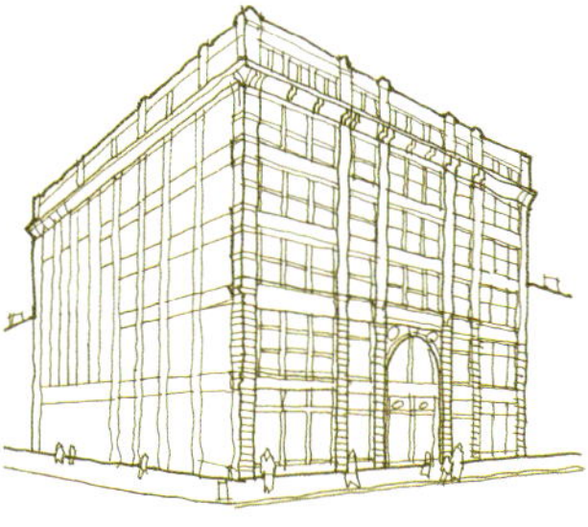

Büyük mağazalar

New York'taki Bloomingdale's gibi büyük mağazalar 19. yüzyılda icat edildi. Daha önceleri ayrı dükkânlarda satılan çok çeşitli mallar artık buralarda bir araya getiriliyordu. Bu binaları, oldukça dikkat çekici ve müşterileri içeriye çeken girişinden ve sokak kotundaki geniş vitrinlerinden kolayca tanıyabilirsiniz.

Toptan satış mağazası

Sidney'deki Dalton Brothers' Toptan Satış Mağazası ve sergi salonlarının, araba girişleri için geniş açıklıkları ve zemin katında dikkat çekici vitrinleri vardır. Bu binalar, sadece malların saklanması ve ticaretin yürütülmesi için kullanışlı yerler olmakla kalmıyor, aynı zamanda, en yeni mimari üsluplar kullanıldığından sahipleri için büyük bir reklam kaynağı oluyordu.

Giriş

Üslup, bir binanın ne zaman yapıldığını ve bazen de ne olduğunu fark etmemize yardımcı olur. Burada bazı önemli üsluplara bakacağız. Mimari üsluplar zaman içinde belirgin bir biçimde değişmiştir ve diğer modalar gibi eski üsluplar da bazen yeniden canlanmıştır. Mimari üslubun iki anahtar bileşeni vardır: Bağımsız dekoratif detaylar ve binanın tüm parçalarının genel düzenlemesi. Hem Yunan tapınağının hem de Gotik katedralin sivri kalkan duvarları vardır. Ancak kalkan duvarlarının görünümü ve yerleştiriliş şekli ya da örneğin bir katedralde kullanılan girişik bezemeler ve dayanma ayakları gibi diğer detaylar sayesinde tapınak ile katedral kolaylıkla ayırt edilebilir.

Motiflerin yeniden kullanımı

Pek çok mimari üslup, yeni motiflerin yanı sıra, eski üsluplara ait öğeleri de içinde barındırır. Burada gördüğünüz, Venedik'teki Scuola Grande di San Marco'da (yak. 1480-90'lar) olduğu gibi, Rönesans üslubunda; sütunlar üzerinde duran saçaklığın altındaki kemer, alınlık ve kasetleme gibi pek çok Roma kökenli motif kullanılmış ,ancak bunlar yeni bir anlayışla bir araya getirilmiştir.

Tapınak üslubu ve yapımı

Yunan tapınaklarının anahtar üslup özelliği olan alınlık ve portiğin hem strüktürel hem de dekoratif işlevleri vardı. Burada görüldüğü gibi, sütunlar, binanın çevresindeki açık geçidin üstünü örten tavanı taşıyor; alınlık, ortadaki sella yapısı ile dıştaki portiğin üzerindeki çatıyı bütünleştirip gizliyordu.

Roma arkadı

MÖ 1. yüzyıl yapısı olan, Roma'daki Marcellus Tiyatrosu'nda gördüğünüz gibi, sütunlar tarafından taşınan lentonun altındaki kemerler Roma mimarlığının anahtar özelliğidir. Bu üslup, Yunan mimarlığında kullanılan ve görece daha zayıf olan lentolu konstrüksiyonu (dikme ve lentoyla yapılan) güçlendirmek için kemerlerin kullanılmaya başlanmasıyla ortaya çıkmıştır.

Gotik pencere

Fransa'daki Chartres Katedrali'nin 14. yüzyıl penceresi Gotik üslubun tüm unsurlarını barındırmaktadır: Sivri kemerler, dekoratif kalkan duvarları, girişik bezemeli pencere kayıtları (şekillendirilmiş taş kayıtlar) ve heykelli nişler. Bu tür detayları tanıyabilmek, bir binanın ne zaman ve ne için yapıldığını teşhis etmeye yardımcı olur.

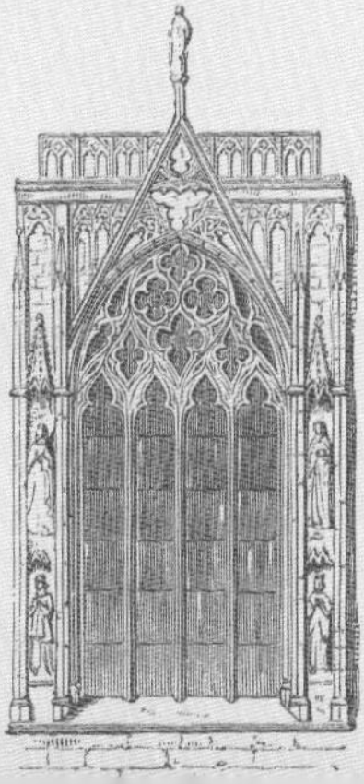

Neoklasik detay

Mimari üslup, belirli tarihsel dönemleri çağrıştırmak ve ayrıca servet ya da mevki gibi bazı özellikleri sembolize etmek amacıyla kullanılabilir. Amerika'daki bu 20. yüzyıl banliyö evinin tasarımcısı, Güney Amerika İç Savaşı öncesindeki ihtişamı çağrıştırmak için Neoklasik detaylar kullanmıştır.

Yunan

Antik Yunan mimarlığı esasen ahşap yapılardaki dikme-kiriş sistemini temsil etmekte ve taşla yapılmaktaydı. Bugün ayakta olan yapıların çoğu tapınaklardır. Diziler halindeki yüksek sütunlar bir lentoyu, bu da bina boyunca uzayan bir eğimli çatı strüktürünü taşır. Eğimli çatının her iki yanında yer alan ve bu üslubun anahtar özelliği olan kalkan duvarlarının yoğun bezemeleri vardır. Düzen olarak bilinen katı kurallar; sütunların boyutu ve şekli, sütun başlıklarının bezemesi ve üzerindeki saçaklık gibi, binanın her parçasının tasarımını belirler.

Erken Korent düzeni
Şatafatlı Korent düzeninin ilk örneklerinden biri Atina'da, Akropolis'in altında yer alan Lysikrates Anıtı'dır (MÖ 335-4). Koro şefi Lysikrates'in bir koro yarışmasında kazandığı bronz kâseyi taşıyan bu anıt, tanrılara bir teşekkür adaklığıydı.

Dor düzeni

Görece sade sütun başlıkları, yivli sütunları, almaşık yivli triglifleri ve sade ya da heykelli metoplarıyla Dor düzeni, Yunan anakarasındaki Antik dönem mimarlığının en belirgin özelliğiydi. Daha sonraki Roma Dor düzeninden farklı olarak, Yunan Dor düzeninde sütunların altlığı yoktur. Sütunlar göze daha hoş görünsünler diye ortaya doğru hafifçe şişkin yapılmıştır.

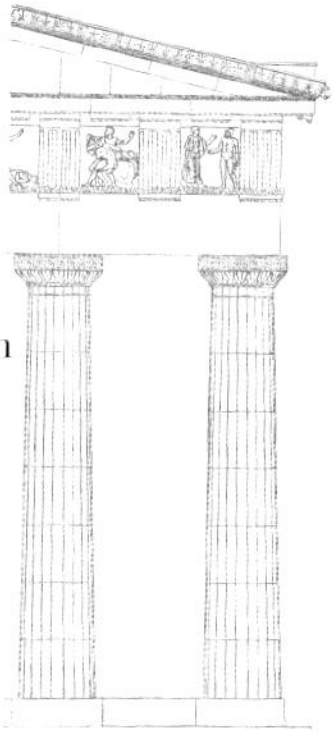

Tapınak planı

Yunan tapınağının tasarımı, tüm parçaları belirleyen katı oran kuralları üzerine temellenmekteydi. Genellikle tapınağın, *pronaos* olarak anılan giriş portiği, ana sella (*naos*) ve arkasındaki *opistodomos*'tan oluşan iç kısmının çevresinde bir peristil (kolonat) yer almaktaydı.

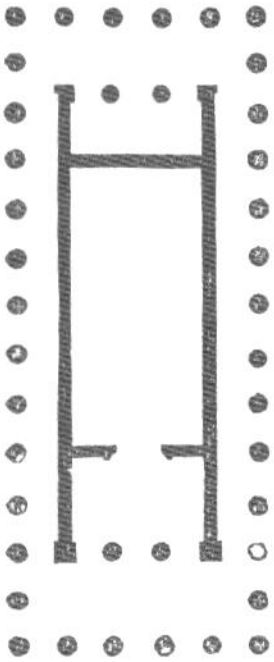

Sella

Yunan tapınağının kalbi olan sella (*cella*) rahiplere ayrılmıştı. Burada, tanrı ya da tanrıçaların heykelleri ve insanların getirdiği adaklar yer almaktaydı. Sella bir portikle kuşatılmıştı. Altar genellikle en üst basamakta (stilobat) yer almaktaydı.

Renkli bezemeler

Bugün Yunan mimarlığının yalın, beyaz mermerlerle karakterize olduğunu düşünürüz. Ancak özgün halde gösterişli ve canlı renklerle boyanmış olmalılar. Bu çizim, bezemesiz ve yalın olduğunu sandığımız bir Dor sütunu ile başlığının geometrik şekillerle ve yaprak motifleriyle nasıl boyanmış olabileceğini gösteriyor.

Roma

Romalılar kemerin strüktürel olanakları, betonun kullanımı ve kubbenin gelişimi gibi çeşitli önemli teknik buluşlara imza atmıştı. Bu yenilikler, daha basit olan Yunan lentolu yapım sistemlerinde mümkün olandan daha büyük ve karmaşık binaların yapımını olanaklı kıldı. Kemer kullanımı, özellikle kemer sistemi içinde yer alan sütun ve saçaklıklardaki bezeme çeşitliliğini de artırdı. Hem duvarlardaki hem de tavandaki yüzey bezemeleri daha da zenginleşti. Sonraları, Roma mimarlığındaki savurganlık eleştirmenler tarafından imparatorluğun çöküş ve gerilemesinin bir sembolü olarak görülecekti.

Roma özeni
Roma mimarlığı, özellikle tapınak mimarisi (burada gördüğünüz, MÖ 1. yüzyıl yapısı olan Fortuna Virilis Tapınağı'nda olduğu gibi) Yunan mimarlığının temel özelliklerini paylaşmaktaydı: Belirgin bir portik, düzen (burada İyon) ve basamaklı podyum. Ancak bütününde daha bezemeli ve detaylı olma eğilimi taşıyordu.

Strüktürel kemer

Burada gördüğünüz, Roma'daki Colosseum'da olduğu gibi, saçaklık çerçevesi içinde yer alan kemer düzeni, Roma mimarlığının anahtar özelliğiydi. Kemerler gerçekten ek yük getirse bile, lentonun sütunlar tarafından taşındığı yapının görünümü bu şekliyle bırakılmak istenmediği için, bu özellik ortaya çıkmıştı.

Beton kubbe

Roma'daki Panteon'un (yak. MS 118-28) yarımküre şeklindeki karakteristik kubbesi ve zengin iç dekorasyonu, sonraki mimarlıklar üzerinde çok etkili olmuştur. Panteon tüm tanrılara adanmıştı ve muazzam kubbesi Rönesans'a kadar aşılamadı. 7. yüzyılın başlarında kiliseye çevrildi.

Geç Roma saray kompleksi

Geç Roma İmparatoru Diokletianus, Hırvatistan, Split'te büyük bir saray ve tapınak kompleksi inşa etmişti (yak. MS 300-6). İçine sonradan eklenen binalarla gördüğünüz giriş avlusunda, Korent düzeninde sütunları olan bir arkat yer almaktadır. Üstteki ağır kornişe dikkat edin ve kemerlerin dıştaki çerçeveden nasıl bağımsızlaştığını inceleyin.

Roma konutu

Geç 18. yüzyılda, kayıp şehir Pompeii'nin Napoli yakınlarında bulunması, özellikle Neoklasik mimarlığın gelişimi bakımından çok önemli olmuştu. Çünkü ev, bazilika, hamam gibi Roma konut yapıları daha önce görülenlerden çok daha iyi korunmuş bir halde ortaya çıkarılmıştı.

Erken Hıristiyan ve Bizans

Hıristiyanlık, MS 326'da Roma İmparatorluğu'nun resmi dini haline geldi. İmparator Konstantin bundan birkaç yıl önce dinini değiştirmişti. Roma mimarlığındaki biçimler Hıristiyan kullanımına uyarlandı. Özellikle, Romalıların toplantı salonu olarak kullandığı sahınlı bazilika, Hıristiyan kiliselerinin ortak biçimsel öğesi haline geldi. Mimari bezemeler de bu yeni dine uyarlanmıştı. İmparatorluğun 5. yüzyılda düşmesinden sonra Roma bina yapım geleneği Avrupa'da büyük ölçüde terk edildi. Bizans olarak bilinen Doğu coğrafyasında ve başkent Konstantinopolis'te (İstanbul) ise varlığını sürdürmeye devam etti.

Sahınlı bazilika
Konstantin'in hükümdarlık döneminde Roma'da inşa edilen San Paolo fuori le Mura'da olduğu gibi, tipik bir beş sahınlı bazilika planında, tepe pencereleriyle aydınlatılan bir merkezi nef ve daha alçak yan sahınlar bulunmaktaydı. Altar, Roma bazilikalarında mahkeme olarak kullanılan apsitte yer alıyor, cemaat nefte toplanıyordu.

Kubbeli bazilika

Binanın ortasına doğal ışık taşıyan merkezi bir kubbenin katılmasıyla, bazilikanın uyarlanma süreci daha ileri bir noktaya taşınmıştı. MS 532-7'de, Konstantinopolis'te (İstanbul) inşa edilen Ayasofya en önemli kubbeli bazilikalardan biriydi. Ana kubbenin yanı sıra, bir haçvari plan şeması meydana getiren altkubbeleri vardır.

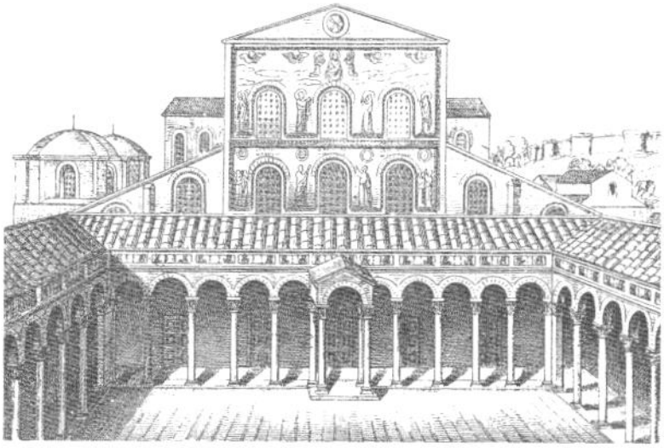

Dış narteks

Narteks (kapı saçağı), Erken Hıristiyan kiliselerinin önemli bir parçasıydı. Henüz vaftiz edilmemiş inananlar ayine bizzat katılamamaktaydı. Bu yüzden ayinin ikinci kısmı süresince nartekse çekilirlerdi. Roma'daki (Eski) Aziz Petrus Bazilikası'nın narteksinin büyük toplantılar için bir açık atriyumu (avlu) vardı.

Mozaik dekoru

Roma'daki Santa Costanza gibi Erken Hıristiyan ve Bizans kiliselerinin iç mekânları mozaiklerle (kare biçimli, minik, renkli cam ve taşlarla yapılan resimler) çok zengin bir şekilde dekore edilmişti. Işıltılı bir etki veren altın kaplı karolar da özellikle arka planlarda kullanılmaktaydı.

Hıristiyan sütun başlığı

Bizans sütun başlıkları, Korent sütun başlıklarının sadeleştirilmiş ve stilize edilmiş birer uyarlamasıydı. Venedik, San Marco örneğinde, ortadaki Hıristiyan hacının etrafındaki akant yaprakları stilize edilmiş olmakla birlikte hâlâ seçilebiliyor. Neredeyse tamamen geometrik hale gelecek kadar stilize edilmiş kuş, yırtıcı hayvan ve kıvrımdal kullanımı da çok yaygındı.

Romanesk

Romanesk mimarlık beşikkemerler, kalın duvarlar ve ağır geometrik bezemelerle karakterize olmuştur. Romanesk üslup MS 1000 yılı dolaylarında gelişmiştir. Geç 12. yüzyılda yeni ortaya çıkan Gotik üslup onun yerini alana dek Avrupa'da alabildiğine yayılmıştı. İsmi, onun Antik Roma yapılarından türemiş olduğunu vurgular. Öte yandan Romanesk, İngiltere ve Fransa'da Norman olarak da bilinir. Bunun nedeni, İngiltere'ye 1066 yılındaki fetihten sonra Normandiyalılar tarafından getirilmiş olmasıydı. Bugün ayakta olan en güzel Romanesk binalar, Kuzey İspanya'daki Santiago de Compostela Katedrali'ne giden hac yolu üzerinde yer almaktadır.

Apsidiyoller
Ana apsitin kavisini yansıtan ve dairesel planlı kuleye akseden küçük apsidiyoller, Fransa, Toulouse'deki St. Sernin'in (1080-90) dış cephesinde görece basit biçimlerle kümelenerek binaya görsel bir güç katar. Yarım daire kemerli pencere ve sağır arkat katmanları temayı tekrarlayarak yataylık vurgusu sağlar.

Romanesk cephe

Tipik bir Romanesk cephede, kümelenmiş payanda ayaklarının üzerinde taşınan nef arkatlarının beşikkemerleri vardır; Fransa, Caen'daki Holy Trinity Kilisesi'nde olduğu gibi. Merkezdeki ince sütun, kemer gözlerine düşey bir tanım getirirken, küçük triforyumun sağır arkatları yatay bir tanım verir. Tepe pencerelerinin yanı sağır nişlerle kuşatılmıştır.

Bezeme çeşitliliği

Çeşitlilik, özellikle de bezeme çeşitliliği, Romanesk üslubun en ayırt edici özelliklerinden biridir. Örneğin Roma'daki San Paolo Manastırı'nda her sütun çifti yanındakinden farklıdır, bazı çiftlerin kendi içinde bile bir çeşitlilik vardır. Sütun başlıkları da çeşitlidir.

Sağır arkatlar (körkemer dizisi)

Genel olarak Romanesk bezeme hafif değil, aksine çok belirgindir. Genellikle geometrik motifleri ve grotesk hayvan ya da insan formları vardır. Dönemin bir tanığı, Romanesk bezemeyi (burada gördüğünüz sağır arkat gibi; yak. MS 1120) "heykeltıraş kalemiyle değil baltayla yontulmuş" diye tarif eder.

Romanesk kapı

Romanesk binalara açılan ağır bezemeli kapılar, dünyevi olandan içerideki kutsal dünyaya geçişi vurgulamaya hizmet etmekteydi. Bezemelerin seyredenlere huşu ve dinsel coşku vermesi amaçlanıyordu. Burada gördüğünüz, İsa'nın Yargılama görüntüleri ile aziz ve günahkârlar sahneleri gibi.

Gotik

12. yüzyılda sivri kemerin gelişmeye başlaması mimarlıkta çok çeşitli yeni olanakların önünü açarak Gotik üslubun ortaya çıkmasına neden oldu. Gotik binaların, ondan önce gelen Romanesk binalara göre çok daha yüksek ve hafif, pencerelerinin de çok daha büyük olduğuna dikkat edin. Girişik bezemeli pencere kayıtları (pencerenin içindeki taş şebekeler) bu dönemde gelişti, kaburgalı tonozlar standart hale geldi. Geç Ortaçağ sonrasında, duvarcıların kendilerine olan güvenlerinin giderek artması sayesinde yeni, daha karmaşık biçimler meydana gelmeye başladı. Özellikle kaşkemerlerin (S-şeklindeki kemerler) kullanılmaya başlanması, akışkan girişik bezemelerin ve dekoratif desenlerin gelişmesine ve daha basık, daha az sivri kemerlerin yapımına olanak tanıdı.

Erken Fransız Gotiği
Üzerinde üç sivri mızrakucu pencere ile bir gülpencerenin yer aldığı üç doğu kapısını (taçkapı) kuşatan sivri külâhlı yüksek kuleler 12. yüzyıldaki Erken Fransız Gotik mimarisine özgüdür; Fransa'daki Chartres Katedrali'nin batı cephesinde olduğu gibi. İçerideki kaburgalı tonozlar dışta uçan payandalarla açığa çıkarılmıştır.

Zarif ambülatuar

Fransa'daki Auxerre Katedrali'nin 13. yüzyıl ambülatuarında tanık olunduğu üzere, Gotik duvarcılar, daha ziyade ince metal işçiliğini andıran çok incelikli etkiler yaratabilmekteydi. Aslında hayli masif olan duvarların ağırlığı, serbestçe uzanan sütunlar, çok sayıda büyük pencere ve sağır arkatlarla maskelenmekteydi.

Bezemeli Gotik üslubu

Zengin yüzey işlemelerinden dolayı 14. yüzyılın İngiliz Gotik mimarisine genellikle Bezemeli Gotik üslubu denir. Burada gördüğünüz, Wells Katedrali'ndeki erken 14. yüzyıl rahipler meclisi binasında, ortadaki sütun çok sayıda küçük sütundan oluşmaktadır. Kaburgalar çoğalmış, girişik bezemeler çok karmaşıklaşmıştır.

İngiliz Dikey üslubu

Pencerenin alt kısmında bölümlenme etkisi yaratmak için kullanılan uzun düşey kayıtlar ile yatay kayıtlar, Geç İngiliz Gotik üslubunun bir türü olan Dikey üslubun karakteristik öğeleriydi. Hull'deki bu 15. yüzyıl penceresinde karmaşık, kesişen girişik bezemeler meydana getirmek için sivri ve kaşkemerler kullanılmıştır.

Gotik pazaryeri binası

Gotik üslup kiliselerle sınırlı değildi. Gotik detaylar, dini bir yapı olmayan, İngiltere, Chichester'daki pazaryeri binasının biçimlenmesinde uygulanmıştır (yak. MS 1500). Bu tür yapılar, dikkati hem pazaryerine hem de alttaki sığınağa çekmekteydi. Chichester'ın 14. yüzyıl icadı olan bir de saati vardı.

Rönesans

15. yüzyılda İtalyan mimarlar Gotik üslubun detaylarını reddetmişlerdi. Klasik üsluptan esinlenerek düzeni yeniden gündeme getirmiş ve alınlıkları, güçlü yatay saçaklıkları, düz çatıları ve Roma'ya özgü diğer motifleri kullanmaya başlamışlardı. Rönesans üslubu 16. ve erken 17. yüzyılda bütün Avrupa'ya yayıldı. İtalya dışındaki mimarlar düzeni oluşturan katı kuralları göz ardı etmekte sakınca görmeyerek kendi çeşitlemelerini geliştirdiler. Yeni biçim ve üsluplar yaratmak için Klasik motifleri kullandılar. Örneğin, Kuzey Avrupa'da şekillendirilmiş kalkan duvarları ve örgü bezemeler ortaya çıkmıştı. Antik tasarımlar üzerine temellenen *all'antica* motifler de çok revaçtaydı. Dikilitaşlar, kupalar, kıvrımdal izleri ve şakacı *putto*'lar kullanılıyordu.

Alınlıklı kilise
İtalya, Mantua'daki Sant' Andrea'nın cephesi (dört dev pilastrın desteklediği alınlığıyla) bir Roma tapınağının tasarım ilkeleri üzerine temelleniyordu. İnşaatına 1470'te başlanmıştı. Tasarım, ana girişin üzerindeki Hıristiyan heykelleri ve yan sahınlara açılan kapılarıyla, kilise kullanımına uyarlanmıştı.

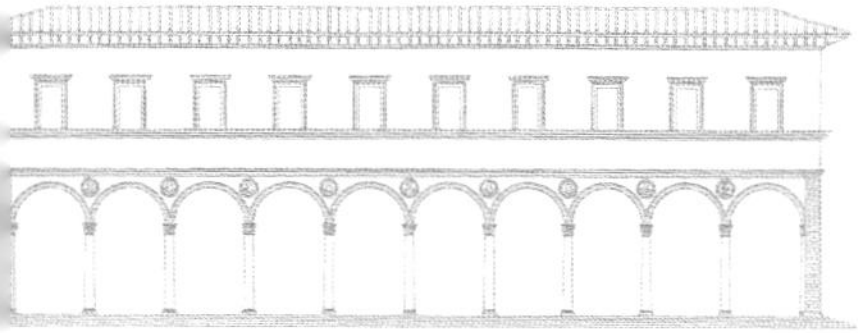

Arkat ve saçaklık

Floransa'daki Piazza Santa Maria Novella'nın 1490'lara ait arkatında görüldüğü gibi, Erken İtalyan Rönesans mimarlığı büsbütün basit bir temele oturuyordu. Arkadın sade beşikkemerleri Korent sütunlar üzerinde taşınıyordu ve tek süsü madalyonlardı. Hiçbir düşeylik hissi yoktu, sadece saçaklığın ve üstteki pencerelerin yataylığı söz konusuydu.

Simetrik cephe

Rönesans simetriye yeni bir vurgu getirmişti. 1580'lerin tasarımı olan İngiltere, Nottingham'daki Wollaton Hall'da Robert Smythson, tam anlamıyla simetrik bir giriş cephesi meydana getirmiş, eşit aralıklarla yerleştirdiği pencerelerin arkasındaki odaların yapısını gizlemişti. Bu, mekânların dışa yansıtıldığı Ortaçağ binalardakinden farklı bir yaklaşımdı.

Kuzey Rönesansı

Kuzey Avrupalı Rönesans mimarları dekoratif bir etki yaratmak için farklı motifleri bir araya getirme konusunda kendilerini özgür hissetmişlerdi. Hollanda'daki Leiden Belediye Sarayı'nın (1596) zarifçe şekillendirilmiş kalkan duvarı bir dizi dikilitaşla donatılmıştı. Alınlıklar parapetin yataylık etkisini kırıyordu. Farklı sütun ve pilastrlar serbestçe karıştırılmıştı.

All'antica motifler

Kupa, grotesk figür, kıvrımdal, deniz kabuğu, vazo ve kartuş gibi Antik motifler üzerine temellenen dekoratif tasarımlar Rönesans'ta çok revaçtaydı. Geç 15. yüzyılda, matbaanın gelişmesini takiben, çok daha basit ve az maliyetli olan baskı sayesinde motiflerin tasarımı dolaşıma girmişti.

Barok ve Rokoko

Erken 17. yüzyılda gelişen Barok üslup, detayların ve mekânın göz alıcı inceliğiyle karakterize olmaktaydı. Mimarlar dramatik bir etki yaratmak için Klasik motifleri alıyor ve onları yeniden bir araya getiriyorlardı. Devsütun düzeni karakteristikti ve kırma alınlık gibi yeni motifler ortaya çıkmıştı. Barok, özellikle Karşı-Reform'a özgü büyük Roma Katolik kiliseleriyle ve Avrupa saray mimarisiyle ilişkilendirilmekteydi. Erken 18. yüzyıl Parisi'nde gelişen Rokoko ise Barok üsluba göre daha yumuşaktı ve onun kadar resmi değildi. Daha çok dekorasyonla bağdaştırılmıştı. Festonlu deniz kabuklarının, C- veya S-şeklindeki kavislerin kullanıldığı hareketli bezemeler ve ışıkla karakterize oluyordu.

Kavisli cephe
Francesco Borromini Barok üslubun en önemli mimarlarındandı. Roma'daki San Carlo alle Quattro Fontane Kilisesi'nde (1665-7), cepheyi parçalamak için, orta kısmı dışarıya çıkan almaşık dışbükey ve içbükey yüzeyler kullanılmaktaydı. Kavisli motif, oval kartuş ve kırma kaşkemerli alınlıkla daha da eklemli hale getirilmişti.

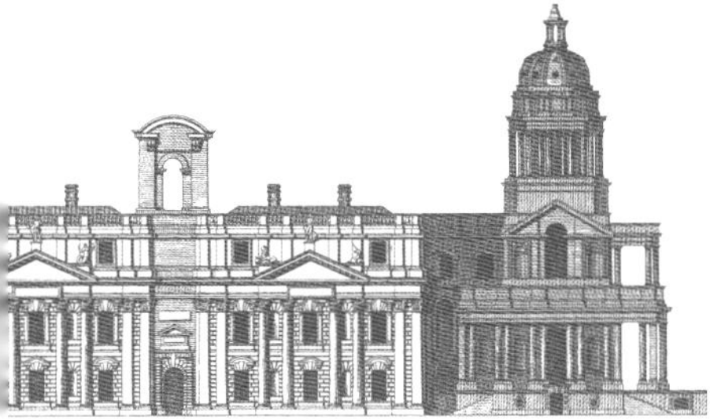

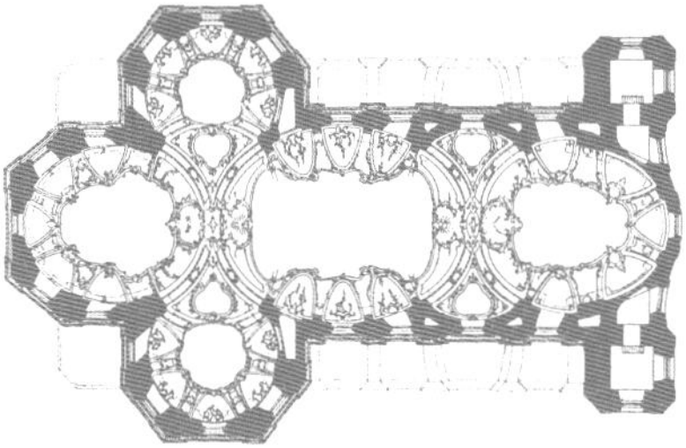

Anıtsal motifler

Katları bütünleştiren dev pilastr düzenleri, kırma alınlıklar ve pencerelerin üzerindeki abartılı kilittaşları Barok üslubun anahtar motifleri arasında yer alır. Bu motiflerin tümü Londra'daki Greenwich Hastanesi'nin tasarımında görülebilir (yak. 1695). Duvar yüzeyleri kaba yonuyla işlenerek daha da detaylandırılmıştır. Genel etki büyük ve anıtsal, çeşitlilik açısından da zengindir.

Kavisli plan biçimleri

Dairesel biçimlerin kullanımı sadece cepheyle sınırlı değildi. Barok ve Rokoko üslubun mimarları plan biçimlerinde de kavisten yararlanmaktaydı; Almanya'daki Vierzehnheiligen Kilisesi'nde (1742-72) J.B. Neumann'ın kullandığı kesişen ovaller ya da daireler gibi. Bu şekiller tonoz kıvrımlarında da tekrar etmekteydi.

Kavisli alınlık

Hem kavisli alınlıklar hem de kırma alınlıklar tipik Barok motifleriydi. Mimarlar Klasik bir biçimi alarak onun dekoratif olanaklarını genişletmekteydi. Paris'teki bu örneğin, tabanı kırma olan kavisli bir alınlığı vardır. Bitki kabartmalı konsol üzerinde yer alan bu alınlık, floral bir dekorun ortasına yerleştirilen bir kadın büstüyle daha da zenginleştirilmiştir.

Rokoko bezeme

Rokoko bezemenin tipik öğesi olan C-şeklindeki kavisler genellikle S-şeklindeki kavisler, deniz kabukları ve çiçekli asma dekorlarıyla birleştirilerek kullanılmaktaydı. Bezemenin uygulama alanı, pencere ve kapı gibi mimari öğelerle sınırlı değildi; duvarlara, tavanlara ve diğer yüzeylere de yayılmıştı. Fransız yapımı bu lambri, yaygın olarak kullanılan bir tipi örneklemektedir.

Palladyen

16. yüzyılda yaşayan İtalyan mimar Andrea Palladio'nun (1508-80) sonraki mimarlıklar üzerinde büyük bir etkisi olmuştur, özellikle 18. ve erken 19. yüzyılda. Binaları, alınlıklı tapınak cephesi, simetrik planlama ve adını verdiği Palladyen pencere düzeninin kullanımıyla karakterize olmuştu. Palladio'nun çalışmaları, tasarımlarını içeren kitapları sayesinde geniş bir okuyucu kitlesine ulaştı. İlk İngiliz Palladyen mimar Inigo Jones'tu (1573-1652). Ancak bu üslubu erken 18. yüzyılda bir moda haline getiren kişi amatör mimar Lord Burlington'dı. Palladyanizm İngiltere ve Amerika'da yaygındı.

Portikli kilise
Tipik bir Palladyen düzenlemenin, bir portikli tapınak cephesi ve onu yanlardan kuşatan daha küçük iki pavyondan oluşan merkezi bir yapısı vardır; Inigo Jones'un Londra, Covent Garden'daki St. Paul Kilisesi'nde olduğu gibi (1631). Jones'un işleri etkisini İngiliz İç Savaşı'ndan dolayı hemen göstermedi. Palladyanizm İngiltere'ye erken 18. yüzyılda dönecekti.

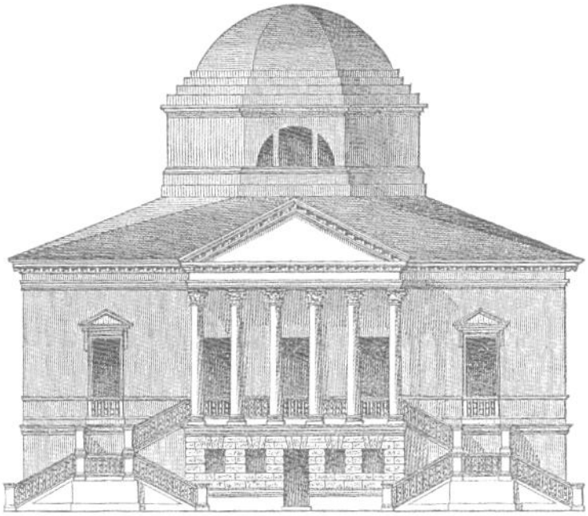

Podyum üzerinde tapınak cephesi
Lord Burlington'ın Londra'da, bir podyum üzerinde yükselen ve Palladyanizm'in klasik bir örneği olan Chiswick Evi en etkili Palladyen binalardan biriydi (yapımına 1725'te başlanmıştır). Buradaki ön görünüşte bir tapınak cephesi ve kubbesinde, *Diocletian* düzeninde olan yarım daire şeklinde bir pencere vardır. Merdivenlerin karmaşık yapısı cepheye dramatik bir etki vermekte ve hareket katmaktadır.

Kasetli rotonda
Saf bir Palladyen binanın dışı temiz çizgilerden oluşur; vurgu, oranlara ve önemli detaylara yapılır. Ancak iç mekândaki dekorasyon zengin bir Roma üslubundadır. Londra'daki Chiswick Evi'nin, Palladio'nun tavsiyelerine uygun olarak, incelikli bir kapı, pencere ve resimlerden oluşan tasarımlarla çevrelenmiş merkezi rotondanın kasetli bir kubbesi vardır.

Çatı penceresi
Palladyanizm kolonyal Amerika'da etkiliydi. Örneğin burada yalıbaskısı içinde klasik bir Palladyen çatı penceresi görüyoruz. Ortadaki kemerli pencere bölmesi saçaklığı keserek çıkıyor, iki yanında ise daha alçak pencere bölmeleri yer alıyor. Kaba yonu izlenimi veren duvar köşeleri ve ağır kornişler de taşla değil ahşapla yapılmıştır.

Tapınak cepheli rotonda
Bir diğer klasik Palladyen bina, Thomas Jefferson'ın Charlottesville'deki Virginia Üniversitesi'nin rotondasıdır. Ana tapınak cephesinde Korent sütunlar vardır; apsitler simetrik bir oval plan şeması meydana getirir ve ortadaki rotondanın üzerine bir kubbe eklemlenmiştir. Ancak iki katta yer alan pencereler yapının modern bir bina olduğunu gösteriyor.

Neoklasik

18. yüzyılın ortalarındaki Aydınlanma süreci, beraberinde geçmişe yönelik bilimsel çalışmalara yeni bir vurgu getirmişti. İnsanlar Antik Yunan ve Roma kalıntılarına daha yakından bakmaya başlamıştı. Doğrudan Antik örneklerin yer aldığı gravür kitapları geniş kitlelere ulaşabilmekteydi. Bu da başta Yunan üslubu olmak üzere, Antik örnekler üzerine temellenen Klasik üslupların yeniden canlanmasına neden oluyordu. Yunan üslubunun yeniden canlandırıldığı Neoklasik mimarlık özellikle Fransa ve Amerika'da revaçtaydı. Amerika'da bu üsluba genellikle Federal üslup deniyordu. Çünkü sahip olduğu yalınlık, Roma İmparatorluğu dönemi mimarlığının ve onun türevi olan Barok ve Rokoko gibi üslupların çöküşüne ve abartılı detaylarına karşı yerinde bir cumhuriyetçi çare olarak görülmekteydi.

Ulusal üslup
Yunan Yeniden Canlandırma üslubu, erken 19. yüzyıl Amerikası'nın önde gelen üslubuydu. Amerikan Kongre Binası üzerinde de çalışmış olan Thomas Walter tarafından tasarlanan, Philadelphia'daki Girard College'da (1833-48) bir tapınak biçimi kullanılmıştır. Korent sütunlardan oluşan bir portik, sellaya benzeyen içteki binayı tamamen kapamakta, binanın pencereleri olmasına rağmen iç mekânı karanlıkta bırakmaktadır.

Birleştirilmiş özellikler

Paris'teki Comédie-Française Tiyatrosu'nda (1787-90), sade ve zarif bir bina meydana getirmek için Yunan, Roma ve Rönesans öğeleri bir araya getirilmiştir. Binanın, alınlığı olmayan bir portiği vardır. Bu, Erken Neoklasik yapıların ortak bir özelliğidir. Cephe ve açıtlar kaba yonuyla yapılmıştır. Portiğin üzerinde de *Diocletian* düzeninde bir pencere yer alır.

Bütünleştirici portik

1812-22'de yapılan ve John Nash tarafından tasarlanan, Londra, Park Crescent'teki uzun sıraevlerin, kompozisyonu bütünleştiren devasa bir sütunlu portiği vardır. Portik sayesinde, bağımsız parçaların toplamından daha büyük bir bütün elde edilmiştir. Belli bir mesafeden bakıldığında, sarayı andıran tek bir bina gibi görünür.

Neoklasik şömine

Antik örneklerden alınan motifler, dışta olduğu kadar iç mekân tasarımında da önemliydi. Bu şöminenin üzerinde yumurta-ok şeklinde bir silme, menderes bezemesi, Klasik üslupta drapeli kadın başları, kırlantlar ve merkeze yerleştirilen bir kupa yer almaktadır. Bu motifler muhtemelen gravürlerden ve ortaya yeni çıkarılmış kalıntılardaki örneklerden elde edilmiştir.

Yeniden canlandırılmış Yunan evi

Alınlık ve portik gibi anahtar detaylar Yunan Yeniden Canlandırma üslubundaki konutların gözdesiydi, çünkü yapılara kolaylıkla eklenebilmekteydi. Bu evin ön cephesinde Dor düzeninde altı sütunlu bir portik, yanlarda ise pilastrlar vardı. Ancak sürme pencereler onun bir 19. yüzyıl yapısı olduğunu açıkça gösteriyor.

Gotik Yeniden Canlandırma

Gotik üslup geç 18. yüzyılda, önce sadece girişik bezeme gibi, Gotik üsluba özgü motiflerin uyarlanmasıyla yeniden canlanmıştı. Ancak hemen ardından Gotik binaların, özellikle kiliseler için ölçekli olarak birebir kopyalanmasına geçildi. Yeniden canlandırılmış Gotik konut 19. yüzyıl İngilteresi'nde yaygın bir bina tipiydi. Gotik Yeniden Canlandırma, aynı zamanda peyzaj mimarlığını da kapsayan ve Pitoresk olarak bilinen daha geniş bir akımın parçasıydı. Düzensizlik ve çeşitlilikle karakterize olan Pitoresk oldukça dramatik bir görünüm meydana getiriyordu. Bunun sonucu olarak Gotik Yeniden Canlandırma mimarlığı da planlı bir düzensizlikle tanımlanmıştı. Bu hem dramatik bir etki yaratıyor, hem de binanın sanki doğal olarak oluşmuş gibi görünmesine neden oluyordu.

Yalancı Gotik
Bir Ortaçağ manastırı gibi görünecek şekilde yapılan, İngiltere, Wiltshire'daki Fonthill Abbey Evi, Erken Gotik Yeniden Canlandırma üslubunun en önemli binasıydı. Ancak detayları, Ortaçağ'da olduğu gibi taşla değil, büyük ölçüde alçı ve ahşapla yapılmıştı. Yapıldıktan kısa bir süre sonra devasa kulesinin çökmesi şaşırtıcı değildir.

Yeniden canlandırılmış Gotik konut

Gotik Yeniden Canlandırma üslubu, bu erken 19. yüzyıl örneğinde olduğu gibi, konut yapımında çok revaçtaydı. Gotik Yeniden Canlandırma üslubunu çağrıştıran anahtar detaylar arasında sivri kemerler, mazgallı siperler, düzensiz bacalar, girişik bezemeli pencereler ve bir de çıkma kule vardı. Buradaki detayların pek çoğu Geç Gotik dönemden gelmekle birlikte, daha erken Gotik detaylar da yaygın olarak kullanılıyordu.

Ulusal gurur

Geç Ortaçağ'daki dini ve kamusal ihtişamı çağrıştırmayı amaçlayan Gotik Yeniden Canlandırma üslubu, İngiltere'de ulusal gururun önemli bir ifade biçimi olmuştu. Dolayısıyla Londra'daki Parlamento Binası ve burada gördüğünüz Adliye Sarayı gibi çoğu önemli 19. yüzyıl İngiliz kamu binası Gotik Yeniden Canlandırma üslubunda yapılmıştı.

Yeniden canlandırılmış Gotik kilise

Gotik Yeniden Canlandırma, 19. yüzyılda kiliseler için önem taşıyan bir üsluptu ve Ortaçağ'da hissedilen din sevgisini yeniden canlandırma denemeleriyle bağdaştırılıyordu. New York'taki Grace Kilisesi gibi Gotik Yeniden Canlandırma üslubunda yapılmış kiliselerde sıklıkla Ortaçağ biçimleri aynen kopyalanmaktaydı. Ancak binaların ölçek ve detayları, çok daha sonra yapıldıklarını açıkça ortaya koymaktadır.

Kentsel uyarlama

Londra, Margaret Sokağı'ndaki All Saints Kilisesi (1849-59) zor ve sıkışık bir kent mekânına Gotik Yeniden Canlandırmacı detaylar getirmektedir. Kulesi, diğer binaları gölgede bırakacak kadar yüksektir. Detaylar, kentsel kirliliğe dayanabilmesi için tuğla ve pişmiş toprak karolarla çözülmüştür.

Geç 19. Yüzyıl

1837-1901 yılları arasında tahtta kalan Kraliçe Viktorya'nın ardından gelen geç 19. yüzyıl mimarlığı çoğunlukla Viktorya dönemi olarak anılır. Mimarlar bu dönemde kendi çağlarına uygun fikirler ve farklı bina türleri için uygun üsluplar aramaktaydılar. Bu da geç 19. yüzyılın, Klasik, Romanesk, Gotik ve Rönesans motiflerini kullanan yeniden canlandırmacı üslupların çeşitliliğiyle karakterize olmasına neden olmuştur. Bunların arasında yer alan Beaux-Arts, genellikle büyük ölçekli kamu binalarında kullanılan Yunan, Roma, Rönesans ve Barok motiflerinin görkemli bir karışımıydı. Kraliçe Anne tarzı ise konut gibi daha küçük ölçekli bina tipleri arasında revaçtaydı. Yüzyılın sonuna doğru Art Nouveau gibi tamamen yeni üsluplar da ortaya çıkmaya başladı.

Beaux-Arts tarzı
İsmini Paris'teki Beaux-Arts Okulu'ndan alan tarz eklektikti ve genellikle Yunan, Roma, Rönesans ve Barok dönemlerine özgü öğeleri gösterişli bir şekilde birleştirmesiyle karakterize oluyordu. 1875'te açılan Paris Opera Binası alınlık, sütun, kubbe ve heykellerin cömert ve tipik bir karışımıydı.

Seçmeci (eklektik) tarz

1871-2'de Glasgow'da yapılan Egyptian Halls'un, ağır bir korniş ve ayrıca her katta yer alan arkatlarla birlikte Rönesans etkisi taşıyan bir demir cephesi vardır. Sütunlar ve başlıkları eklektiktir. En üstte Mısır üslubunda palmetler, sonra Korent, daha sonra bindirmeli sütun başlıkları ve son olarak da zemin katta çok sade ve büyük vitrinler yer almaktadır.

Kraliçe Anne tarzı

Kraliçe Anne tarzı asimetri, küçük camlı pencereler, dekoratif kalkan duvarları, hımış, süslü tuğla ve kiremit işçiliğiyle karakterize olmuştur; Richard Norman Shaw tarafından 1875'te Londra'da tasarlanan Lowther Evi'nde görüldüğü gibi. Bu üslubun Amerikan yorumları arasında *stick*, *shingle* ve *Eastlake* üslupları vardır.

Mağrip tarzı

Macaristan, Budapeşte'de 1854-9'da inşa edilen ve Dohány Caddesi Sinagogu olarak da bilinen Büyük Sinagog, İspanyol ve Kuzey Afrika örneklerinden esinlenen Mağrip tarzındadır. Rüstik tuğla duvar işçiliği, soğan kubbeli çıkma kuleleri ve kafesli pencereleri vardır. Bu üslup, sinagogu, o dönemde kiliseler arasında revaçta olan Gotik Yeniden Canlandırma üslubundan farklı kılıyordu.

Art Nouveau

Genellikle bitkileri anımsatan kıvrımlı biçimler kullanan Art Nouveau veya 'yeni sanat', tamamen yeni bir şeyler meydana getirmek için eski örneklere olan bağımlılığı terk etmişti. 1893-4'te Victor Horta tarafından Brüksel'de tasarlanan Hôtel Tassel'in kıvrımlı merdiveni Art Nouveau'nun ilk örneklerindendir.

Modernizm

20. yüzyılda mimarlar ve tasarımcılar, kendi çağlarına özgü yeni bir sanat ve mimarlık üslubu meydana getirmek için geçmişe ait bir üslubu temel almak yerine yeni yollar oluşturmayı denediler. Birinci Dünya Savaşı sonrasında Art Deco akımı, makinelerden ilham almaktaydı. Plastikler ve krom gibi dekoratif metallerin de aralarında bulunduğu modern malzemelerle geometrik bezemeler oluşturuluyordu. Çok sade olan ve bezemenin neredeyse hiç kullanılmadığı Uluslararası Modernizm, 1920'lerin sonlarında Le Corbusier gibi mimarların işlerinde ve Alman Bauhaus Okulu'nda ortaya çıkmaya başladı. İkinci Dünya Savaşı'nın ardından Modernizm, ofis binaları ve toplu konutları kapsayan büyük ölçekli projelerle yaygınlık kazandı.

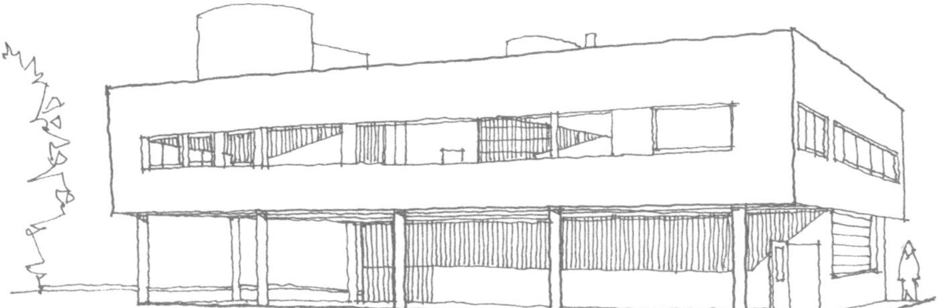

Modern konut
Paris yakınlarındaki Villa Savoye, Le Corbusier adıyla bilinen Charles-Edouard Jeanneret (1887-1965) tarafından tasarlanmıştı ve bir Erken Modern yapısı olarak çok etkileyiciydi. Hiçbir süslemesi olmayan temiz çizgileri, teras çatısı, pencereyi andıran büyük yatay yırtık ya da bantları, kolonları, serbest planlı iç mekânı ve saf beyaz dış cephesi onu bir 'yaşam makinesi'ne dönüştürüyordu.

Art Deco akımı

New York'taki Chrysler Binası'nın (yapımına 1928'de başlanmıştır) tepesindeki stilize edilmiş geometrik şekiller ve temiz çizgiler, erken 20. yüzyılda revaçta olan Art Deco akımının karakteristik öğeleriydi. Klasik örneklerden türeyen kemerli biçimler yeni bir anlayışla yorumlanmıştı.

Modern ofis

1958'de yapımı tamamlanan ve Ludwig Mies van der Rohe ile Philip Johnson tarafından tasarlanan, New York'taki Seagram Binası Modernizm'in klasik bir örneğidir. Tamamen cam olan duvarların gerisinden görünen taşıyıcı sistemi saymazsak, bütünüyle sade olan bu yapı, çok çalışanlı ofis işlevini dışavurur.

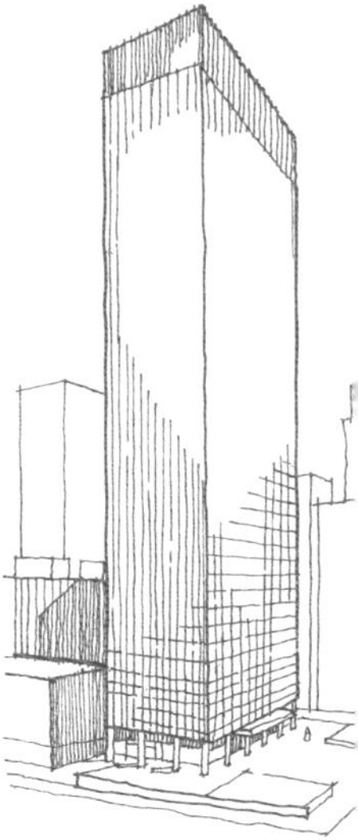

Postmodern detay

Bir ofis binasını taçlandıran bu devasa kırma alınlık tipik bir postmodern detaydır. Geçmişe başvurur, ancak bunu eski bir binanın kopyası olarak değil, neredeyse bir şaka olarak yapar. Revaçta olan diğer postmodern detaylar arasında devasa kolonlar, kornişler ve kalkan duvarları ile canlı renklerin kullanımı yer alır.

Banliyö evleri

Büyük ölçekli binalarda gelişen Modern mimarlığın sıradan bir ev üzerindeki etkisi daha azdı. 1940'lara ait bu ev 18. yüzyıl Palladyanizm ve Neoklasisizmi'nden etkilenmiştir.

Giriş

Bina yapımında kullanılan malzemeler binanın görünüşünü son derece etkiler. Malzeme öncelikle ne inşa edilebileceğine etki eder ve farklı üslupları belirlemede anahtar bir öğedir. Örneğin bir gökdelen, beton temeller ve bir çelik iskelet olmadan inşa edilemez. Bu bölümde taş, ahşap, cam ve çelik gibi anahtar yapı malzemelerine bakacak; onların kullanımının ve gelişiminin mimarlığı tarihsel süreçte nasıl etkilediğini araştıracağız. Bu bölümde ayrıca, bir binanın algılanmasında büyük bir etkisi olan farklı malzemelerin dekoratif olanaklarını inceleyeceğiz.

Farklı detaylar
Malzeme kullanımı bir binayı algılayış şeklimizde büyük bir fark yaratır. Örneğin, 17. yüzyılın ortalarında ABD, Massachusetts'te yapılan bu evin, aynı tarihlerde Avrupa'da yapılan pek çok evdekine benzer bir çıkması vardır. Ancak bu evin yatay yalıbaskısı onun, ahşap iskeletin sergilendiği Avrupa'daki örneklerden çok daha farklı görünmesini sağlar.

Taşın faydaları
Yüksek tonozları, uçan payandaları ve büyük vitraylarıyla muazzam Gotik katedrallerin yapımı (buradaki Köln Katedrali örneğinde olduğu gibi), taşın yapısal olanaklarının daha iyi anlaşılmasıyla mümkün olmuştu. Gotik yapı ustaları, daha büyük açıklıklar geçebilmek için donatı eklenmesi gereken anahtar noktaları tespit edebilmişlerdi.

Dekoratif strüktür
Belirli malzemelerin özündeki nitelikler karakteristik dekoratif etkilere neden olabilir. Beauvais'deki bu 16. yüzyıl Fransız evindeki iskeletin, strüktürel denge için gerekli olandan çok daha karmaşık bir yapıya sahip olduğunu görebilirsiniz. Koyu renkli ahşap ile açık renkli alçı dolgunun meydana getirdiği dokuların dekoratif olanaklarından yararlanılmıştır.

Bağımsız limonluk
Yeni üretim tekniklerinin, özellikle de yapısal metal ve cam gibi malzemelerin 18. ve erken 19. yüzyıllardaki gelişimi, İngiltere, Hampshire, Alton'daki bu limonlukta olduğu gibi, boydan boya cam kaplı binaların yapımını mümkün kılmıştı. Yapay ısıtma sayesinde bu limonlukta kış mevsimi boyunca körpe bitkiler yetiştirmek mümkündü.

Spolia
Malzeme, ekonomik nedenlerle ya da binayı daha önceki çağlarla ilişkilendirmek için sembolik nedenlerle yeniden kullanılabilir. Hurdaya çıkmış malzemeler veya Antik Roma'dan kalma *spolia* (burada, bir kilisede kullanıldığını gördüğünüz Korent sütunlar gibi), Erken Hıristiyanlık ve imparatorluğun şanıyla ilişkilendirildiği için özellikle değerlendirilmekteydi.

Taş

Taş, özellikle dini yapılarda ve önemli kamu binalarında kullanılan en eski ve yaygın duvar malzemesidir. Kireçtaşı ve çeşitli türlerdeki mermerler en kolay yontulan taşlardır. Öte yandan kumtaşı, granit ve tüf gibi hafif volkanik taşlar da kullanılmıştır. Kireç veya çimento ile suyun karışımıyla elde edilen ince bir hamur olan harç, taşların arasına yayılarak yapım kolaylaştırılır ve boşluklar kapatılır. Taş örgüde eğer taşlar yerine iyice oturuyorsa, harç kullanmaya gerek olmayabilir. Ancak 'kuruduvar' yapım tekniği genelde sadece çevre duvarlarında kullanılır, çünkü hava şartlarına tümden dayanım sağlayan bir teknik değildir.

Kiklop örgüsü

Yunan mitolojisinde geçen tekgözlü dev Kikloplardan ismini alan Kiklop örgüsünde, büyük taş bloklar dikkatlice yontulup, harç olmaksızın bir araya getiriliyordu. Miken'deki Aslanlı Kapı (yak. MÖ 1300) gibi çok erken Yunan yapılarında, büyük ihtimalle daha küçük blokların bir arada duramayacağı korkusuyla, böylesine devasa taş bloklar kullanılmıştı.

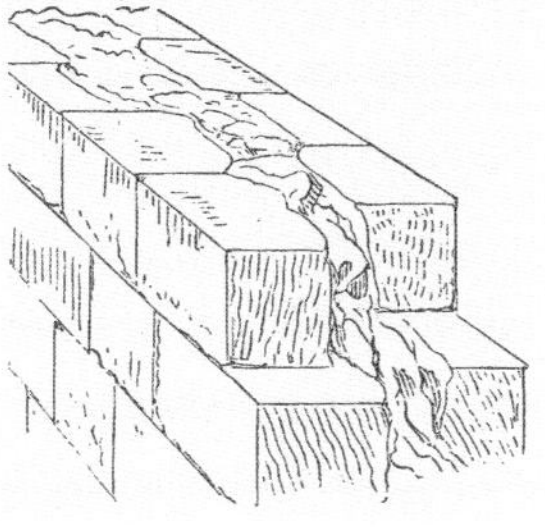

Kesme taş

Kesme taş duvar, düzgün bir şekilde yontulmuş taş blokların düzenli sıralar halinde örüldüğü duvara verilen isimdir. Kesme taş duvar örgüsünün, genellikle harçla birbirine bağlanan çimentolu briket veya küçük moloz taşlardan yapılmış bir iç çekirdeği vardır. Bu, duvara büyük bir dayanıklılık katar ve taş blokların yontulmasında tasarruf sağlar.

Kaba yonu

Kaba yonu, her bloğun vurgulandığı bir taş kesme yöntemidir. Bu yolla duvar yüzeylerine üçboyutlu bir etki verilir. Burada gördüğünüz, İtalya, Vicenza'daki Thiene Sarayı'nda olduğu gibi, tüm duvarlarda ya da sadece alt katlar, köşeler veya açıtların etrafı gibi detaylarda kullanılabilir.

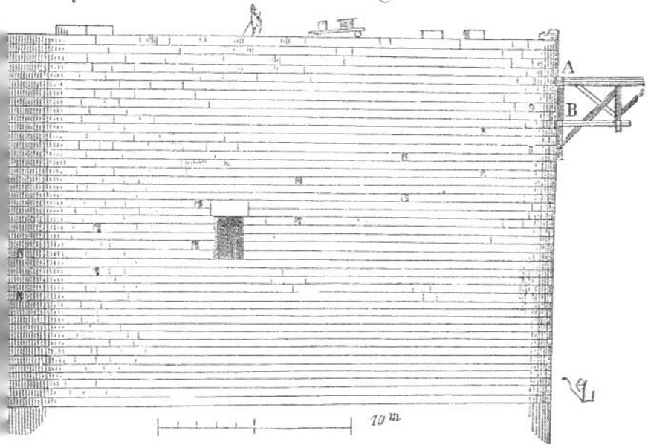

Kiriş yuvası

Ortaçağ duvar strüktürleri, kiriş yuvası adı verilen ve binanın üzerinde yer alan bir sistemle taşınan iskeleler kullanılarak inşa edilmekteydi. Kiriş yuvası, bloklar arasında bırakılan dört köşeli boşluktu ve buraya kısa yatay kirişler girmekteydi. Bu yuvalar her zaman doldurulmuyordu, o nedenle bazılarını bugün bile görebiliriz.

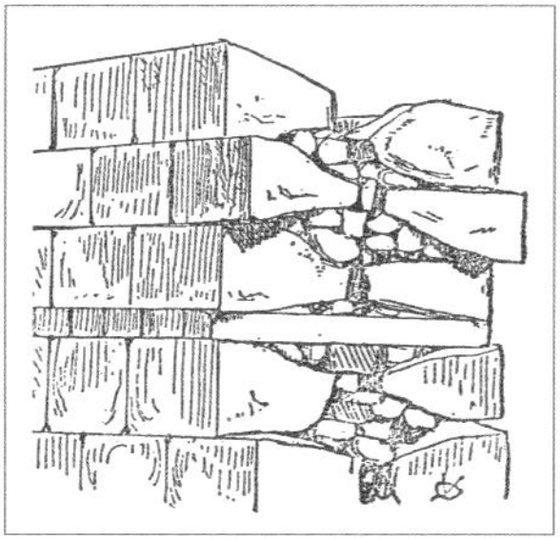

Moloz taş duvar

Bir taş duvarı, küçük veya aynı boyutlarda olmayan taşlarla yapmak pekâlâ mümkündür. Bu duvar türüne moloz taş duvar diyoruz. Moloz taş duvar, her biri farklı boyutlarda olan düzenli sıralar halinde yapılabileceği gibi, daha gelişigüzel, yapboz benzeri örüntüler halinde de olabilir. Duvarı daha dayanıklı hale getirmek için genellikle daha büyük bağtaşları eklenir.

Tuğla

Kurutulmuş çamur bloklar binlerce yıl boyunca sıcak ve kurak ülkelerde kullanılmıştır. Ancak çamur blokları hava koşullarına dayanıklı tuğlalar haline getirme fikri MÖ 3. binyılda gelişti. Tuğla, Roma İmparatorluğu döneminde kullanılmış; ama kullanılan teknikler Kuzey Avrupa'da Geç Ortaçağ'a dek zaman içinde kaybolmuştu. Tuğla çok rağbet gören ve pahalı bir malzemeydi. Kuzeybatı Avrupa ülkeleri, Baltık sahilleri ve Britanya'nın bazı bölümlerinde Geç Gotik mimarlığın karakteristik bir öğesiydi. Üretim tekniklerindeki gelişmeler, tuğlanın ucuzlamasına, 18. ve 19. yüzyıllarda İngiltere'de konut yapımında kullanılan ana malzeme olmasına neden olmuştu.

Roma tuğlası
Roma tuğlasını kolaylıkla fark edersiniz, çünkü günümüz tuğlasına göre daha uzun ve dardır. İtalya'da binalar genellikle tamamen tuğlayla yapılmaktaydı. Öte yandan İmparatorluğun kuzey kesimlerinde tuğla, dekoratif etkiler oluşturmak için yerel taşlarla karıştırılıyordu; Fransa, Lillebone'daki tiyatronun burada gördüğünüz kemerlerinde olduğu gibi.

Taş detaylarla tuğla

Kuzey Denizi boyunca ve Baltık sahillerinde (ahşap açısından fakir olan bölgeler) özenle tasarlanmış yapılarda yaygın olarak tuğla kullanılmaktaydı; Polonya, Gdansk'taki bu silah deposunda olduğu gibi (1602-5). Taş silmeler, tuğlayla yapılması mümkün olmayan heykelsi detaylar sağlamakta ve açık renkli taş ile daha koyu olan tuğla arasında hoş bir tezat meydana getirmekteydi.

Şekillendirilmiş tuğla

Geç Ortaçağ'da tuğla yapımcıları, bir araya getirildiğinde karmaşık örüntüler ve şekiller oluşturabilen tuğlaları özenle şekillendirmekteydi; İngiltere, Gloucestershire'daki Thornbury Şatosu'nun bacasında olduğu gibi (yak. 1514). Bu dönemde, şekillendirilmiş tuğla ayrıca kemer, kapı ve pencerelerde kullanılmaktaydı.

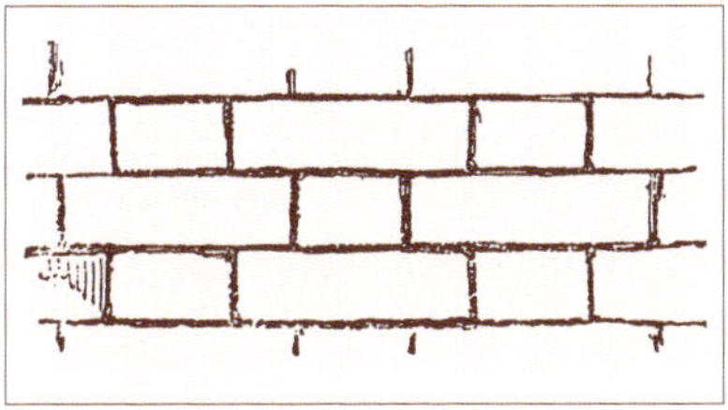

Tuğla örgüleri

Tuğlanın uzun (yanak) ve kısa (alın) yanlarının ardışık olarak kullanılmasıyla daha sağlam bir duvar meydana getirilir. Oluşan dokuya tuğla örgüsü denir. Burada gördüğünüz Flaman örgüsünün her sırasında yanak ve alınlar vardır. İngiliz örgüsünde yanak ve alın sıraları almaşık olarak uygulanır. Amerikan örgüsünde birkaç yanak sırasını bir alın sırası izler.

Polikrom tuğla desenleri

Tuğlanın rengi büyük ölçüde, kullanılan kilin türüne bağlıdır, ancak pişirilme ısısı da önemlidir. Endüstriyel işlemler, istenmeyen farklılıkları büyük ölçüde ortadan kaldırmıştır. Fakat Ortaçağ ve Erken Modern dönemin yapı ustaları bu farklılıktan yararlanarak dekoratif polikrom (çok renkli) etkiler meydana getirmişlerdir. Örneğin bu güvercinlikte çapraz baklava desenleri oluşturulmuştur.

Dekoratif Duvar Örgüsü

Mimarlar ve yapı ustaları, hem strüktürel amaçlarla, hem de ilginç dekoratif etkiler yaratmak için farklı malzemelerin bileşiminden uzun zamandır yararlanmaktaydılar. Duvar örgüsü, uyumlu bir şekilde bir araya gelen farklı renk ve dokularda ortaya çıkabilir. Taş, zayıf alanları güçlendirmek, doku ve renkle zarif tezatlar oluşturmak için diğer malzemelerle, özellikle de tuğlayla birleştirilebilir. Polikrom (çok renkli) duvar örgüsüyle bir etki elde etmek her dönemde çok yaygındı, çünkü bu etki benzer malzemelerin farklı renklerinin birleştirilmesiyle kolaylıkla elde edilebilmekteydi. Öte yandan, birbirine benzemeyen malzemelerin bir araya getirilmesiyle oluşturulan doku farklılıkları da çarpıcı etkiler meydana getirmek için kullanılabilir.

Polikrom duvar örgüsü
Farklı renklerde taşlar kullanılarak dekoratif etkiler meydana getirilebilir. İtalya, Pavia'daki San Pietro örneğinde hem kemerler hem de fakulyalar, almaşık düzendeki açık ve koyu renkli taş bloklarla dikkat çekmektedir. Polikrom duvar örgüsü kullanımına, başta İtalya olmak üzere birçok yerde rastlanır.

Lombard boylamaları

Norman (Anglosakson) dönemi öncesine ait olan, İngiltere, Northamptonshire, Earls Barton'daki bu kulenin, Lombard boylamaları olarak bilinen uzunlu kısalı bantlardan oluşan dekoratif bir deseni vardır. Burada dekoratif ahşap iskeletlerin taklit edilmesi amaçlanmış olabilir. Bantlar arasında muhtemelen alçı dolgu kullanılarak moloz taş duvar kapatılmış ve dekoratif etki artırılmıştır.

Cosmati işi

12. ve 13. yüzyılın Romalı zanaatçı ailesi Cosmatiler, karmaşık işlemeli desenlerin yapımı konusunda uzmanlaşmıştı. Mermer, cam, altın yaldız ve mozaik kullanarak son derece zengin ve güzel etkiler meydana getiriyorlardı. Cosmati işi, döşeme, kutsal emanet sandığı, ve hatta Roma'daki San Giovanni Laterano Bazilikası'nda görüldüğü gibi, sütunlar da dahil olmak üzere pek çok yüzeyde kullanılmıştır.

Taraklı çakmaktaşı

Çakmaktaşı taraklandığında veya kesildiğinde ortaya koyu ve parlak bir yüzey çıkar. İngiltere'nin doğusunda çalışan Geç Ortaçağ duvarcıları, diğer taşlar ender olarak bulunduğundan, daha pahalı olan beyaz kireçtaşından yapılmış girişik bezeme desenlerini ve diğer motifleri doldurmak için taraklı çakmaktaşı kullanmaktaydılar. Taraklı çakmaktaşı sayesinde ortaya çift tonlu bir etki çıkmaktaydı.

Köşe taşları

Tuğla örgü, genellikle köşelerde ve pencere etrafında kullanılan taş bloklarla ya da köşe taşlarıyla süslenir. Köşe taşları, hem köşelerin güçlendirilmesine yardımcı olur, hem de dekoratif bir bitim sağlar. Köşe taşları ayrıca, taşların küçük ya da düzensiz boyutlarda olduğu taş duvarların köşelerini sağlamlaştırmak için kullanılır.

Ahşap

Ahşap İngiltere, Kuzey Fransa, Almanya, İskandinavya, Kuzey Amerika ve ormanlık alanların yoğun olduğu diğer ülkelerde konut yapımında en yaygın kullanılan yapı malzemesiydi, bugün de pek çok yerde revaçta olmayı sürdürüyor. Geleneksel ahşap iskelet, zıvana-delik geçme ve kavilyalarla dikkatlice bir araya getirilir. Ancak çivi kullanımı erken 19. yüzyıldan itibaren yaygınlaşmıştır. Modern iskeletli binalarda eğilim, iskeleti farklı malzemelerle, örneğin dıştan ahşap ve içten alçıyla, kaplayarak gizleme yönündedir. Ancak tarihsel sürece bakıldığında iskeletin çıplak bırakılarak sergilendiği görülür. Son yıllarda, geleneksel yöntemlerle ahşap bina yapımına ve özellikle çıplak bırakılan ahşap iskeletlere yönelik ilgi yeniden canlanmıştır.

Dekoratif iskelet
Farklı iskelet türleri farklı bölgelerle birlikte anılır ve bu farklılaşmalar binanın yerini belirlemede kullanılabilir. Cheshire'daki Moreton Old Hall'un (yak. 1590) Kuzeybatı İngiltere'ye özgü, sıkışık desenli belirgin bir dekoratif iskeleti vardır.

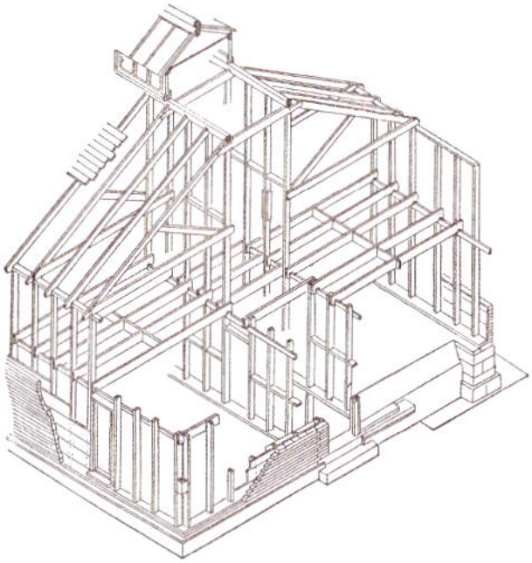

Yapım

Ahşap iskelet güçlüdür, çünkü çapraz kayıtlarla desteklenmiş dikmeler tarafından taşınan yatay kirişlerden veya panellerden oluşur. Bu modern iskeletli konut yapısında, iskelet yapım prensipleri aynı olmakla birlikte, Ortaçağ'da olduğundan daha küçük boyutlu ahşaplar kullanılmaktadır. Dış cephede yatay ahşap kaplama kullanılmıştır.

Hımış

Hımış terimi bazen, İngiltere, York'taki bu Ortaçağ evinde olduğu gibi, alt katı taş, üstü ahşap iskeletli olan binalar için kullanılır. Bazen de, ahşap iskeletin açıkta bırakıldığı ve arasının alçı ya da tuğla gibi başka malzemelerle doldurulduğu yapılar için kullanılır.

Çıkma

Geleneksel ahşap iskeletli binaların üst katları genellikle, çıkma adı verilen konsollar kullanılarak inşa edilmekte, böylece üst katların hizası alt katların ilerisine taşınmaktaydı. Çıkma, zemin kattaki mekânın daha ekonomik kullanılmasına neden olur. Çıkma kullanımı çok yaygındı ve zarif tasarımlı kentsel konutlarda, mal sahibinin zenginliğini ortaya koyan birden fazla çıkmaya sıkça rastlanırdı.

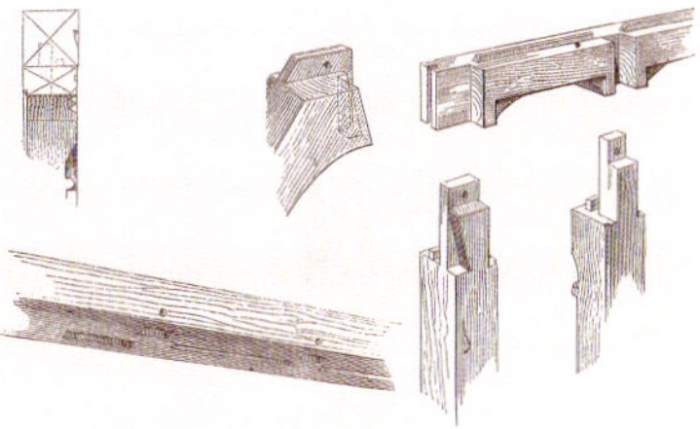

Zıvana-delik geçme

Zıvana-delik geçme, iki ahşap parçasını dikaçıyla birleştirmenin geleneksel bir yöntemidir. Zıvana deliğine geçirilen zıvana dili, kavilyayla sağlamlaştırılır. Kavilya boşluklarının belirgin olarak görüldüğü boş zıvana delikleri, binanın bir şekilde değişikliğe uğradığının işaretidir.

Demir ve Çelik

Binalarda metalin büyük ölçekli olarak kullanılması dökme demirin 18. yüzyılda gelişmesiyle başlayabilmiştir. Tren garları, müzeler ve diğer kamu binalarının büyük açıklıklı çatı ve döşemelerinde hem dökme hem de dövme demir kullanılmaktaydı. Ancak yük taşıma kapasiteleri sınırlıydı, örme duvarlara gereksinim duyuluyordu ve genel bina yüksekliği sınırlandırılıyordu. Mimarlar, dökme demiri detaylandırırken dekoratif olanaklardan da yararlandılar, özellikle çatılarda ve iç mekânlarda. Teknik hızla ilerlemiş ve geç 19. yüzyılda yapısal çelik geliştirilmişti. Bu da kendi kendini taşıyan çelik iskeletlerin kullanılmasına ve dolayısıyla çok yüksek yapıların yapılabilmesine olanak veriyordu.

Dökme demir çatı
Ahşabın aksine demir, bel vermeyecek ya da eğilmeyecek kadar güçlüydü ve dökme demir büyük açıklıklı çatıların yapımını mümkün kıldı; burada gördüğünüz, Londra'daki King's Cross Tren Garı (1851-2) örneğinde olduğu gibi. İçeride hiç kolon olmaması çok önemliydi, çünkü tren raydan çıkacak ve kolonlara çarpacak olursa çatı çökebilirdi.

Çıplak demir iskelet

Kendi kendini taşıyan ilk demir iskelet uygulamalarından biri olan ve 1870-1'de Fransa, Noisel'de inşa edilen çokkatlı Menier Çikolata Fabrikası'nda çapraz kuşaklar kullanılmıştır. Çapraz kuşaklar arasında kalan boşluklar tuğlayla doldurulmuştu. Ancak buradaki tuğlalar, benzerlik gösterdiği ahşap iskeletli binalarda olduğu gibi taşıyıcı değildir.

Toptan satış mağazası cephesi

19. yüzyılda dökme demir cephe uygulamaları özellikle fabrika ve toptan satış mağazaları arasında çok revaçtaydı. New York'taki bu örnek, dökme demiri işlemenin pahalı olmadığını, aynı zamanda yanma direncinin yüksek olduğunu ve büyük, karmaşık ama yine de incelikli dekoratif etkiler oluşturmak için kullanılabileceğini gösteriyor.

Karışık malzemeler

1865-77'ye tarihlenen Milano'daki II. Vittorio Emanuel Pasajı, taş ve camla birlikte demirin hem yapısal hem de dekoratif olanaklarından olabildiğince yararlanmaktadır. Dükkânların ve üstündeki katların zengin detaylı cepheleri, tamamen cam olan ve karmaşık bir demir işçiliğine girişik bezemeli bir çatı konstrüksiyonuyla tamamlanmıştır.

İlk gökdelen

1894-6'ya tarihlenen, New York'taki American Surety Building, tamamen çelik iskeletli olan ilk binalardan biriydi. Maine granitiyle yapılan dış cephe bir giydirme cephe niteliği taşıyor ve binanın taşıyıcılığına katkıda bulunuyordu. Özgün hali 23 katlı olan bu binanın, kazınmış olmaktan ziyade yüzen keson temelleri, komşu binalara verilen rahatsızlığı azaltıyordu.

Beton

Beton kireç harcı, su, kum, küçük çakıllar ya da taş yongalarının karışımıyla yapılır. Bazen volkanik toz veya küllerle birleştirilerek ahşap kalıplarda sertleşmeye bırakılır. Yapımı kolay ve ucuzdur; sağlamdır, su geçirmez ve hemen şekil verilebilir. Romalıların kubbe ve çokkatlı binalar yapmasına olanak veren beton, neredeyse tüm modern inşaatların can damarını oluşturur. Demir ya da çelik profillerle donatılan betonarme 19. yüzyılın ortasında geliştirilmişti. Metalin çekme dayanımı ile betonun basınç dayanımını birleştiriyordu.

Roma betonu
Roma'daki Panteon'un kubbesi (yak. MS 118-28) puzolanla (Roma çimentosu) yapılmış betonla oluşturulmuştu. Kullanılan kasetleme, kubbenin içten görünümünü görsel olarak parçalamaya yardımcı olmakla kalmıyor, aynı zamanda kabuğun incelerek strüktürün hafiflemesini sağlıyordu.

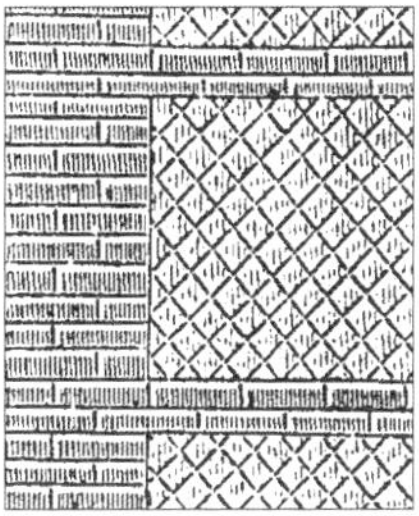

Opus reticulatum

Beton genellikle başka malzemelerle kaplanır. Romalılar, stük ya da mermer yüzey gibi iyi bir zemin bitişi sağlamak için, *opus reticulatum* ismi verilen bir sistem kullanmaktaydılar. Ağa benzeyen bir çapraz örüntü içine kare biçimli karolar veya taşlar yerleştiriliyor ve bunlar bazen düz tuğla bantlarla birlikte kullanılıyordu.

Portland çimentosu

Dökülebilme özelliğinden dolayı beton, 19. yüzyılın ortasından beri alınlık, parapet ve korkuluk gibi mimari detayların yapımında kullanılmakta ve üzeri genelde boyanmaktaydı. Burada gördüğünüz, Londra'daki Reform Club'ın detayları taşla yapılmıştır. Ancak pek çok binada, bu tür öğeleri taklit etmek için boyalı beton kullanılmaktaydı.

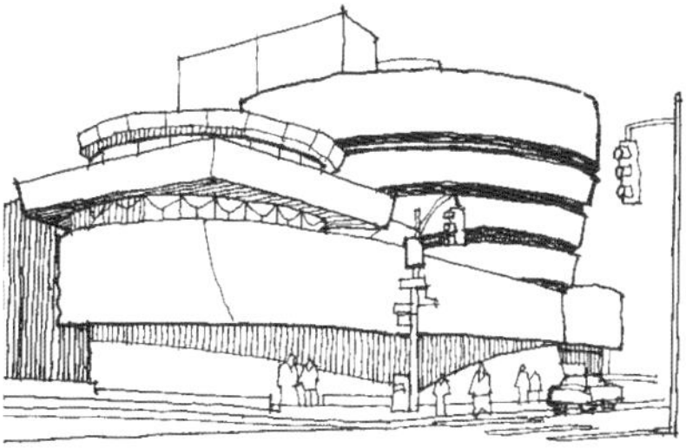

Yeni biçimler

Betonun en büyük avantajlarından biri, hayli karmaşık şekillerde biçimlendirilebilmesidir. 1959'da New York'ta yapılan, Frank Lloyd Wright'ın Guggenheim Müzesi, doğrusal çizgilerden oluşmayan bir tasarım meydana getirmek için betondan yararlanan ilk binalardan biriydi. Notilus kabuğu şeklindeki yapı, hem içe hem de dışa doğru kavislenmektedir.

Çıplak beton

Çıplak ve boyanmamış betonun dekoratif olanaklarının keşfi 20. yüzyılda Brütalizm akımını doğurdu (Fransızcada 'ham beton' anlamına gelen *béton brut* sözcüğünden gelir). 1970'te Avustralya, Canberra'da yapılan National Carillon'da (çan kulesi) kullanılan bembeyaz beton örneğinde olduğu gibi, renklendirilmiş beton dekoratif etki vermek için de kullanılabilir.

Cam

Cam, daha az kırılgan malzemelerle yapılan binalarda çoğunlukla pencere, kapı ve çatılarda kullanılmıştır. Başlangıçta son derece pahalı olan camın büyük boyutlarda üretilmesi zordu. Dolayısıyla bağımsız pencere gözleri küçüktü. Cam pencereler Roma döneminde kullanılmış, ama sonra Ortaçağ'a dek büyük ölçüde ortadan kalkmıştı. Geç 18. ve erken 19. yüzyılda cam yapım tekniklerindeki gelişmeler ve pencere camlarına uygulanan zorlayıcı vergilerin kalkması, 19. yüzyılın ortalarında büyük boyutta cam kullanımını teşvik etti. 20. yüzyılın sonlarında, giydirme cephe de dahil olmak üzere bina yapım teknolojisinde izlenen diğer gelişmeler, tamamen camla giydirilmiş binaların yapımını mümkün kıldı.

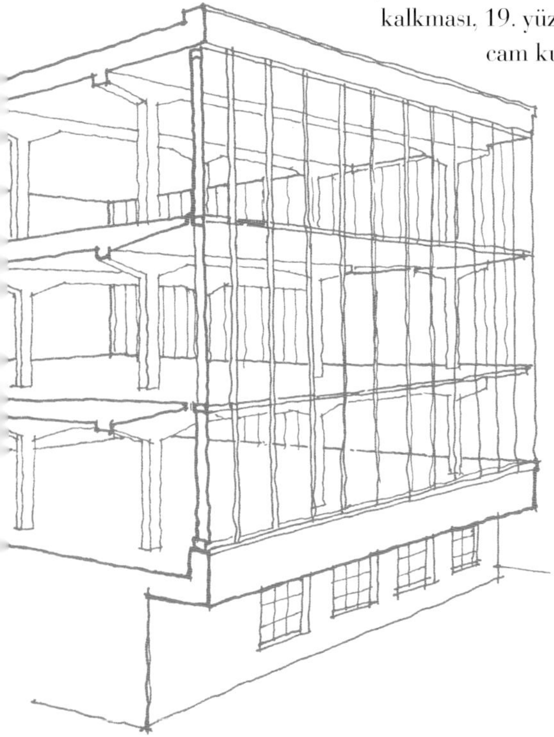

Giydirme cephe
Halen revaçta olan tamamen cam kaplı binalar, giydirme cephe tekniği sayesinde yapılabilmektedir. Binanın kendisi bir çelik veya betonarme iskeletle taşınırken dış duvarlar bu iskelete tutturuluyor, dolayısıyla herhangi bir yük taşımıyorlar. Almanya, Dessau'daki Bauhaus Binası bunun ilk örneklerinden biridir (1925-6).

Mozaik

Romalılar, tessera (*tesserae*) adı verilen küçük, renkli kare camlardan yüzlercesini kullanarak, döşeme ya da duvarlara resim yapma tekniğini geliştirmişlerdi. Renklerin arkaplanı bazen altın varakla zenginleştirilmekteydi. Bu teknik Erken Hıristiyan ve Bizans dönemlerinde daha da geliştirilerek, İtalya, Ravenna'da yapılmış bu natüralist resim gibi eserler meydana getirilmişti.

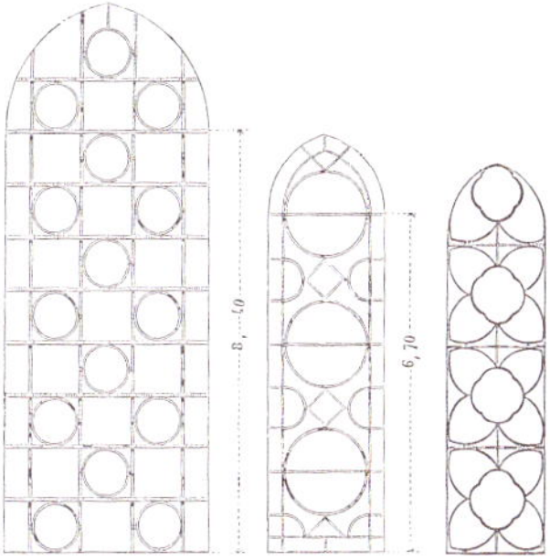

Vitray düzeneği

Ortaçağ vitrayları çok sayıda bağımsız ve farklı renkte camla yapılmaktaydı. Bunlar kurşun kayıtlarla bir araya getirilir ve demir bir iskelet veya düzenekle cama ek destek verilirdi. Bu da genellikle pencere tasarımının bir parçasını oluştururdu.

Küçük camlı pencereler

Geç Ortaçağ ve Erken Modern dönem pencerelerindeki, kurşun kayıtlar tarafından tutturulan küçük camların kullanımı, daha büyük cam üretimindeki güçlüklerden dolayı zorunluydu. İngiltere, Nottingham yakınlarındaki büyük, geç 16. yüzyıl konutu Wollaton Hall'un aşırı derecede pahalı olan çok sayıdaki camlı penceresi, ev sahiplerinin (Willoughby ailesi) zenginliğini gözler önüne seriyordu.

Camlı tonoz

1851 Büyük Sergisi için Londra'da inşa edilen, devasa cam ve demir yapı Crystal Palace'ta, bir dökme demir iskelet içine, endüstriyel yöntemlerle üretilmiş, 80.000 m²'den büyük camlı tonoz yerleştirilmiştir. Bu sayede özel konutlarda daha küçük ölçekli limonluk yapımı yaygınlaşmıştır. 1854'te Güney Londra'ya taşınan Crystal Palace 1936'da yanmıştır.

Çatı Örtüsü

Çatı kaplama malzemelerinin sugeçirmez ve dayanıklı olması gerekir, çünkü uzun süreli strüktürel dayanım için bina içinin kuru kalmasını sağlamak önemlidir. Bu koşulları sağlayan çok geniş bir çatı kaplama malzemesi çeşitliliği vardır. Buna kaplama tahtası (padavra), çeşitli seramik malzemeler ve hatta taş; saz gibi doğal malzemeler; metaller, özellikle kurşun, oluklu sac ve asfalt gibi çeşitli modern malzemeler dahildir. Farklı malzemelerin kendine özgü dekoratif özellikleri vardır ve bir binanın çatısını değiştirmek, görünümünde büyük bir fark yaratabilir.

Derz kiremidi ve *tegula*
Yunan ve Roma çatı kiremitleri iki bölüme ayrılmaktaydı: Kenarlarında küçük yükseltileri olan yassı kiremitler (*tegula*) ve onları geçmenin üzerinde kapayan kavisli dilimler (derz kiremidi). Yassı *tegula*'lar Roma sonrası dönemde, çoğunlukla taşla birlikte, bir duvar kaplama malzemesi olarak sıkça kullanılmıştı.

Saz

Kamış ya da samanla yapılan kalın saz kaplama şaşırtıcı ölçüde dayanaklı bir çatı kaplama malzemesidir. Yenisiyle değiştirilmeden birkaç onyıl dayanabilir ve pek çok bölgede geleneksel bir yapı malzemesidir. Genellikle çok kalındır, çatı pencerelerinin üzerinde dekoratif şekiller alabilir.

Kurşun

Gotik dönemde kullanılan kurşun çatı kaplamasının bina tasarımı üzerindeki etkisi büyüktü, çok daha yatık çatıların yapılabilmesine olanak veriyordu. Suyu akıtmak için eğim verilmesi gereken kiremit veya sazlardan farklı olarak kurşun, sürekliliği olan bir malzemeydi ve dolayısıyla daha yatık yüzeyler üzerinde kullanılabiliyordu.

Flamankiremidi

Yaygın olarak turuncu terrakottayla yapılan ve dikkat çekici bir kavisi olan flamankiremidi, Avrupa'nın çoğu yerinde revaçta olan bir çatı kaplama malzemesiydi. Çatıya belirgin bir dalgalı görünüm veriyor, parlak rengi kolaylıkla ayırt ediliyordu.

Oluklu metal

Oluklu metal levha, estetik bir görünüme sahip olmamakla birlikte kolay ve ucuz bir çatı kaplama malzemesidir. Çiftlik yapılarında ve geçici yapılarda yaygın olarak kullanılmıştır. Genellikle nemi engellemeye yardımcı olan bir katranlı kâğıt veya çatı keçesi üzerine serilir.

Dış Cephe Kaplaması

Çoğu bina, taşıyıcı sistemini dışa yansıtmaz. Kaplama, taşıyıcı sistemi gizleyerek binaya tamamen farklı bir görünüm verir. Dış cephe kaplaması olarak çok çeşitli malzemeler kullanılabilir. Bunların arasında en yaygın olanı, genellikle desen verilerek süslenen stük (sıva olarak da bilinir) ile ahşaptır. Yatay yalıbaskısı en yaygın ahşap dış cephe kaplamasıdır. Öte yandan kaplama tahtası (padavra) da sıklıkla kullanılır. PVC (vinil) gibi ahşap taklidi pek çok kaplama ile, gerçek ya da taklit taş kaplamalar da mevcuttur.

Yalıbaskısı
Yalıbaskısı, yatay bantlardan oluşan belirgin dokusuyla kolaylıkla fark edilir. Burada olduğu gibi boyanabilir ya da dış hava koşullarıyla değişerek cazip bir gri renge bürünmesi için çıplak bırakılabilir. Sedir, çam ve meşe ahşabı kullanımı yaygındır. Son yıllarda alüminyum ve sentetik vinil kaplamalar da kullanılmıştır.

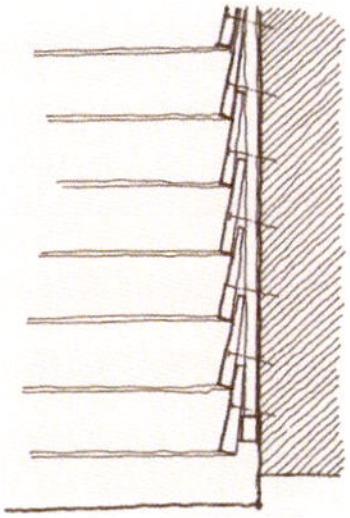

Özgün yalıbaskısı

İki tür yalıbaskısı vardır. Burada gördüğünüz gibi, özgün yalıbaskısının geleneksel olarak incelen bir kesiti vardı. Bu da tahtaların üst üste gelmesini sağlıyordu. Öte yandan yalıbaskısı, eşit kalınlıkta kesilmiş tahtalarla da yapılmaktadır.

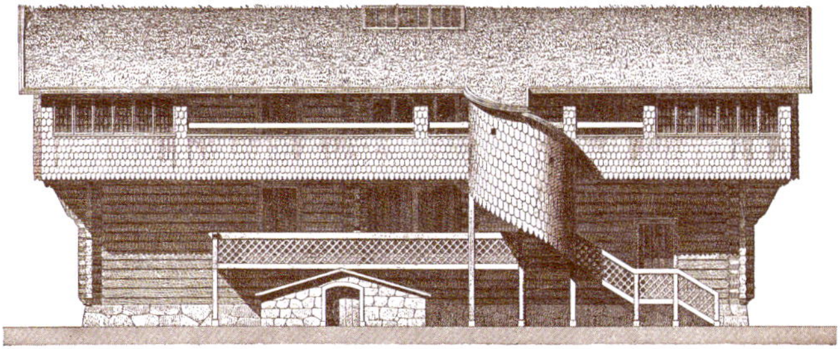

Balıkpulu kaplama tahtası

Bir küçük tahta levha olan padavra, çatı ya da duvar kaplaması olarak kullanılabilir. Özgün yalıbaskısında olduğu gibi, bir ucu diğerlerinden kalındır ve genellikle dikdörtgen şeklinde olur. Öte yandan, İsveç'teki bu örnekte kullanılan balıkpulu duvar kaplaması gibi farklı şekillerde de kullanılabilir.

Sıva süsleri

16. ve 17. yüzyıllarda ahşap iskeletli binalar genellikle stükle (sıva) kaplanmaktaydı. Kaplama süslü desenlerle bezenebilmekteydi. İngiltere, Oxford'daki bir evden alınan bu örneğin üzerinde örgü bezemeleri ve dal izleri bulunmaktadır. Öte yandan hanedanlıkla ilgili nişanlar, geometrik bezemeler ve içinde figürlerin yer aldığı dekorlar da kullanılmaktaydı.

Taş kaplama

1930'lara ait bu Amerikan konutunun alt katı taş kaplıdır. İnce taş levhaların (bazen de taşa benzetilen başka malzemeler) tuğla üzerine uygulanmasıyla, binaya gösterişli bir görünüm kazandırılmıştır. Öte yandan, binanın yanlarında açığa çıkan tuğla, gerçeği ele verir. Üst katın ahşap kaplaması daha yalındır.

İç Mekân Duvar Kaplaması

Duvarın iç yüzeyi genellikle hem onu korumak hem de dekorasyon için bir yüzey yaratmak amacıyla kaplanır. En basit iç mekân duvar kaplaması yalın boyalı alçı sıvadır. Ancak alçı, motifler ya da içinde figürlerin yer aldığı dekorlarla da bezenebilir, kumaş ya da kâğıtla kaplanabilir veya üzerine kabartmalı bezemeler uygulanabilir. Ahşap lambri, yaygın olarak kullanılan bir diğer iç mekân duvar kaplamasıdır. Çünkü son derece dayanıklıdır ve çok çeşitli motifler ve dekoratif silmelerle birlikte kullanılabilir. Zaman içinde, iç mekân duvar yüzeylerinin işleniş şekli oldukça değişmiştir; bu da bize tarihlerini tespit etme imkânı verir. Burada, öne çıkan birkaç kaplama türünü inceleyeceğiz.

Katlanmış kumaş lambri
Sanki çok ince, katlanmış bir kumaştan yapılmış gibi yontulmuş ahşabın, geç 15. ve 16. yüzyıllarda iç mekân duvarlarında ve kapılarda lambri olarak kullanılması çok yaygındı. 19. yüzyılda tüm Gotik çılgınlıklarda bu tür lambriler yeniden kullanılmaya başlandı.

Duvar resmi

Desenli duvar kaplamalarına duyulan istek, duvar kâğıdının 18. yüzyılda yaygın olarak kullanılmaya başlanmasından öncesine tarihlenir. Romanesk ve Gotik dönemlerde sahne ve motifler doğrudan duvar üzerine işlenmekteydi. Resimler Kuzey Avrupa'da kuru sıva üzerine uygulanırken, İtalya'da genellikle fresk yapılmaktaydı (ıslak sıva üzerine).

Tablalı lambri

Bu erken 18. yüzyıl merdiveninin tablalı ahşap lambrileri vardır. Yüzey, düz panoları çevreleyen kabartmalı silmelerle ayrı parçalara (tabla) ayrılmıştır. İsmi de bu özelliğinden gelir. Duvarı alt ve üst bölmelere ayıran tasarımcı, bir denge ve oran duygusu yaratmıştır.

Karma malzeme

Resim ve heykel, daha zengin ve daha detaylı dekoratif tasarımlar oluşturmak, ayrıca başka figürler arasında farklılaşma sağlamak için birlikte kullanılabilir. Roma'daki 16. yüzyıl Barok kilisesi Gesù'da, Erdem'i temsil eden alegorik heykel figürler; azizlerin mucizelerini tasvir eden renkli freskler tarafından kuşatılmıştır.

Kapsamlı bezeme

Geç 17. yüzyıl üslubunu taklit eden, Belçika'daki bu 19. yüzyıl iç mekânının çok detaylı duvar işlemeleri vardır. Bunlar arasında nişler, mermer taklidi yüzeyler, çerçeveli panolar (muhtemelen resim koyma amacı taşıyor), girift bir alçı korniş ve çok detaylı bir şömine fragmanı vardır. Tavan da yoğun bir şekilde bezelidir.

Tavan

Tavan, çatı kirişlerinin altını ya da birden fazla katı olan binalarda döşeme kirişlerinin altını kapatan bir kaplama olarak tanımlanır. Tavan çok çeşitli malzemelerle yapılabilir. Bunlar arasında, yaygın olarak kullanılan ahşap ve alçı sıvanın yanı sıra metal de vardır. Üzerinde, renklendirilmiş bazı sahneler ya da tasarımlar taşıyabileceği gibi, alçı ya da yontulmuş ahşapla yapılmış farklı türde silmelerle bezenebilir, motifler oluşturulabilir. Duvar ile tavan arasındaki geçiş genellikle bir alçı silme ya da işlemeli bir ahşap kornişle gizlenir.

Renkli ahşap tavan
Ortaçağ katedrallerinin hepsinde tonoz yoktu. İngiltere, Peterborough Katedrali'ndeki nefin erken 13. yüzyılda yapılmış bir ahşap tavanı vardı. Tavanda zodyağın burçları ile diğer görüntüler resmedilmişti. Yakın geçmişte temizlenen ve restore edilen tavan, muhtemelen bir zamanlar çok daha yaygın olan tavan türünün ayakta kalan ender örneklerinden biridir.

Çıplak kiriş

Küçük Ortaçağ evlerinde, döşeme kirişlerinin altı dekoratif bir tavan olarak genellikle açık bırakılırdı. Bu kirişler, taş muadilleri kadar zengin bir şekilde işlenebilmekteydi. Bu tavanda, burmalı ve kesme çubuklu silmelerin yanı sıra, üzerinde stilize edilmiş yaprak biçimleri olan ve boyayla zenginleştirilmiş detaylı bir kilittaşı bulunmaktadır.

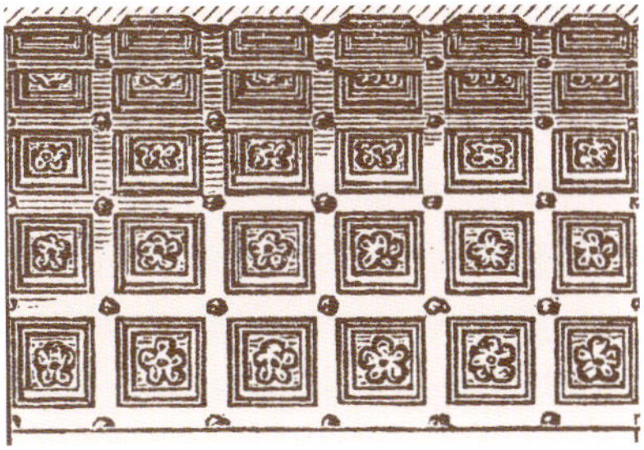

Kasetleme

Gömük karelerden oluşan genel dokuya kasetleme diyoruz. İlk kez Roma döneminde kullanılan kasetleme Rönesans'ta yeniden canlandırılmıştı. Özellikle tavan, tonoz ve kubbelerin içinde kullanılmaktaydı. Genellikle karelerin hem çerçevesi hem de orta kısımları bezemeliydi; bu da çok zengin bir etki meydana getiriyordu.

Alçı korniş

Girift alçı korniş, 18. ve 19. yüzyıllardaki iç mekânların önemli bir öğesiydi ve duvar ile tavan arasındaki bileşimi maskelemeye yardımcı oluyordu. Bu geç 19. yüzyıl örneğinde, furuş ve gömülü pano gibi Neoklasik motiflerin yanı sıra yaprak demetleri, incikordonlar ve palmetli antemiyonlar kullanılmıştır.

Gülbezek

Çoğu 19. yüzyıl evinde, tavanın hem kenarlarında hem de ortasında dekoratif bir alçı işi bulunurdu. Özellikle aydınlatma armatürleri, gülbezek adı verilen dekoratif bir madalyonun ortasından sarkıtılırdı. Çoğu tavan gülbezeği daireseldir, ancak buradaki örnek gibi daha karmaşık şekiller de kullanılmaktaydı.

Döşeme

Döşeme, binanın temel bir bileşenidir ve diğer özelliklere bakarken kolaylıkla gözden kaçabilir. Döşeme, iyice dövülerek katılaştırılmış toprak kadar basit olabilir. Toprak zemin şaşırtıcı ölçüde kurudur ve ayağın altında hoş bir his yaratır. Ahşap, karo ve taş gibi diğer malzemeler daha dayanıklıdır; dekoratif desenlerin ve özel tasarımların uygulanmasına uygundur; ayrıca daha üst katlarda kullanılmaya da elverişlidir. Belirli döşeme kaplamaları, belirli dönem ve üslupları akla getirir; özellikle Roma ve Erken Hıristiyan dönem yapılarının karakteristik öğesi olan mozaik gibi.

Mozaik
Roma ve Erken Hıristiyanlık dönemlerinde detaylı sahneler ve resimlerle bezeli mozaik döşemeler çok yaygındı. Bu Erken Hıristiyan kilisesinin, bir dizi karmaşık geometrik ve floral bezemelerle işlenmiş zengin bir mozaik döşemesi vardır. Döşemenin üstündeki ve altarın çevresindeki duvarlar da, içlerinde figürlerin yer aldığı mozaik bezemelerle kaplanmıştır.

Toprak döşeme

Yemek yeme, uyuma ve pişirme gibi tüm amaçlara hizmet eden bu Ortaçağ salonunun zemini muhtemelen dövülmüş topraktan yapılmıştı. Zeminin üzerine, yerde yumuşak bir his elde etmek için, güzel kokulu otlarla karıştırılmış hasırotu yayılmış olmalı. Bu kaplama yılda birkaç kez değiştirilmekteydi.

Ortaçağ karoları

Karo, Ortaçağ'da kiliseler ve büyük konutlar arasında revaçta olan bir döşeme kaplama malzemesiydi. Hem geometrik hem de figüratif motifler yaygındı. Bağımsız karolar, burada olduğu gibi, genellikle birbirinin içine geçecek şekilde yapılırdı. Motifleri zenginleştirmek ve karmaşık tasarımlar meydana getirmek için farklı renklerde sır kullanılmaktaydı.

Scagliola

Scagliola alçı, pigment, tutkal ya da zamkla hazırlanan renkli bir hamurdu. Mermer gibi ışıldaması için cilalanabilmekteydi. 17. ve 18. yüzyıllarda revaçta olan *scagliola*, mermer taklidi duvarların ve İskoç Neoklasik mimar Robert Adam tarafından tasarlanmış bu örnekteki gibi motifli döşemelerin yapımında kullanılmaktaydı.

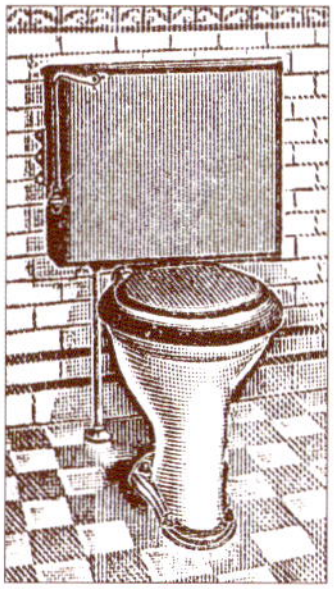

Banyo karoları

Sıhhi tesisatın ve banyo işlevinin evin içine taşınması ancak 19. yüzyılda yaygın hale gelebilmişti. Aynı dönemde bakterinin keşfedilmesi hijyeni ön plana çıkararak, banyo ile mutfaklardaki yüzeylerin kolayca temizlenebilir olmasını gerektirdi. Burada kullanılan bütün mozaik karolar, döşeme ve duvarlarda tamamen silinebilir yüzeyler meydana getirmektedir.

Giriş

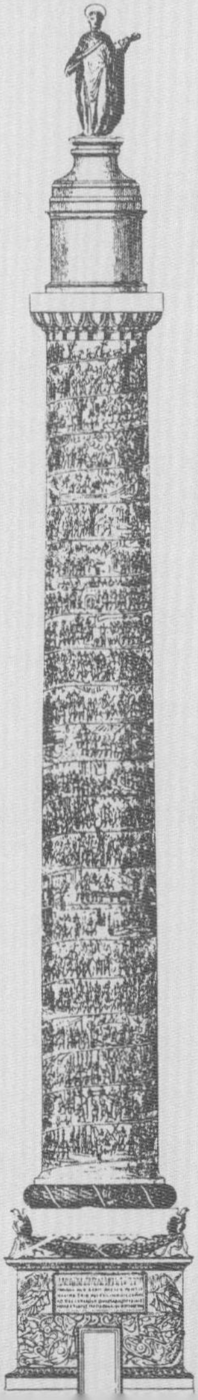

Sütun bir düşey gövdedir. Sütunlar, çoğunlukla yatay bir lentoyu taşıyan bir sıra içinde dizilirler (kolonat) ya da bir kemer dizisiyle birlikte kullanılırlar (arkat). Öte yandan, sözgelimi bir heykeli taşımak için, tek başına kullanıldıkları da olur. Sütun genellikle daireseldir, ama kare ya da çokgen planlı da olabilir. Zemin ile sütun arasındaki geçiş genellikle bir sütun altlığı, sütun ile üstündeki duvar arasındaki geçiş ise sütun başlığı yardımıyla yapılır. Hem başlık hem de altlıklar yükün dağıtılmasına yardımcı olarak sütunun sağlamlığını artırır, ayrıca düşey ile yatay arasında görsel bir bağlantı kurar.

Anıt sütun
Romalılar önemli kişilerin ve kahramanlıkların anısına, tek başına ayakta duran sütunlar dikmişlerdir. Roma'daki Trajan Sütunu (yak. MS 112) Roma İmparatoru'nun Daçyalılar karşısındaki zaferinin anısına yapılmıştır. Neoklasik dönemde bu biçim yeniden ortaya çıkmıştır; Londra'daki Nelson Sütunu ve Paris Meydanı'ndaki Temmuz Sütunu gibi.

Parçalı sütun

Sütunlar genellikle tek ve uzun bir taş bloktan yapılmış gibi görünür, fakat aslında çoğu, büyük parçalar halindeki taşlarla yapılır. Tek bir taş bloğuyla yapılan sütunlara 'monolit' denir. Gotik mimarlıkta yaygın olan küçük monolitik sütunlar için Fransızca bir terim olan *en délit* kullanılmaktadır.

Pilastr

Duvara gömülmüş, yüksek, yassı bantlar halindeki pilastrlar sütun etkisi verir. Fakat sütun başlığı ve altlığı da olan pilastrların hiçbir taşıyıcı işlevi yoktur. Burada gördüğünüz, Lübnan, Baalbek'teki Bacchus Tapınağı'nda (MS 2. yüzyıl) pilastrlar bir saçaklıkla birlikte kullanılmıştır. Ancak kemerlerle birlikte kullanılmaları da mümkündür.

Bindirmelik

Duvara sabitlenen ve altında sütun olmayan başlıklara bindirmelik denir. Bindirmelik, Romanesk ve Gotik dönemlerde çatı, tonoz, kemer ve heykelleri taşımak için kullanılırdı. Burada gördüğünüz, İskoçya'daki Melrose Manastırı'nın bindirmeliği, tonoz desteğinin bir parçası olan küçük sütunçeleri taşımaktadır.

Volüt

Bazı sütun başlıklarının üzerinde çıkıntı yapan parçalara volüt denir. Volüt, ayak ile üstteki duvar arasında geçiş sağlar. Volütler genellikle kıvrımdal şeklinde yontulur. Ancak, burada gördüğünüz Rönesans sütun başlığında olduğu gibi, daha stilize edilmiş şekiller (örneğin grotesk başlar) de kullanılmaktaydı.

Klasik Düzen

Antik Yunan ve Roma'da sütunların tasarımı ve oranları, düzen olarak bilinen bir dizi kuralla belirlenmekteydi. Beş temel düzen vardır: Dor, Toskana, İyon, Korent ve Karma. Düzen, Rönesans'ta yeniden keşfedilmiş ve Leon Battista Alberti'nin 1452'de yazdığı, Rönesans'ın önemli kavramsal metinlerinden biri olan *De re aedificatoria* (Yapı Yapma Sanatı Üzerine) adlı incelemede sistemleştirilmişti. Her düzenin belirli bina türleri için uygun olan belirli özellikleri olduğu düşünülüyordu. Örneğin, görece sade olan Dor düzeni sağlamlıkla bağdaştırılırken, Korent düzeninin güzelliği üzerinde özellikle duruluyordu.

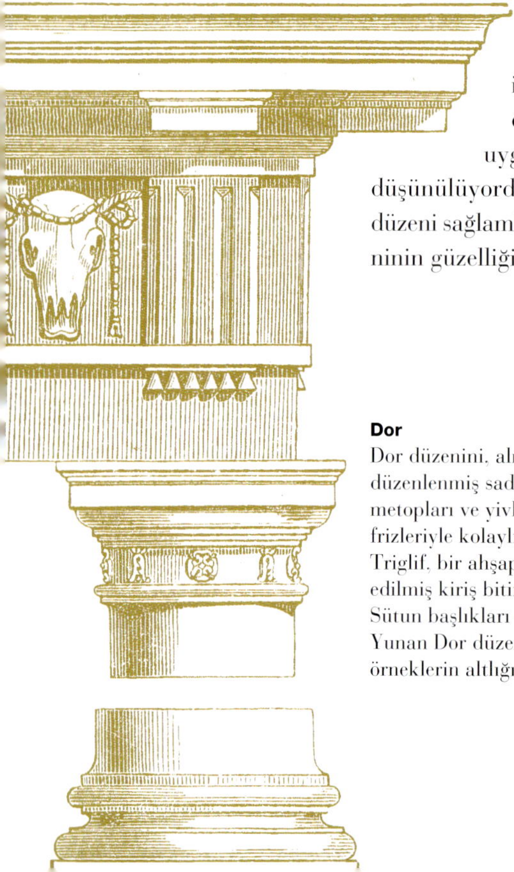

Dor

Dor düzenini, almaşık olarak düzenlenmiş sade ya da heykelli metopları ve yivli triglifleri olan frizleriyle kolaylıkla tanıyabilirsiniz. Triglif, bir ahşap çatıdaki stilize edilmiş kiriş bitimini temsil eder. Sütun başlıkları çok sadedir ve Yunan Dor düzenindeki bazı erken örneklerin altlığı yoktur.

Toskana

Esasen İtalyan olan Toskana düzeni, Dor düzeninden farklı değildir, ancak frizi yalın, sütun başlıkları kabarık astragal silmeleriyle biraz daha karmaşıktır. Bu düzen Rönesans'ta çok revaçtaydı. Toskana'nın büyük ölçekli türevine Devsütun düzeni denir.

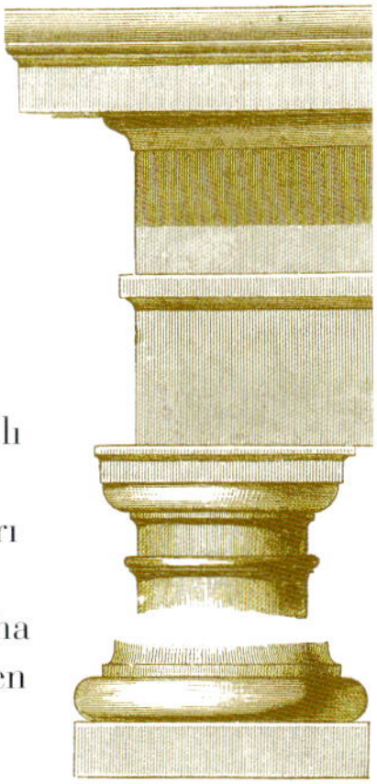

İyon

İyon düzenini, belirgin özelliği olan ve dürülmüş bir yastığa benzetilen S-kıvrımlı sütun başlıklarından tanıyabilirsiniz. Diğer düzenlerden farklı olarak, önü ve yanları birbirine benzemez. Sütunlar genellikle yivlidir; friz sade ya da yontulmuş bezemelerle süslenmiş olabilir.

Korent

Korent düzenindeki sütun başlıklarının, akant yapraklarından oluşan dizileri vardır. Köşedeki yapraklar yukarıya doğru kıvrılarak volütler oluşturur. Hem Yunan hem de Roma türevleri vardır: Yunan Korent sütununun gövdesi genellikle yivli, diğerininki ise sadedir.

Karma düzen

Özellikle Roma'ya özgü bir yaratıcılığın ürünü olan Karma düzen, en zengin ve detaylı düzendir. Bu düzen, akant yaprakları ve S-kıvrımlarıyla, Korent ile İyon arasında bir bağ oluşturur. Bu düzendeki friz ve saçaklıklar rölyefli heykellerle donatılmıştır.

Erken Hıristiyan

Hıristiyanlık MS 326'da Roma İmparatorluğu'nun resmi dini haline geldiğinde çok sayıda yeni kilise inşa edilmişti. Çoğunda –Roma kamu binası tipinden türeyen– sahınlı bazilikal plan şeması kullanılmıştı ve dolayısıyla çoğunun iç mekânında, sütunlar tarafından taşınan arkatlar vardı. Başlangıçta, Erken Hıristiyan dönemin sütun ve başlıkları Roma'daki öncellerine çok benziyordu. Ancak Hıristiyan ikonografisini ve sembolizmini yansıtan yeni sütun başlıkları geliştirilmişti. Roma İmparatorluğu, barbarların istilası altında giderek artan baskılar sonucu dağılarak politik ilgisini Doğu'ya yöneltince, Doğu'dan gelen yeni mimari etkiler öne çıkmaya başladı. Bizans'a ait mimari biçimler tamamen yeni ve oldukça belirgin şekillerde gelişmeye başladı.

Doğu coşkusu
Her ikisi de İtalya, Ravenna'da olan 6. yüzyıl kiliseleri Sant' Apollinare ve San Vitale'de, Roma sonrası Hıristiyan mimarlığının Doğu etkisindeki zengin yaratım gücü görünmektedir. Ana nef arkatının mermer sütunları ve 'rüzgârlı' başlıkları Korent'ten türetilmişti, ancak birebir kopyası değildi. Karşıdaki destek başlığında, zengin katmanlar halinde yaprak biçimleri vardı.

İyon kolonatı

Bu bazilikada, yüksek bir saçaklığı taşıyan ve İyon sütunlarından meydana gelen arkat, bir Hıristiyan kilisesine hizmet edecek şekilde uyarlanmıştır. Bu da, Doğu etkisi taşıyan sonraki işlerden ziyade geçmişteki Klasik düzene daha yakın olan çok zengin, ama ölçülü bir etki meydana getirmektedir.

Uyarlama ve birleştirme

Eski mimari biçimler, yeni dine ve onun sembollerine uyacak şekilde uyarlanmaktaydı. Venedik'teki San Marco Kilisesi'nin sütun başlığında görüldüğü gibi akant yaprakları, volütler, zengin silmeler ve merkezi haç bir araya getiriliyordu. Çok yassı ama derin kesimli yapraklar, Doğu etkisindeki işlerin tipik bir örneğidir.

Spolia

Spolia'nın (yeniden kullanılan malzemeler) varlığı, Selanik'teki Aziz Demetrius Kilisesi'nin sütun başlığındaki garip görünümü açıklıyor. Başlığın, ince bir işçiliğin ve görkemli kartalların yer aldığı ana alt kısmı, yeni Hıristiyanlık bağlamı içinde yeniden kurgulanmıştır. Üzerindeki işçilik biraz daha kabadır.

Katlanan sütun başlığı

İstanbul'daki Aziz Sergios ve Bakhus Kilisesi'nin (Küçük Ayasofya) (527-36) sütun başlığı sanki bir kumaş parçasıyla yapılmış ve sütunun içine doğru katlanmış gibi görünmektedir. Meneviş ya da dantel işiyle iç içe geçen, dokuma benzeri kıvrımdal bezemeleri etkiyi daha da zenginleştirmektedir.

Romanesk

Roma İmparatorluğu sona erdikten sonra, taş yapım teknikleri Kuzey Avrupa'da büyük ölçüde kaybolmuştu. İnşa edilen taş yapılar ise Roma dönemindekilere kıyasla çok basitti. Barbar istilasının sona ermesi Akdeniz bölgesiyle ilişkileri bir kere daha canlandırırken, geç 10. ve erken 11. yüzyıllarda sanatsal ve kültürel bir Rönesans yaşanmaktaydı. Romanesk üslup bu sanatsal Rönesans'ın bir ürünüydü ve eski Roma biçimlerini, Kuzey Avrupa'daki yerel kavimler arasında revaçta olan daha geometrik bir bezeme repertuarıyla birleştirerek oldukça sadeleştiriyordu.

Sütunçe

Altlığı ve başlığıyla birlikte tam bir sütun halindeki küçük sütunlara sütunçe denir. Daha ziyade taşıyıcı değil dekoratif amaçlı kullanılır. Sütunçe Romanesk ve Gotik mimarlıkların belirgin bir öğesiydi. Pencere, kapı ve daha büyük sütunları süslüyordu. Burada, Fransa'daki Romanesk kilise Loupiac'ın pencerelerinde kullanıldığını görüyoruz.

Festonlu başlık

Festonlu başlık, geniş ama derinliği az olan bir sütun başlığıdır. İsmini, üzerindeki feston kabuğunun kenarlarına benzeyen yiv dizisinden alır. İngiltere, Oxfordshire'daki Islip Kilisesi'nin nefindeki bu sütunun silindirik gövdesi dört küçük sütunla çevrelenmiştir.

Tasvirli başlık

Romanesk sütun başlığının düz yüzeyleri genellikle figüratif rölyeflerle bezeliydi. Bu başlıklar tasvirli (hikâye anlatıcı) nitelikteydi. En revaçta olan anlatılar arasında mucize öyküleri ile Erdem ve Ahlak tasvirleri yer alıyordu. Grotesk ya da hayal ürünü figürler de yaygın bezeme biçimleriydi.

Bezemeli sütun

Burada gördüğünüz sütun gövdesinin geometrik bezemeleri Romanesk dönemin açık bir işaretidir. Spiraller ve zikzaklar özellikle revaçtaydı ve belki de Roma'daki eski Aziz Petrus Bazilikası'nda kullanılan spiral sütunlarla ilişkilendirilmekteydi. Ancak sütun gruplarını eşleştirmenin bir anlamı yoktu.

Sütun figürü

Özellikle Fransız ve İspanyol Romanesk mimarlığında, kapı kasasını süsleyen sütunlarda sıklıkla, azizler ve İncil'den figürlerin oyulduğu antropomorfik (insan biçiminde) öğeler kullanılmaktaydı. İspanya'daki Santiago de Compostela Katedrali'ndeki bu figürler S-kıvrımlarıyla birlikte Tevrat'taki peygamberleri tasvir etmektedir.

Gotik

Gotik dönemde, bina yapım ve oymacılık tekniklerinin standartları bir önceki (Romanesk) döneme göre son derece gelişmişti. Bu nedenle Gotik mimarlık Romanesk mimarlığa kıyasla çok daha hafif ve incelikliydi. Bu nitelik özellikle sütun ve başlıkların oymalarında belirginleşmişti. Sütun başlıklarında natüralist kıvrımdallar çok revaçtaydı. Kıvrımdal ilk zamanlarda baskın bir öğeydi. Sütunlar genellikle bir demet küçük sütunla yapılmış gibi görünecek şekilde tasarlanıyordu. Geç Gotik dönemde başlıklar olabildiğince küçüldü, genellikle silmelerden biraz daha büyük yapılıyorlardı. Böylelikle binanın düşeyliği vurgulanmaktaydı.

Zengin bezeme
13. yüzyıl yapısı olan, İngiltere'deki Lincoln Katedrali'nde görüldüğü üzere, Erken Gotik sütun başlıkları genellikle natüralist kıvrımdallar, belirgin silmeler ve köpekdişi denen geometrik bezemeler ya da dört yapraklı çiçeklerin karışımıyla son derece zengin bir şekilde bezenmekteydi. Küçük sütunlarda kullanılan koyu renkli Purbeck mermeri yapıya muazzam bir zenginlik katmaktadır.

Girift sütun

Romanesk ve Gotik mimarlıkta, bir sütun demeti gibi görünen girift sütunlar revaçtaydı. Ayrı parçalardan yapılmış gibi durmakla birlikte, bu parçalar aslında aynı taş bloğundan yontulmaktaydı. Bu da sütuna ek bir denge ve dayanım sağlıyordu.

Bağımsız sütun

Salisbury'deki bir 13. yüzyıl Gotik katedraline ait olan bu sütunun, dört bağımsız sütun gövdesiyle çevrelenen bir merkezi çekirdeği vardır. Bu bağımsız ya da *en délit* parçalar altlık ve başlığın yanı sıra, ana çekirdeğe bağlanan özel kavisli taş parçalar (sütun bileziği) sayesinde yerinde durmaktadır.

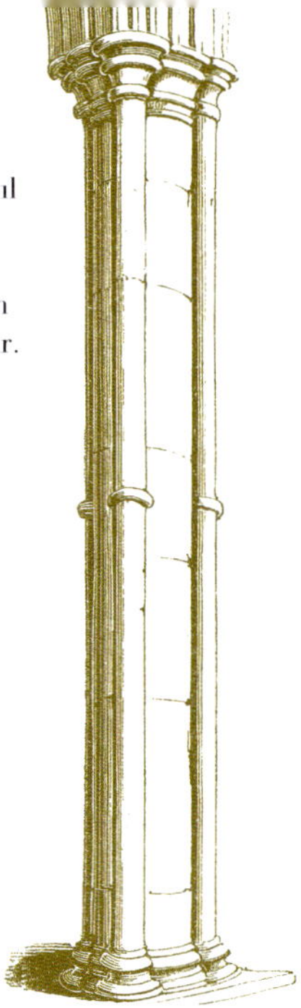

Yalancı silme

Bir kemeri sütun ya da duvara bağlamak için sütun başlıklarının olması gerekmez. Gotik dönemde, sütun başlığına alternatif olarak bazen yalancı silmeler kullanılmaktaydı. Bunlar, sütun başlığı olmaksızın duvara ya da sütuna doğru inceliyordu; burada gördüğünüz geç 13. yüzyıl ya da erken 14. yüzyıl örneğinde olduğu gibi.

Silmeli başlık ve altlık

Geç Gotik dönemde tasarımcıların ilgisi coşkulu kıvrımdallardan uzaklaşarak daha sade çokgen başlıklara ve çok sayıda küçük silmeyle bezeli altlıklara yönelmişti. Küçük parçalardan oluşan karmaşık gruplara dönüşen sütunlar, mimariye güçlü bir düşeylik etkisi vermekteydi; İngiltere'deki Winchester Katedrali (sol üstte) ile Canterbury Katedrali'nde (sol altta) olduğu gibi.

Rönesans ve Barok

Süslü Gotik biçimler belirli bir kural dizisi çerçevesinde belirlenmiyordu. Rönesans'ın anahtar özelliği ise, katı kurallarla tanımlanmış Klasik düzenin yeniden canlandırılmasıydı. Rönesans'ta, Antik Roma'nın şanını en çok çağrıştıran Toskana ve Korent düzenleri özellikle revaçtaydı. İtalyan Rönesans mimarları tasarımlarını Antik yapıların kalıntıları üzerine inşa ediliyorlardı. Ayrıca düzen üzerine bazı yeni çeşitlemeler de tasarlamışlardı. Özellikle Korent düzeni amaçlarına çok uygun düşüyordu. Barok ve Rokoko dönemlerinde mimarlar daha yaratıcı olmaya başladılar. Yeni sütun başlıkları ve altlıkları tasarlarken eski örneklerden uzaklaşmışlardı.

Düzen hiyerarşisi
Her düzenin kendine özgü görsel özelliklerinin olduğu düşünülüyordu. Sade Dor ve Toskana düzenleri dayanım, Korent ise güzellikle bağdaştırılmaktaydı. Örneğin Floransa'daki Rucellai Sarayı'nın alt katında Dor düzeninde, üstte ise Korent düzeninde pilastrlar vardı.

Rönesans pilastrı
Bir Venedik kilisesindeki bu Rönesans pilastrı Korent düzenindedir. Ancak geleneksel akant yapraklı bezemeleri sütun başlığının köşeleriyle sınırlandırılmıştır, merkezde ise daha doğal bir gül figürü yer alır. Pilastr üzerindeki yivler yerini kıvrımdallı izlere bırakmıştır.

Rüstik sütun
Rönesans mimarları Klasik fikirler üzerine yeni biçimler inşa etmeyi denemekteydi. Bunlardan biri, daha büyük ve rüstik taş blokların dönüşümlü olarak kullanıldığı rüstik sütundur. Fransız kraliyet mimarı Philibert de l'Orme (yak. 1510-70) tarafından tasarlanan rüstik sütunlar Rönesans ve Barok gibi sonraki mimarlıkların önemli bir öğesiydi.

Rokoko başlık
Rokoko mimarları, Rokoko üslubunun inceliğine uyan hafif bezemelerle yeni sütun başlıkları tasarlamışlardı. Neredeyse silindirik bir şekli olan bu sütun başlığının, üzerine temellendirildiği Korent düzeniyle pek bir ilgisi yoktur. Ancak bu onun dekoratif gücünden bir şey eksiltmemektedir.

Dekoratif sütun
Barok mimarlar, sütunu taşıyıcı bir eleman olarak kullandıkları kadar bir dekorasyon öğesi olarak da kullanmaktaydılar. Örneğin Paris'teki St. Paul ve St. Louis Kilisesi'nin cephesindeki sütunlar beklenmedik bir şekilde bir alınlığın üzerinde yer almaktaydı. Detaylı yüzey bezemeleriyle birlikte bu sütunlar, oluşan çok zengin dekoratif etkiye büyük bir katkıda bulunmaktadır.

Yeniden Canlandırma Üslupları

18. yüzyılın ortasında bilim adamları Antik dönem mimarlığını tüm detaylarıyla incelemeye başladılar. Yaptıkları titiz çizimler yayımlanarak geniş çapta dağıtıldı. Özellikle James 'Athenian' Stuart (1713-88) ve Nicholas Revett (1720-1804) gibi bilim adamları Yunan mimarlığını öne çıkarmışlardı. Onların çalışmaları sayesinde Antik yapıların eksiksiz reprodüksiyonları geniş kitlelere ulaştı. Yunan mimarlığının, daha sonraki Roma yapılarında eksikliği hissedilen bir saflık taşıdığı ve ABD, Fransa gibi yeni demokratikleşmiş ülkeler için özellikle uygun olduğu düşünülüyordu. Canlandırma üsluplar genel olarak eski örnekleri kopyalıyordu; ancak daha yakın bir geçmişte mimarlar, özellikle çok yüksek binalarla ilişki içinde olan sütun biçimleriyle ilginç deneyler yapmaktaydılar.

Antik dönem mimarlığı incelemeleri, İyon düzeni
18. yüzyıl yayınları gerçek örnekler hakkında çok iyi detaylar sağlıyordu. Yunanistan, Ilissus'taki bu İyon düzeni o örneklerden biridir. Bu sayede mimarlar eski örnekleri birebir kopyalayabilmekteydiler. Bu da tarihsel doğruluğa yeni bir vurgu getiriyordu. Önceden bilinmeyen yapılar ortaya çıkarılıp çizimleri yapıldığı için biçim repertuarı genişlemişti.

Altlığı olmayan Dor

Sütun altlığı olmayan ve Roma tipine göre sütunları daha ağır olan Yunan Dor düzeni, 18. yüzyıl mimarları ve bilim adamları için büyük bir keşifti. Roma'nın çöküşüyle kirlenmemiş saf bir Klasisizm'i temsil ettiği düşünülmekteydi, bu da ABD'deki Ohio Eyaleti Kongre Binası gibi Yunan Yeniden Canlandırma üslubundaki binaların önemli bir öğesiydi.

Gökdelen sütun

New York'taki American Surety Building (1894-6) gibi ilk gökdelenler, kendi başına ayakta duran devasa sütunları andıracak şekilde tasarlanmıştı. Alt katlar sütun altlığını, çıkıntılı kornişleriyle üst katlar da sütun başlığını temsil ediyordu. Düşey pencere dizileri sütun gövdesindeki yivler gibiydi.

Britanya düzeni

Neoklasik dönemde düzen üzerindeki çeşitlemelerin keşfi 18. yüzyıl mimarlarının yeni düzenler tasarlamasına yol açtı. Burada gördüğünüz Britanya düzeninde, İngiliz kraliyet aslanı ve tek boynuzlu at kullanılmaktaydı. Öte yandan Washington D.C.'deki Amerikan Kongre Binası bir 'mısır koçanı' düzeniyle süslenmiş, akant yaprakları yerine mısır başağı kullanılmıştır.

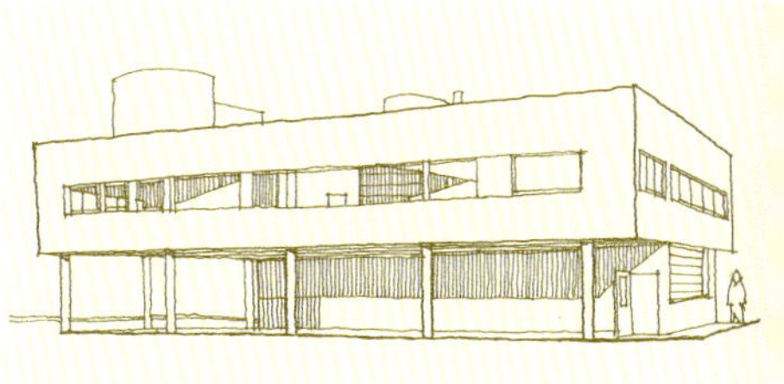

Boru dikme

20. yüzyılda Modernist mimarlar sütun başlıklarını ve altlıklarını terk ederek, gereksiz süslemeleri olmayan ve işlevini açıkça dışavuran sade kolonlara yöneldiler. Bununla birlikte kolonlar hem taşıma hem de cepheye ritim kazandırma işlevi görüyordu; Le Corbusier'nin Fransa, Poissy'deki Villa Savoye örneğinde olduğu gibi (1929-31). Betonla kaplı ya da beton doldurulmuş benzer türde kolonlar genellikle bodrum katlarını taşımak için kullanılmaktaydı.

Giriş

Bir açıklığı geçmenin iki temel yolu vardır: Düz bir lento ya da kavisli bir kemer yapmak. Hem lentolar hem de kemerler bağımsız sütunlar üzerinde taşınabilir ya da bir duvarla bütünleştirilebilir. Kemer lentodan daha sağlamdır. Çünkü sahip olduğu kavis, yükün duvara ya da sütuna aktarılmasına yardımcı olur. Yunanlılar, sütunlar üzerinde taşınan bir yatık lentoyla (veya saçaklık) yapılan 'lentolu yapım sistemi'ni kullanmışlardı. Ancak Romalılar kemerin strüktürel olanaklarından yararlanarak daha büyük ve karmaşık yapılar meydana getireceklerdi. Öte yandan, saçaklık ve sütunu bir görsel düzenleme aracı olarak kullanmaya devam edecek, bu elemanları bir kemerle birleştireceklerdi.

Lentolu yapım
Yunanlılar lentolu yapım sistemini kullanıyorlardı. Bu sistemde açıklıklar, sütunlar tarafından taşınan lentolarla geçilmekteydi. Lento görece zayıf olduğu için, onu taşıyan sütunların birbirine yakın olması gerekiyordu. Bu da, Yunan mimarlığının karakteristik özelliği olan sık aralıklı kolonatları meydana getiriyordu.

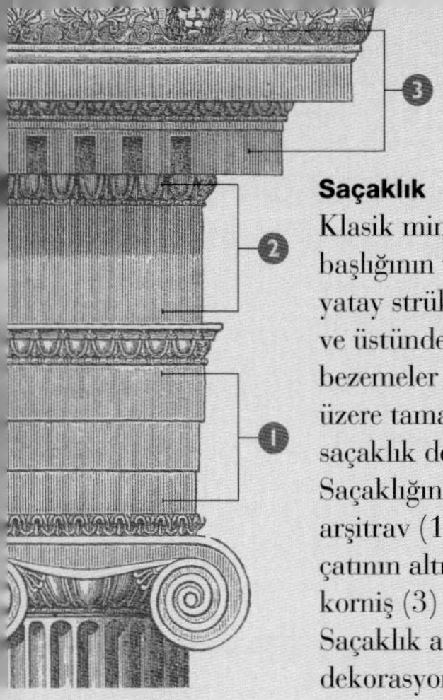

Saçaklık
Klasik mimarlıkta sütun başlığının üzerindeki yatay strüktürün, lento ve üstündeki tüm bezemeler dahil olmak üzere tamamına saçaklık denir. Saçaklığın içinde arşitrav (1), friz (2) ve çatının altında kalan korniş (3) vardır. Saçaklık ayrıca bir dekorasyon öğesi olarak da kullanılabilir.

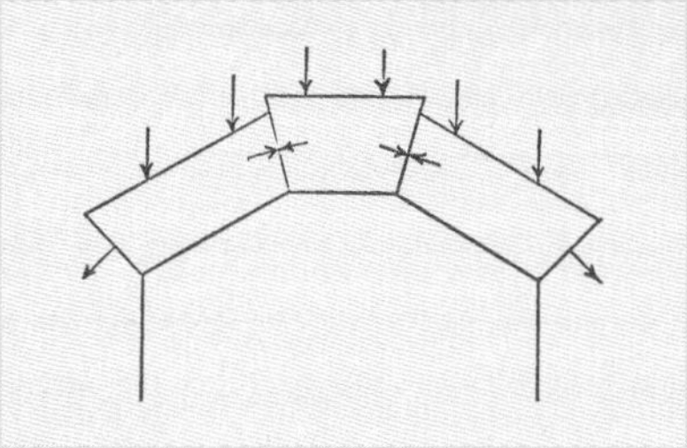

Kilittaşı
Bir kemerin tam ortasında yer alan kilittaşı, kelimenin tam anlamıyla, kemeri yerine kilitler. Bu diyagramın gösterdiği gibi, kemerin etrafındaki taş bloklar (*voussoir*) belli açılarda kesilmiştir. Strüktürü birbirine kenetlemek için en üstteki kilittaşının her iki tarafına açı verilmiştir.

Roma kemeri
Kemer Romalılar tarafından icat edilmemişti, ancak onun dekoratif ve strüktürel olanaklarından ilk onlar yararlandılar. Roma'daki Konstantin Kemeri'nde olduğu gibi, Roma kemerleri çoğunlukla dairesel yapılıyor ve genellikle ağır bir saçaklık ve pilastrlarla birleştiriliyordu. Dolayısıyla kemer, görsel düzeni tamamlayıcı bir öğe haline gelmişti.

Taşıyıcı kemer
Romalılar ayrıca çokkatlı yapılar yapabilmek için, kemerin, üzerine gelen yüklerin oluşturduğu basınca direnme özelliğinden yararlandılar. Roma'daki Colosseum'dan alınan bu kesit, üst katları taşımak için kemerin nasıl kullanıldığını gösteriyor. Çok kalın olan dış duvarlar kemerleri taşımada uçan payanda görevi görmekteydi.

Biçim

Bir şeyin kemerli olmasından söz ettiğimizde genellikle kavisli bir biçim tarif ederiz. Mimarlıkta kemer çok değişik biçimde kavislerle ortaya çıkabilir. Mimari kemerler, belki şaşırtıcı gelecek ama, düz de olabilir. Strüktürel özelliği olan tüm kemerler aynı niteliği taşır: Hepsi, strüktürel olarak dengede olacak şekilde yerleştirilen, biçimlendirilmiş taş bloklardan oluşur. Kemer biçimleri zaman içinde değişmiştir. Bazıları belirli dönemlerin karakteristik biçimleriydiler. En yaygın olanları ise, Roma, Romanesk ve Rönesans dönemleriyle ilişkilendirilen beşikkemer ile Gotik döneme özgü olan sivri kemerdir.

Beşikkemer
Beşikkemerli Romanesk pencerelerin etrafındaki bu bağımsız bloklar (*voussoir*), kemerin yarıçapını izleyen açılarda ve üçgensi bir biçim oluşturacak şekilde kesilmiştir.
Bu düzenlemeye ışınsal *voussoir* denmektedir.
Yani her blok alta bindirdiği yük sayesinde taşınmaktadır.

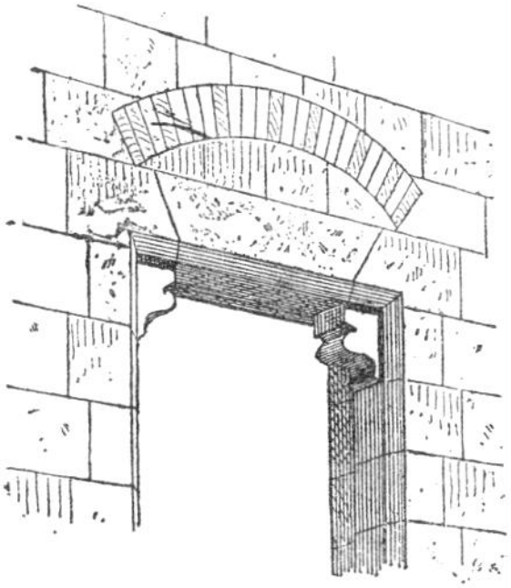

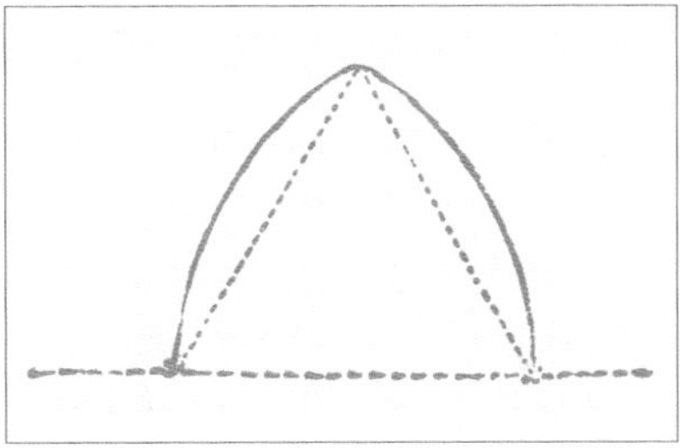

Düz atkı

Düz bir kemerde, kemerin tepesinde boydan boya uzanan bağımsız bloklara bir açı verilmiştir. Böylece bloklar aşağıya doğru değil, birbirine yaslanır. Genellikle tuğla binalarda kullanılan düz kemerlerle, Georgian ve Viktorya dönemlerinin karakteristik özelliği olan, pencere ve kapı üzerindeki düz açıtlar oluşturulur.

Sivri kemer

Sivri kemer iki daire parçasının bir araya getirilmesiyle oluşturulur, yanlar kavislenirken tepede bir uç meydana gelir. En büyük avantajı tepe açısının sonsuz derecede ayarlanabilir olmasıdır. Bu da yükseklikten ödün vermeden, kemerin kolaylıkla genişletilip daraltılmasına olanak verir.

Atnalı kemer

Yarım daireden daha fazlası olan atnalı kemer, İspanya'daki İslami dönem de dahil olmak üzere, İslam mimarlığının karakteristik bir öğesiydi. 12. yüzyılda sinagog olarak yapılmış ve 1405 dolaylarında kiliseye çevrilmiş olan, Toledo'daki Santa Maria la Blanca'da örnekleri görülebilir.

Omuzlama

Boyun ve omuzlara benzeyen bu tür bir açıtı tanımlamak için 'omuzlama' terimi kullanılır. Ne var ki bu, biçimlendirilmiş bloklardan oluşan gerçek bir kemer değildir. Daha ziyade açıtın tepesinde, bindirmelikler üzerinde duran düz bir lentodur.

Romanesk

10. ve 12. yüzyıllar arasında baskın olan Romanesk mimarlık beşikkemer kullanımıyla karakterize olmuştu. İlk Romanesk kemerler çok sadeydi; ancak daha güçlü bir etki meydana getirmek için birbirinden farklı düzenler ya da kemer dizileri bir arada kullanılabiliyordu. 12. yüzyılda giderek daha çok bezeme kullanılmaya başlanmıştı. Kaval silmeler, kırıkçubuklar ve diğer geometrik bezemelerle süslenen kemerler zengin, ama biraz da kaba bir görünüme bürünmüştü. Kemer aynı zamanda dekoratif bir öğe olarak kullanılmaktaydı. Özellikle sağır arkat (körkemer dizisi) biçiminde kullanılan arkatlar ayrı bir mekâna değil, sadece duvarın üstüne açılmaktaydı.

Nef arkatı
Erken Romanesk mimarlığın genellikle çok sade ve masif olduğu, güzelliğini detaylı bezemelerden değil, gücünden aldığı fark edilebilir. Örneğin bu nef arkatlarının, neredeyse basit sayılabilecek ve boyutları küçülen üç temel kemeri vardır. Sadece kenarlarındaki küçücük pahlarla süslenmiş olan kemerlerin masif görünümü, dayanımdan ödün vermeden azaltılmıştır.

Devsütun düzeni
İçine diğer kemer türlerini ya da düzenleri alarak büyük ölçekli bir kemer oluşturan Devsütun düzeni Romanesk dönemde yaygın olarak kullanılmaktaydı. Yataylık vurgusu fazla olan cephelere düşeyde bir bütünlük vermekteydi. İskoçya'daki Jedburgh Manastırı'ndaki bu Devsütun düzeni hem nef hem de galeri arkatlarını içine almaktadır.

Geometrik bezeme
Romanesk dönemde, daha önceki dönemlerin yalınlığı, yerini çok geniş bir geometrik bezeme çeşitliliğine bıraktı. Burada görüldüğü gibi, genellikle birden çok bezemeyi aynı açıklık içinde birleştirmekteydi. İngiltere, Northampton'daki St. Peter Kilisesi'nde yer alan bu kemerler farklı türde kırıkçubuk ve zikzak süslemelerle bezelidir.

Sağır arkatlar (körkemer dizisi)
Dekoratif ya da sağır arkat Romanesk dönemin yaygın bir öğesiydi. Genellikle birbiriyle kesişen iki arkat şeklinde yapılırdı. İngiltere, Hampshire'daki St. Cross'ta olduğu gibi, beşikkemerlerin kesiştiği yerlerde sivri kemerler meydana gelmekteydi. Bu özellik, takip eden Gotik dönemde sivri kemerlerin gelişmesinin önünü açmış olabilir.

Kopçalı motif
Romanesk dönemin duvarcıları ve heykeltıraşları hayali ve grotesk motiflerden zevk alıyorlardı. Burada gördüğünüz, stilize edilmiş büyük burunlu hayvanlar kemerin bir bölümünde duruyor ve alttaki kaval silmeye doğru bir ısırık atıyorlar. Üzerinde kuş kafası (gagalı kafa) ve kırıkçubuklu silmeler bulunan benzer türdeki kopçalı motifler de yaygındı.

Gotik

12. yüzyılda Batı mimarlığında revaçta olan sivri kemer, hem strüktürel hem de dekoratif olarak Gotik mimarlığın anahtar bileşenidir. Sivri kemer beşikkemere göre görsel olarak daha hafif, strüktürel olarak daha güçlüdür. Çünkü kemerin tepesindeki bloklar birbirine yaslanarak aşağıya doğru değil, içe doğru baskı uygular. Gotik duvarcılar, beşikkemerle mümkün olandan daha hafif ve görece daha narin binaları bu sayede yapabiliyorlardı. Başlangıçta sivri kemerler görece daha uzun ve dardı. Geç Gotik dönemde, S-şeklindeki kaşkemerler ve daha basık olan dört merkezli kemerler de dahil olmak üzere pek çok yeni biçimler denendi.

Sivri kemer
Gotik duvarcılar sivri kemerin strüktürel dayanımından yararlanarak, Almanya'daki Köln Katedrali gibi çok büyük ve yüksek binalar yaptılar. Sadece arkatlardaki kemerler sivri değildi. Pencereler, pencerelerin girişik bezemeleri ve tonozlar; bunların hepsi sivri kemerin sağladığı strüktürel dengeden yararlanmaktaydı. Uçan payandalar da sivri uçlu yarım kemerler halindeydi.

Çoklu silmeler

Gotik kemerler genellikle çok ince silmelerle donatılarak bir dizi kaval ve boşluk meydana getirir. Bu da kemere Romanesk dönemdekilerden daha incelikli bir görünüm verir. Her silme ayrıymış gibi görünür. Oysa hepsi aynı *voussoir* bloklar üzerine oyulmuştur.

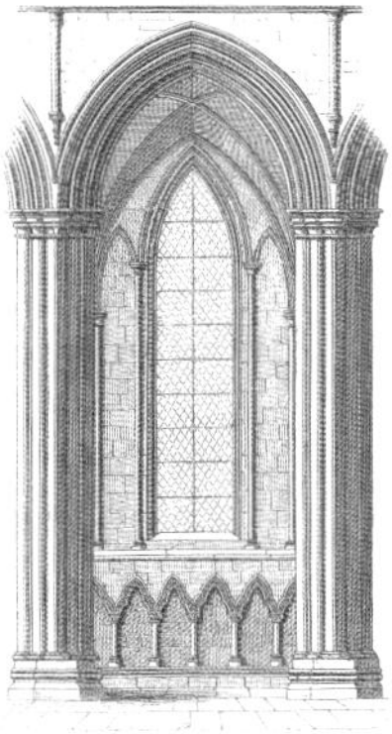

Kaşkemer

Tepesinde bir ters ya da S-şeklinde kavisi bulunan kaşkemer 14. yüzyılda Gotik mimarlığın önemli bir öğesiydi. Kıvrımlı kavislerin ve birbirine geçen örüntülerin ortaya çıkmasını sağlamıştır; İngiltere'deki Norwich Katedrali'nde gördüğünüz gözyaşı damlası şekli gibi.

Dört merkezli kemer

Dört merkezli kemer, ismini, onları çizmek için kullanılan dört pergel noktasından alır: Her köşe için bir ve orta kısım için iki nokta. Genellikle Tudor kemeri olarak anılır ve Geç İngiliz Gotik mimarlığının anahtar elemanıdır. Genellikle dört köşeli bir yağmurluk silmesiyle çevrelenir; meydana gelen fakulyalar dekoratif oymalarla doldurulur.

Püskül

Bu Geç Gotik kemerin bir püskülü vardır: Kemer kavisinin içinden çıkan küçük, dekoratif uçlar. Bu biçimler, daha büyük bir kemer içinde küçük kavislerin kullanılmasıyla meydana getirilir. Kavisler burada birleşerek bir uç (püskül) oluşturur. Ortaya daha fazla işleme çıkarmak için kavislerin kendisi de, burada görüldüğü gibi, püsküllü olabilir.

Rönesans ve Barok

15. yüzyılda İtalya'dan başlayıp yavaşça kuzeye doğru yayılan Rönesans, Antik Roma mimarlığına olan ilginin canlanmasını sağlayarak Gotik biçimlerin (özellikle sivri kemer) terk edilmesine neden olmuştu. Mimarlar onun yerine beşikkemerleri ve pilastrların üzerinde taşınan saçaklıkları yeniden canlandırdılar. Öte yandan, özgün Roma örnekleriyle çelişen bir şekilde vurgu, kemerin kendisine yöneltilmiş ve hem kemerler hem de arkatlar zaman zaman, onları çevreleyen bir saçaklık olmadan tek başına kullanılmıştı. Başlığı olmayan kemer, rüstik kemer ve bir saçaklık tarafından taşınan kemer gibi yeni kemer biçimleri geliştirilmişti.

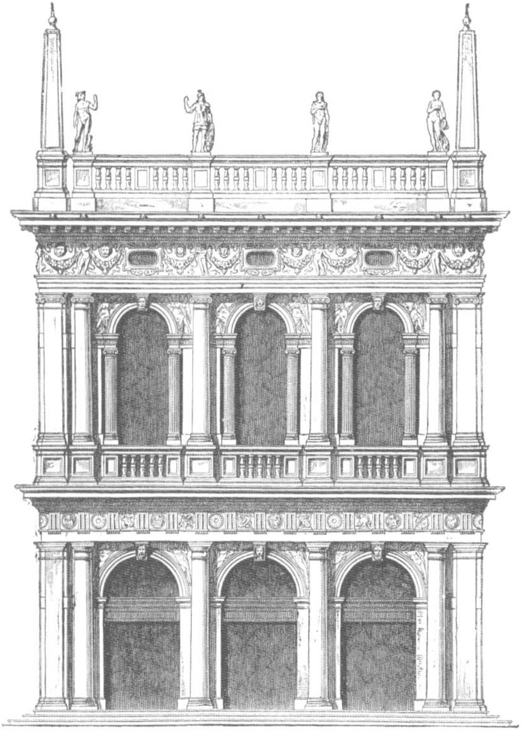

Kemerler ve saçaklık
Pilastrların üzerinde taşınan bir saçaklığın altında düzenlenen beşikkemerli Roma teması da Rönesans mimarlığının ayırt edici bir özelliğiydi. Burada gördüğünüz, yapımına 1537'de başlanan, Venedik'teki Eski San Marco Kütüphanesi'nin her iki katında birden yer alan saçaklıklar, kemerlerden daha baskın, güçlü, düz hatlı bir çerçeve sağlamaktadır.

Rüstik kemer

Rüstik bloklarla yapılmış ve başlıkları belirgin olarak tanımlanmamış kemerler de Rönesans mimarlığının ayırt edici bir bileşeniydi. Andrea Palladio tarafından tasarlanan bu 16. yüzyıl İtalyan villasının alt katında, rüstik kemerler ve pencereler arasındaki ağır rüstik duvarlarla birlikte, bir arkadın, olabilecek en yalın hali önerilmektedir.

Basık kemer

Gotik ve Rönesans, Kuzey Avrupa'da İtalya'da olduğu kadar keskin ayrımlar içermiyordu. Örneğin, Almanya'daki Braunschweig Cloth Hall'un açık alt katı, Geç Gotik Tudor kemerlerine benzeyen çok basık kemerleri bir Rönesans saçaklığıyla ve pilastrlarla birleştirmekteydi. Benzer türde kemerler üst katlarda da kullanılmıştı.

İri taştan kilittaşı

Bağımsız, iri taş bloklarla tanımlanan kilittaşları, Rönesans'ın karakteristik bir yapı bileşeniydi. Paris'teki Palace Royale'in girişinde üç adet beşikkemer bulunmaktadır. Kemerlerin üzerinde hemen göze çarpan kilittaşları, kemerin etrafındaki silmenin bile ötesine geçmektedir.

Loca

Uzun ve üzeri örtülü bir mekân olan locanın bir yanında, bir binaya ait veya bağımsız olan açık bir arkat vardır. Özellikle bir İtalyan biçimi olan localar, İtalyan mimarlığını çağrıştırmak için başka ülkelerde de kullanılmıştır. Burada, Milano'daki Ospedale Grande'de (yapımına 1456'da başlanmıştır), üst üste yerleştirilmiş iki loca katı olduğunu görüyorsunuz.

Yeniden Canlandırma Üslupları

18. ve 19. yüzyılın Yeniden Canlandırma üsluplarıyla çalışan mimarların hepsi, seçtikleri üsluplar hakkında ipucu vermeleri gerektikçe, kemer ve saçaklıklardan yararlanmışlardır. Bunun sonucu olarak, kolonat üzerinde taşınan bir saçaklık (neo)Klasik üslubun sembolü haline gelmişti. Benzer şekilde sivri kemerler de Gotik Yeniden Canlandırma üslubuna başvurulduğu anlamına geliyordu. Ayrıca 19. yüzyılda yeni üslup denemeleri de olmuştu. Bunların en ilginç olanlarından biri *Rundbogenstil*'di (beşikkemerli üslup). Tüm beşikkemerli üslupların görünümünden yararlanarak onların dekoratif olanaklarını vurguluyordu.

Neoklasik konut
Bir kolonat tarafından taşınan saçaklık Neoklasik mimarlığın özünü oluşturan bir dekoratif öğeydi. Bu erken 19. yüzyıl Amerikan konutundaki çatı kornişi, dört dekoratif pilastrla desteklenen bir saçaklık gibi ele alınmıştı. Alt kat, pencereleri ve tam ortada olmayan kapıyı bağlayan bir arkatla parçalanmıştı.

Gotik Yeniden Canlandırma üslubu

Küçük sivri kemerli pencereler ve kapıyla girişik bezemelerin kullanımı bu erken 19. yüzyıl konutuna bir Gotik Yeniden Canlandırma havası katmaktadır. Bu his, sivri kalkan duvarları, düzensiz bacalar öndeki mazgallı merdiven kulesi ve yanındaki yüksek çıkma kuleyle daha da pekiştirilmiştir.

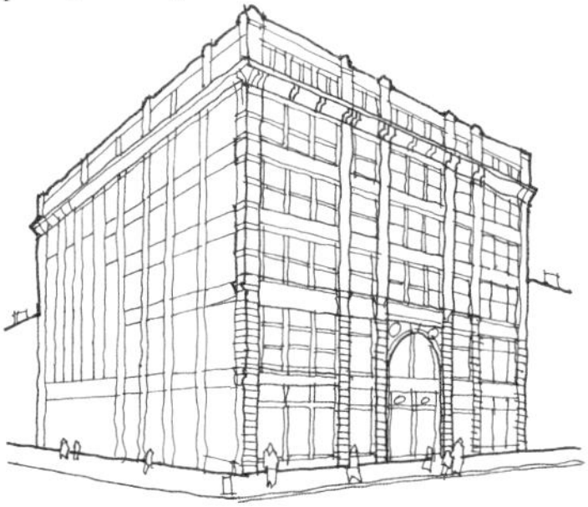

Zafer takı

New York'ta 1886'da açılan Bloomingdale Mağazası'nın girişinde bir Roma zafer takı teması kullanılmıştır. Cephede, iki kat yüksekliğinde bir merkezi kemer ve (zafer takının masif yan kısımlarını andıran) daha dar düşey paneller ağır rüstik pilastrlarla tanımlanmıştır.

Rundbogenstil

Rundbogenstil (beşikkemerli üslup) eklektik bir 19. yüzyıl Yeniden Canlandırma üslubuydu. Michigan, Ann Arbor'daki bu kilisede olduğu gibi, yapım tekniği her zaman için kâgirdi. Erken Hıristiyan, Romanesk ve Rönesans gibi pek çok beşikkemerli üsluba ait öğeleri bir araya getirmekteydi. Ağır kemerler ve tıknaz kaba işçiliğiyle karakterize olmuştu.

Yeniden canlandırılmış Gotik kapı saçağı

1870'lere ait bu yeniden canlandırılmış Gotik kapı saçağında, stilize edilmiş Gotik sütunların üzerindeki dilimli kemer önemli bir üslup öğesidir. Detayları, dekoratif kemerlere ve kapının üzerindeki madalyonlara yansıtılmıştır. Ancak detaylar yapının asli birer parçası olmaktan çok, sonradan eklenmiş gibidir.

Modern

20. yüzyıl mimarlığında kemerler de saçaklıklar da önemini yitirmiştir. Kemerler, yeni bina tiplerinin, özellikle de, tren garı ve havaalanı gibi ulaşımla ilgili olanların, strüktürel anlamda önemli bir parçasıydı (hâlâ da öyle). Bunun nedeni, taşıma kapasitesinin, büyük kalabalıkları içinde barındırabilecek, çok büyük ve serbest mekânların yapımına olanak vermesidir. Çelik iskelet, kolon-kiriş sistemi kullanılarak yapılır. Modernist mimarlar bu sistemin görsel olanaklarını kurcalayarak çıplak kolonatlar meydana getirmişlerdir. Ayrıca, kolonat ve arkat konseptlerinin, uzun ve görsel açıdan bütünleşik bir dükkân cephesi oluşturmak için ne kadar kullanışlı olduğu kanıtlanmıştır. Londra, Regent Caddesi'ndekiler bunun bir örneğidir.

Tren garı
19. yüzyıl tren garlarının karakteristik öğesi olan devasa kemerler hem işlevsel hem de dekoratifti. Kemerin taşıma kapasitesi, cam ve demirden oluşan ve demiryolu hattının üstünde uzayıp giden bir beşiktonoz çatının yapılabilmesine olanak tanıyordu. Londra'daki King's Cross Garı'nda olduğu gibi, bu konstrüksiyon muazzam büyüklükteki kemerler sayesinde bina cephesine yansıtılmaktaydı.

Rüstik arkat

1923 yılında mimar Reginald Blomfield, Londra, Regent Caddesi'ndeki bitişik nizam dükkânlar ile ofisleri tasarlarken, Rönesans *palazzo*'ları ve locaları gibi klasik örneklerden yararlanarak sokak kotunda bir arkat meydana getirmişti. Kemerlerin başlığı yoktu. Sadece ağır kilittaşları ve dikkat çekici bir kaba yonusu vardı.

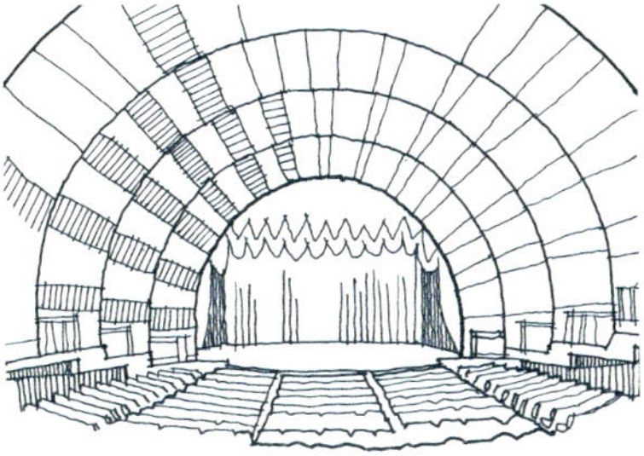

Art Deco kemer

Art Deco akımında kemer önemli bir biçimdi ve hem dekoratif hem de strüktürel bir öğe olarak kullanılmıştı; New York'taki Radio City Music Hall'da olduğu gibi (1932'de açılmıştır). Prosenyum kemeri (*proscenium* 'ön sahne'nin Yunancasıdır) eşmerkezli kemerler kullanarak bir derinlik ve ihtişam duygusu vermektedir.

Modern arkat

New York'taki Lincoln Center'da (1962) cephe boyunca oluşturulan kolonlu yüzey, Yunan tapınaklarının cephesini çağrıştırır. Ancak hiçbir süslemesi olmayan temiz çizgileri bütünüyle moderndir. Ana arkatın her gözü hafifçe kavislenmekte, bu da alt katta binanın giderek incelen kolonlarına yansıtılmaktadır.

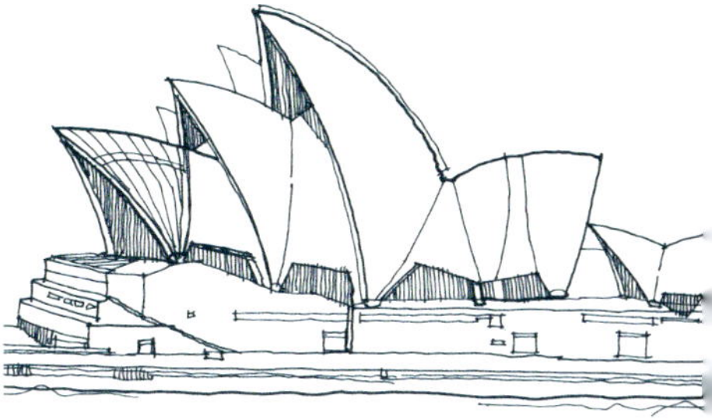

Paralel kemerler

Mimarlar modern malzemeleri yenilikçi üsluplarla kullanmayı denerken, kemer de günümüz mimarlığının önemli bir parçası haline geldi. Avustralya'daki Sidney Opera Binası'nda paralel kemerler kullanılarak belirgin bir profil ve mükemmel bir akustikle birlikte büyük mekânlar meydana getirilmiştir.

ÇATILAR VE KALKAN DUVARLARI

Giriş

Çatı, bir strüktürü bina yapan öğedir. Aksi takdirde sadece bir açık alan ve çevresindeki bazı duvarlardan söz ediyor olacaktık. Bir çatı öncelikle iklim koşullarını dışarıda tutmak zorundadır. Dolayısıyla çatılara (hatta teras çatılara bile) suyu akıtmak için eğim verilir. Teras çatılar kurak iklimlerde daha yaygındır. Eğimli çatılar ise daha sert iklimler için kaçınılmazdır. Mimarlar binalarda belirli üsluplar oluşturmak için çatı biçimlerini kullanırlar. Teras çatı İtalyan Rönesansı'yla, eğimli olanlarsa Ortaçağ ve Fransız Rönesansı'yla ilişkilendirilir.

Eğimli çatılar

Eğimli ya da üçgen şeklindeki çatı en temel ve yapımı en kolay olan biçimdir. Suyu rahatça akıtır ve çok çeşitli kaplama türlerini kullanmaya elverişlidir. Her iki uçta birden çatıyı taşıyan üçgen parçaya kalkan duvarı denir.

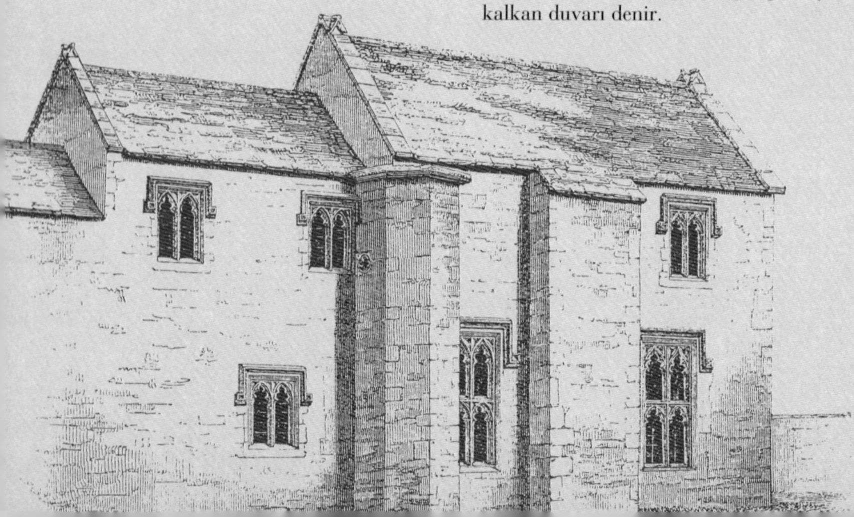

Konsol saçaklar

Bu İsviçre evinin çatısı uzayarak konsol saçaklar oluşturur. Bu da kar ve yağmurun hemen evin etrafına düşmesine engel olur. Geniş saçak kullanımı sıcak iklimlerde de yaygındır, çünkü bu tür saçaklar duvarları güneşten korur.

Armalı kale mazgalı

Bu belirgin bir biçimde çatallı mazgallı siperlerin, dekoratif olmanın ötesine geçen sembolik bir anlamı vardır. Bu şekil, sahibinin Geç Ortaçağ Veronası'ndaki (İtalya) ana politik fraksiyona olan bağlılığını ifade etmek için kullanılmıştır. Guelph üyelerinin Ghibelline Partisi'yle olan çekişmesi Shakespeare'in *Romeo ve Juliet*'ine ilham vermiştir.

Kırık (kedi kaydırağı) çatı

Bu Amerikan evinin çatısı, eğimle birlikte aşağıya doğru uzayarak tek katlı bir eklenti meydana getirir. İngilizcede buna *catslide roof* (kedi kaydırağı çatı) deniyor. Bu, aralarında bir orta dere ya da oluk yapmak zorunda kalmadan iki ayrı bölüm oluşturmanın kolay bir yoludur.

Gizli çatı

Antik Roma örneklerinden yararlanan gizli çatı, başka yerlerde de sıkça kopyalanan İtalyan Rönesansı'nın anahtar öğesiydi. Roma'daki Verospi Sarayı'ndaki çatının eğimi azdır ve ağır kornişi sayesinde zemin kotundan görülmesi pek mümkün değildir.

Klasik

Dekoratif kalkan duvarları ya da alınlıklarla biten uzun, eğimli çatı en önemli Klasik çatı biçimiydi. Bu, inşa edilmesi en kolay çatı türlerinden biridir. Metop ve triglif (üçüzyiv) gibi Klasik düzenin pek çok öğesi, taşıyıcı çatı bileşenlerinin taştan yapılmış simgeleridir. Eğimli bir çatının yükseklik-genişlik oranı boyutlarına bağlı olarak değişir. Romalılar, çatının çok büyük ve hantal olmasını önlemek için, dekoratif bir cepheyle kornişin arkasına gizlenmiş olan teras çatıyı birleştirerek büyük ve karmaşık yapılar inşa ederken, alınlıklı cephe düzenini de korumaya devam etmişlerdir.

Genişletilmiş eğimli çatı

Zeus Olympios Tapınağı'nda gördüğümüz üzere, bina boyunca devam eden ve her iki uçta dekoratif kalkan duvarları ya da alınlıklarla biten sade ve eğimli çatı, Antik Yunan tapınağının tipik çatı biçimiydi. Çatı, yapıyı çevreleyen kolonata (portik) doğru uzayarak bu bölümün üstünü örtmekteydi.

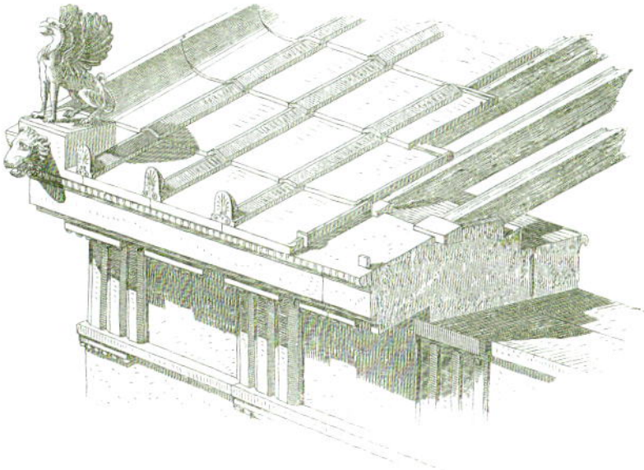

Antefiks ve *acroterion*

Çatının derzlerini kapatan kavisli derz kiremitlerinin bitimi, antefiks denen küçük düşey kiremitlerle tamamlanır. Antefiks genellikle bir antemiyon (hanımeli) motifiyle bezelidir. Kalkan duvarının köşelerindeki bloklara *acroterion* denir ve burada gösterildiği üzere genellikle bir heykel taşır.

Triglif (üçüzyiv)

Yivli triglif panoları Dor düzeninin belirgin bir parçasıydı. Bu çizim, çatı kirişlerinin taşla gösterilen bitimlerinin, kirişler arasındaki boşluklarda yer alan düz metoplarla birlikte nasıl gelişmiş olabileceğini göstermektedir. Hemen alttaki düz friz, lento kirişlerini temsil ediyor.

Heykelli alınlık

İlahi varlıklara ve dini hikâyelere dair figürlerle oluşturulan oymalar, hem Klasik tapınakların hem de Hıristiyan kiliselerinin önemli bir öğesiydi. Örneğin, burada bir rekonstrüksiyonunu gördüğünüz, Atina'daki Parthenon'un alınlığı, Yunan mitolojisindeki tanrılar ile devler arasındaki savaşı anlatan oymalarla doldurulmuştur.

Alınlıklı cephe ve teras çatı

Oranları korumak için alınlığın genişliği artırıldıkça yüksekliği de artar. Bu da alınlığı çok büyük ve hantal bir hale getirebilir. Roma'da MS 1. yüzyılda inşa edilen Concord Tapınağı, Romalıların alınlıklı bir cephe ile teras çatıyı birleştirerek nasıl daha büyük bir bina yaptıklarını göstermekte, sonraki tasarımlara bir örnek teşkil etmektedir.

Romanesk

Romanesk dönemde çatı, bir parapet ya da korkuluğun ardına gizlenmek yerine genellikle görünebilir bir halde tasarlanıyordu ve eğimlerinin fazla oluşu, dönemin mimarisinin estetik anlayışına dair önemli bir veri oluşturmaktaydı. Eğimli çatılar, konik ya da çokgen şekillerin hepsi görülebilmekteydi ve üzerlerini örttükleri yapıların şekline bağlı olarak kurgulanmaktaydılar. Farklı çatı biçimlerinin katmanlaşması, oluşturulan görsel bütünün önemli bir parçasıydı. Özellikle, her mekân grubunun ayrı bir çatıya gereksinim duyduğu kiliselerde. Kalkan duvarlarının uçları da heykeller ve karmaşık pencere düzenlemeleriyle belirgin bir şekilde dekore edilmişti. Bu da kalkan duvarını Romanesk cephe tasarımının anahtar öğesi haline getiriyordu.

Çoklu çatı biçimleri
Almanya, Worms'taki 12. yüzyıl katedralinin tipik Romanesk çatıları vardır. Nefin çatısı eğimlidir; sahınların, nefin duvarına yaslanan çatıları vardır. Alçak kulelerin, kulenin dairesel biçimini yansıtan konik çatıları bulunmaktadır. Apsitin çatısı çokgendir.

Bezemeli kalkan duvarları

Romanesk ve Gotik kiliselerde kalkan duvarlarının bitimi genellikle yoğun bir şekilde bezeliydi. Bu da onu dış cephenin en göze çarpan dekoratif öğelerinden biri haline getiriyordu. Burada gördüğünüz, Vézelay'daki Fransız kilisesi Saint-Père'in kalkan duvarında heykeller vardır. Karmaşık pencere tasarımları (özellikle gülpencereler) da kalkan duvarlarında yaygın olarak kullanılmaktaydı.

Bindirmelik tablası

Romanesk dönemde çatı ve kulelerin kenarları bir bindirmelik hattıyla bezeliydi. Çatı kirişlerinin bitimleri, yontulmuş taşlarla bu şekilde temsil ediliyordu. Bindirmelikler baş, hayvan, grotesk figürler ya da sadece farklı geometrik biçimlerde yontulmuş olabiliyordu.

Çörten

Ortaçağ'da yağmur suyunu binanın kenarlarından dışarıya yönlendiren çörtenler, İngilizcede genellikle, *gargoyle* olarak bilinen bir grotesk hayvan ya da insan biçimi almaktaydı. Çörten özellikle Fransa'da yaygındı, ancak başka yerlerde de görülebilmekteydi.

Bindirmelikli parapet

Savunma binalarındaki parapetler muhafızların gizlenmesine ve görünmeden ok atabilmelerine olanak veriyor, aynı zamanda çatıyı, aşağıdan atılan nesnelere karşı koruyordu. İtalya, Mantau'daki Palazzo della Ragione Geçidi'nin çatısı, tavan hattının üzerinde yükselen bindirmelikli bir parapet duvarı tarafından gizlenmektedir.

Gotik

Gotik dönemin estetiği önceki (Romanesk) döneme göre çok daha hafif ve daha ayrıntılıydı. Bu durum, binanın diğer bölümleri için olduğu kadar çatılar için de geçerliydi. Yapım teknikleri de gelişmişti. Daha önce mümkün olandan daha karmaşık biçimler yapılabiliyordu. En ayrıntılı çatıların bazılarını hollerde görmek mümkündür. Hol, Ortaçağ evinin ana yaşama, uyuma ve pişirme mekânı olan büyük odaydı. Açık bırakılan merteklerle holdeki çatı ahşapları, ev sahibinin zenginliğini ve zevkini yansıtan ince detaylarla bezeli olabiliyordu.

Açık hol çatısı
İngiltere, Shropshire'deki Stokesay Şatosu'nun geç 13. yüzyıl holünün, neredeyse zeminden çatı pencerelerine kadar uzanan iki kat yüksekliğindeki pencereleri, çatının iç mekândaki kurgusuna yönelik açık bir işaretti. Hol çatıya açık olmalıydı, aksi takdirde bu pencereler anlamlı olmayacaktı.

Çatı babası

Bir çatıda, her yöne yayılan çapraz kuşaklarla birlikte merkezde yer alan dikmeye çatı (makası) babası denir. Çapraz bırakma kirişleriyle ortadaki aşığı taşıyan çatı babası, üçgen şeklindeki bağımsız çatı makaslarının dik durmasını sağlar, onların bir deste kâğıt gibi birbirinin üstüne düşmesine engel olur.

Saçak pervazları

Saçak pervazları, bir binanın kalkan duvarının ucunda, çatı kenarı boyunca yerleştirilmiş oymalı ahşaplardır. Merteklerin ucunu kapatarak onları dış hava koşullarından koruyan saçak pervazları ayrıca dekoratif bir bitiş sağlamaktadır. Sade olabilecekleri gibi, İngiltere, Kent'teki bir geç 14. yüzyıl evinde görüldüğü üzere, işlemeli de olabilirler.

Rüzgâr bağlamaları

Bu çatının kenarlarında, yatay aşıklarla düşey yanlamalar arasını belli bir açıyla geçen şekillendirilmiş ahşaplara rüzgâr bağlaması denir. İsmi işlevini yansıtmaktadır. Yani fırtınada merteklerin yerinde kalmasını ve birbirinin üstüne çökmesini engeller.

Göğüsleme kirişli çatı

Burada, bir kısa yatay kiriş (göğüsleme kirişi) konsol yaparak duvardan çıkmakta ve bir göğüsleme dikmesini taşımaktadır. Böylelikle çatı strüktürünün üst kısımlarını taşımakta ve çok geniş bir iç açıklık meydana getirmektedir. Kiliselerde göğüsleme kirişlerinin ucu bazen meleklerle donatılır. Bu nedenle bunlara İngilizcede 'melekli çatı' anlamına gelen *angel roof* da denir.

Geç Gotik

Geç Gotik dönemde, çatı kaplama malzemesi olarak kurşunun kullanımı giderek artmış, bu da çok daha yatık çatı çizgilerinin oluşmasına neden olmuştur. Parapetin kullanılıyor olması da çatının yerden görülmesini engelleyince, dışta kutuya benzeyen bir siluet, içte de neredeyse düz bir tavan oluşturulmuştu. Kafesli parapetler özellikle revaçtaydı, çünkü gökyüzüne karşı dramatik bir siluet meydana getirmekteydi. Genellikle şatolarda bulunan, Geç Ortaçağ sanatı ile mimarlığının pek çok yönünü içinde barındıran ve şövalyevari değerleri yansıtan mazgallı parapet tipi de çok yaygındı. Malikâneler, hatta kiliseler bile, askeri görünümlü kale mazgallarıyla süslüydü.

Değişken çatı çizgisi
Geç Gotik dönemde çok daha yatık çatıların moda olması, özgün halde dikaçılı olan pek çok kilise çatısının değişmesi anlamına gelmekteydi. Burada, dikaçılı olan özgün kalkan duvarının izi, sonradan yapılan daha yatık çatı çizgisinin altından hâlâ seçilebilmektedir.

Kemer kuşakları

Dışarıdaki daha yatık çatı çizgisi, içeriye çok daha yatık şekillerde yansıtılmıştı. Buradaki az eğimli çatı, duvara monte edilmiş kemer kuşaklarının taşıdığı büyük bırakma kirişleriyle taşınmaktadır. Küçük üçyapraklı girişik bezemeler fakulyaları süslemektedir. Kemerlerin alt kısımları püsküllüdür.

Kafesli parapet

Camsız, girişik bezeme kullanılarak yapılan ve gökyüzüne doğru uzanan kafesli parapetler, Geç Gotik dönemde revaçtaydı ve çok detaylı örüntüler halinde yapılabilmekteydi. İngiltere, Gloucestershire'daki bu kilise kulesi örneğinde mazgallı siper kullanılmıştır. Kulenin kafesli çıkma kuleleri, pinakololari ve minyatür uçan payandaları vardır.

Senkendazlar

Senkendaz, parapetin gerisindeki düz döşemede açılan dar yuvalardır. Muhafızların aşağıya ok atmasını ya da aşağıdaki saldırganlara nesne fırlatmasını mümkün kılar. Polonya'daki Malbork Şatosu, Knights' Hall'da köşe kulelerinin üzerinde, senkendazlardan dışarıya doğru çıkan bir mazgallı parapet vardır.

Dekoratif mazgallı siperler

Askeri bağımsızlığı çağrıştıran mazgallı siperleri bir evde kullanmak Geç Gotik dönemde önemli bir statü sembolüydü. Ancak bunlar çoğunlukla işlevsel değil dekoratiftir. Buradaki çıkma pencerelerde mazgallı siperler kullanılmıştır. Ancak herhangi bir saldırgan aşağıdaki büyük pencereleri kolaylıkla kırabilir.

Rönesans

Rönesans boyunca, özellikle Erken Rönesans döneminde, çatı tipleri ülkeden ülkeye değişirdi. İtalya'da, görece az eğimli olan ve Klasik üsluptan esinlenerek tasarlanan çatı biçimleri ağır basmaktaydı. Binanın hem uzun hem de kısa kenarlarına doğru eğilen kırmaçatı da önemli bir biçimlenmeydi. İtalyan Rönesansı'nda, duvar ile çatının kesiştiği yerdeki ağır kornişler de çatı tasarımının ana öğelerinden biriydi. Fransa'da dik çatılar revaçtaydı. Öte yandan Kuzeybatı Avrupa ülkeleri ile Kuzey Denizi sahillerinde, ayrıntılı bir şekilde biçimlendirilmiş kalkan duvarları, çatı tasarımının en dikkat çekici öğelerinden biriydi.

Çoklu kalkan duvarları
Sıra halindeki küçük kalkan duvarları, özellikle 17. yüzyıl İngiliz mimarlığının karakteristik bir öğesiydi. Oxford'daki bu konutun, bir cumba penceresi dizisinin üzerine yerleştirilmiş kalkan duvarları vardır. Ne yazık ki kalkan duvarları arasındaki derzler çürümeye yatkındı ve sonraki yıllarda bu çoklu kalkan duvarlarının pek çoğu değiştirilmişti.

Şekillendirilmiş kalkan duvarları

Detaylı olarak şekillendirilmiş kalkan duvarları geç 16. ve 17. yüzyıllarda Kuzey Avrupa mimarlığı için karakteristikti. Şekillendirme sırasında her şey mümkündü. Örneğin Polonya, Gdansk'taki silah deposunun dışbükey ve içbükey olan kavisleri, örgü bezemeleri, dikilitaş süslemeleri ve tepesinde kupalar bulunan sivri alınlıkları vardır.

Çoklu bileşimler

Çatı hattındaki karmaşıklık Fransız Rönesans mimarlığına özgüydü. Château de Chambord'daki dikaçılı kırmaçatılar ile çıkıntılı bölmeler üzerindeki konik çatılar ve bunlara eklenen her türden çıkma kuleler, çatı pencereleri ve detaylı bacalar binaya çokyüzlü bir görünüm vermektedir.

Dekoratif kalkan duvarları

İngiltere, Wiltshire, Longleat'teki büyük evin az eğimli bir çatısı vardır ve bir parapetin arkasına gizlenerek görülmesi engellenmiştir. Ortadaki kalkan duvarını, çıkma pencerelerinin üzerinde yer alan daha küçük iki kalkan duvarı çevrelemektedir. Kalkan duvarlarının orada olmasının nedeni sadece dekoratif bir etki oluşturmak ve çatı hizasına bir hareket getirmektir.

Kırmaçatı

III. Papa Julius için 16. yüzyılın ortasında Roma'da inşa edilen Villa Giulia'nın kırmaçatısının (dört yöne de eğilen çatı) eğimi çok azdır. Tepesi basık bir fenerle süslenmiştir. Çatı ile duvarın kesiştiği yerde ağır bir korniş yer almaktadır.

Barok ve Rokoko

Barok dönemdeki çatı tasarımı birçok bakımdan Rönesans üslubunun izlerini taşır. Özellikle, düz hatlı bir siluet meydana getirmek için kullanılan kırmaçatılar ve ağır kornişler ya da parapetler gibi. Şekillendirilmiş kalkan duvarları artık o kadar revaçta değildi. Her ne kadar Fransız Barok mimarları çok yüksek ve dik çatıyı İtalya, İngiltere ve başka yerlerde revaçta olan teras çatıya tercih ediyor olsalar da, bölgelere göre oluşan çeşitlilik azalmıştı. Barok'ta bezemeye yapılan vurgu, parapet olarak kullanılan detaylı korkulukların gelişmesine neden olmuştu. Çoğunlukla köşelere yerleştirilen kupa ya da heykellerle bezeme çoğaltılıyordu.

Dikaçılı çatı
17. yüzyılın ortasında yapılan Château de Beaumensil'in dik çatısında göze çarpan çatı pencereleri, Barok ve Rokoko dönemleri boyunca Fransız konut mimarlığını karakterize etmeyi sürdürmüştür. Alttaki duvarlarla birleşen eğimli çatı hattı, binaya hafif ve dekoratif bir görünüm vermektedir.

Mansart çatı

İsmini 17. yüzyıl Fransız mimarı François Mansart'dan alan mansart çatının her yüzünde iki eğim vardır. Alttaki eğim oldukça düz, neredeyse dikken, üstteki eğim daha yatıktır. Alttaki kısımda genellikle çatı pencereleri vardır, böylece çatı içinde ek bir kat meydana getirilmiştir.

Babalı parapet

Londra, Greenwich'teki Queen's House'un (1615-37) çatısı bir babalı parapetin arkasına tamamen gizlenmiştir. Vazo biçimindeki korkuluklar daha sonra merdivenlerde de revaçta olmaya başladı. Korkuluklar da, Gotik üslupta yapılan kafesli parapetler gibi, gökyüzüne yükselen parapetin etkisini hafifletmeye yardımcı oluyordu.

Korniş

Çatı ile duvarın kesişimini süslemek için dekoratif kornişler kullanılmaktaydı. Saçağı süsleyen korniş, Sir Christopher Wren tarafından tasarlanan, Londra'daki St. Benet Kilisesi'nde (1683) olduğu gibi, aynı zamanda duvara önemli bir görsel bitim kazandırmaktadır.

Kupalı korkuluk

Başka binalarda karşılaşılan mimari vokabüler Barok kiliselerde de geçerliydi. Birmingham'daki St. Philip Katedrali'nin (1709-15) çatısı bir korkuluğun arkasına gizlenmiş, köşeleri dekoratif kupalarla vurgulanmıştır. Kubbenin tabanında da ağır bir korniş bulunmaktadır.

Neoklasik

Özgün binaların yakından incelendiği Neoklasik dönem, bu gözlemlere dayalı Antik biçimlerin yeniden canlandırılmasıyla dikkat çekmekteydi. Portikli tapınak biçimi, kamu binaları ve hatta konutlar arasında çok revaçtaydı. Roma döneminde olduğu gibi, genellikle daha büyük bir teras çatı strüktürüyle birleştiriliyordu. Öte yandan saf Yunan tapınağı biçimleri de kullanılmaktaydı. Palladyen mimarlar kırmaçatıya özel bir vurgu getirmişti. Kırmaçatı, genellikle bir kubbecik, ya da bir korkuluk içine yerleştirilen merkezi çatı penceresiyle birleştiriliyordu ve konut mimarisinin anahtar öğesi olmuştu. Furuşlu zengin kornişler veya konsol bindirmelikleri de Neoklasik mimarlığın önemli bir unsuruydu.

Yunan üslubunda eğimli çatı

Münih'teki Glyptothek (Yunanca 'heykel galerisi'), müze olarak yapılan ilk binalardan biriydi (1816-30). Alınlıklı İyon portiği ve Yunan üslubunda eğimli çatısı olan bir merkezi tapınak biçimi ile, parapetlerin arkasına gizlenmiş alçak çatılarıyla birlikte İtalyan Rönesansı örnekleri üzerine temellenen daha alçak iki kanat birleştirilmişti.

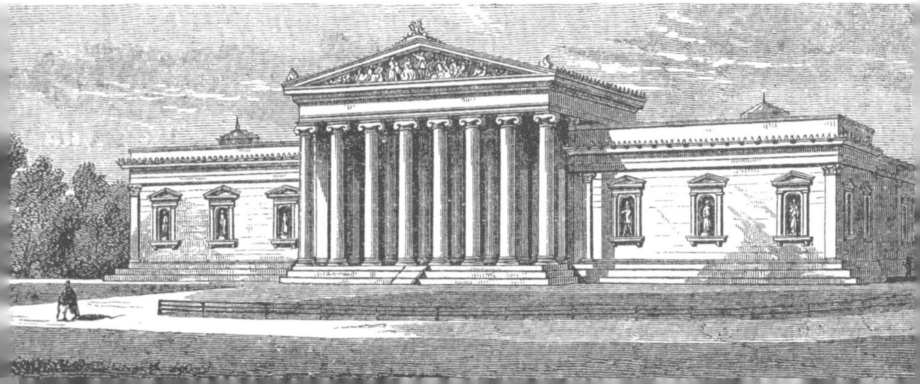

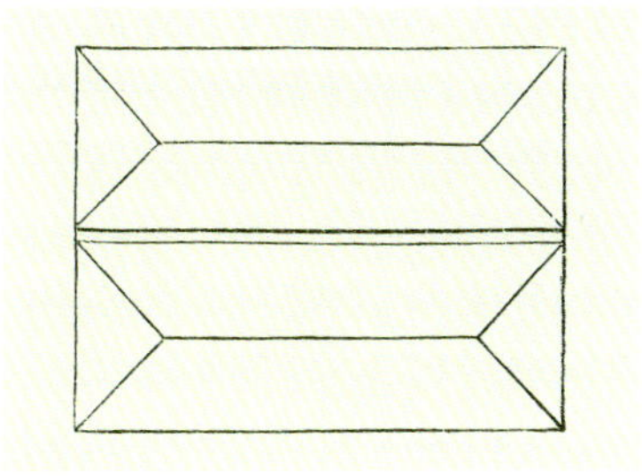

Orta dereli çatı

Yağmur suyunu akıtmaya yetecek kadar alçak bir çatı oluşturabilmek için mimarlar genellikle M-şeklinde (orta dereli) çatılar yaparlardı. M-şeklindeki bir çatının, merkezi bir orta dere veya olukla ayrılan iki bitişik ve alçak çatısı vardır. Bu nedenle, parapetin arkasına gizlenmesi kolaydır.

Kırmaçatı

Bu 18. yüzyıl Amerikan evinin dört yana eğimli bir kırmaçatısı vardır. Çatının ön cephesinde üç küçük, yanlarda ise daha büyük çatı pencereleri vardır. Çıkıntılı saçaklar furuşlu korniş tarafından desteklenmektedir. Çatı sırtında, noktalama işareti gibi duran iki de baca vardır.

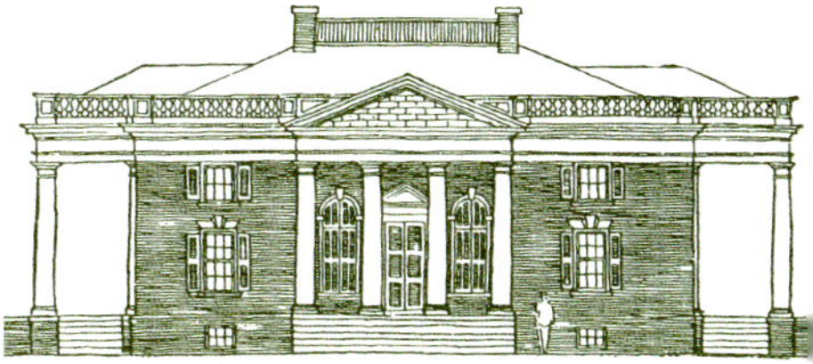

Furuşlu korniş

Furuş, temelde, düşey yerine yatayda kullanılan S-şeklindeki konsol bindirmeliğidir ve tıpkı konsol gibi, üstteki çatıyı taşıyor görünür. Furuşların altındaki düz kısımlar, burada olduğu gibi, genellikle gülbezeklerle bezelidir. Bu kornişte ayrıca yumurta-ok, inci kordon ve diş dizisi silmeler de vardır.

Korkuluklu çatı penceresi

Erken 19. yüzyıl tasarımı olan, Virginia'daki bu evin, kırmaçatısının tepesinde yer alan ve merdiven çekirdeğini aydınlatan merkezi, korkuluklu bir çatı penceresi vardır. Çatı ve korkuluklar, Yunan tapınaklarında olduğu gibi, yanlardaki portiklerin üzerine uzanmaktadır.

Viktorya Dönemi ve Modern

Son 200 yılda çatı tipleri oldukça değişti. 19. yüzyıl (Viktorya) Yeniden Canlandırma üslupları büyük ölçüde Pitoresk'ten türetilmişti. Bu da düzensizlik ve çeşitliliğe vurgu yaparak çok karmaşık çatı tiplerinin önünü açmıştı. Zemin kotundan çatılarını görmenin çok zor olduğu yüksek binaların gelişimi öncelikle, yoğun bir şekilde bezenmiş kornişlerin, sonra da ters çatıların kullanılmasına neden oldu. 20. yüzyılda konutlar ve başka bina türleri arasında yaygınlaşmaya başlayan teras çatı Modern üslubun anahtar öğesiydi. Ancak geç 20. yüzyıl postmodernizminde daha karmaşık çatı tiplerine doğru bir dönüş yaşanmaya başlandı.

Çıkıntılı korniş
Döneminin en yüksek binalarından olan, Boston'daki Ames Building'in (1889-93) tepesindeki ağır çıkıntılı korniş, binanın üst kısmına öyle bir hava katar ki, elle tutulur gözle görülür bir çatıya gerek bile kalmaz. Bu tasarım İtalyan Rönesansı örneklerinden türetilmiştir.

Dik çatı

19. yüzyıl ortalarına tarihlenen, Fransa, Lyon'daki Bourse'un (borsa binası) yüksek ve dik çatısı Fransız Rönesansı ve Barok üsluplarını yeniden canlandırmaktadır. Ancak, pek çok 19. yüzyıl yapısında görüldüğü gibi, aslında üslubun kullanıldığı dönemde inşa edilen her şeyden daha büyük, daha karmaşık ve daha ayrıntılıdır.

***Cottage orné* (bezemeli kır evi)**

Bu erken 19. yüzyıl *cottage orné* ya da Pitoresk kır evinin karmaşık çatı çizgileri, tasarımının esasını oluşturur. Çatının iki farklı türde penceresi, karmaşık bir sırtı ve bezemeli bacaları vardır. Bu çeşitlili sayesinde binaya süslü ya da Pitoresk bir görünüm kazandırılması amaçlanmıştır.

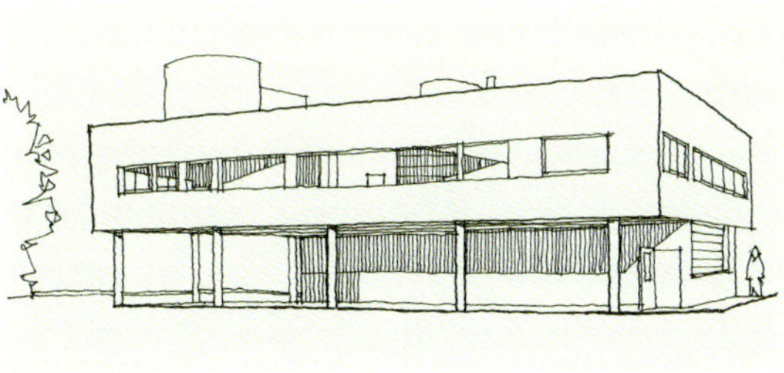

Teras çatı

20. yüzyıl Modern mimarlığı her şeyden önce, kullandığı kutu benzeri biçimlerle karakterize olmuştu. Buna, diğer her türlü düşüncenin önüne geçen 'işlev'i vurgulayan teras çatı da dahildi. Le Corbusier'nin Fransa, Poissy'deki Villa Savoye'u Modern akımın anahtar yapısıydı. Teras çatısı, temiz çizgilerinin esasını oluşturuyordu.

Dekoratif çatı çizgisi

Gökdelenler o kadar yüksektir ki çatıları görünmez. 20. yüzyıl sonlarında mimarlar, geçmiş yüzyılda revaçta olan teras çatıdan vazgeçerek, burada gördüğünüz iri kırma alınlık gibi son derece dekoratif çatı örnekleri geliştirmeye başladılar.
Bu eğilime bir diğer örnek, Londra'daki, yükseldikçe sivrilen Gherkin Binası'dır.

Giriş

Tonoz, iç mekânda kavisli bir kubbe meydana getirmek için ileriye doğru uzayan bir kemerdir. Antikite'de ortaya çıkan tonoz Roma, Erken Hıristiyan ve Bizans yapılarında yaygındı. Romanesk dönemde Batı Avrupa'da tonoz kullanımı yeniden keşfedilmiş ve Gotik dönemde bulunan sivri kemerle birlikte daha büyük ve daha detaylı tonoz yapımı mümkün hale gelmişti. Gökkubbeyi sembolize eden tonoz özellikle kiliselerde yaygındı. Tonoz aynı zamanda yangına dayanıklı bir tavan oluşturma olanağı sunuyordu. Güçlü yapısı, onun mahzen, yeraltı kemeri ve kripta gibi, üstteki yapıyı taşımaya yardımcı olacağı yerlerde de kullanışlılık sergilemesini sağlıyordu.

Gotik kaburgalı tonoz
Bir kaburgalı tonozun her yüzeyinin kenarında yer alan kaburgalar tonoza hem denge katıyor, hem de bir tanım getiriyordu. Köln, St. Gereon'daki bu 13. yüzyıl tonozu gibi kaburgalı tonozlar özellikle Gotik üsluba özgüydü. Burada kaburgalar ince duvarlar içinden çıkıyor, böylelikle tonoz zarifçe gerilmiş bir gölgelik izlenimi veriyordu.

Romalı beşiktonoz

Tonozu geniş ölçekli olarak ilk Romalılar geliştirmişti. Sadece bir yöne kavislenen bu beşiktonoz, MÖ 100 dolaylarında Pompeii'de yapılan hamamın *tepidarium*'una (sıcaklık) aittir. Üstü, duvarlardaki şemayı sürdüren fresklerle bezelidir.

Erken Hıristiyan kubbesi

Kubbe de bir tür tonozdur, düz bir eksen yerine bir dairenin içinden çıkar. Roma'daki Erken Hıristiyan kilisesi Santa Costanza'nın (yak. MS 350) kemer biçimindeki kubbesi bu kesitte açıkça görülmektedir. Kubbeyi çevreleyen sahınlarda beşiktonoz kullanılmıştır.

Tonozlu kripta

Kesişen kemerlerden oluşan tonozlar çok sağlamdır. Dolayısıyla sıklıkla kripta gibi alt kat hacimlerini güçlendirmek için kullanılmışlardır. İngiltere'deki Gloucester Katedrali'ndeki (yak. 1100) Romanesk kriptanın büyük, kısa ve kalın payanda ayakları ile kalın kemerleri üstteki koro yerini taşımaktaydı.

Tonozlu tavan

Rönesans ve Barok dönemlerde mimarlar geleneksel masif malzemeler yerine bağdadi yapım sisteminin kullanıldığı tonozlu tavanları denemişlerdi. Bu da tonozun çok büyük açıklıkları yumuşak bir kavisle geçmesini mümkün kılıyordu; burada gördüğünüz, Londra'daki erken 18. yüzyıl kilisesi St. James Piccadilly'de olduğu gibi.

Beşik ve Geçme Tonoz

Beşiktonozun, bina boyunca uzanan tek eğimli bir yüzeyi vardır. Roma döneminde yaygın olarak kullanılmıştır. Genellikle daireseldir, ama sivri de olabilir. Gotik dönemde kaburgalı tonozun yaygınlaşmasıyla beşiktonozun modası geçmiştir. Ancak Antikite'yle olan bağı nedeniyle Rönesans'ta geri dönmüştür. Ana tonoza dikaçılı olarak tonoz eklenebilmekte, böylece geçme tonozlar (haçtonozlar) oluşmakta ve her bölüme tepe penceresi eklemek mümkün hale gelmekteydi. Geçme tonoz, ismini, iki tonozun birleştiği yerde oluşan açılı kemer veya 'geçme'lerden alır. Ancak geçme tonoz, kaburgalı tonoz gibi, kaburgalarla güçlendirilmemektedir.

Göz tanımı

Genellikle hem beşik hem de geçme tonozlar, tonoz boyunca uzanan enine kemerler tarafından bazı gözlere (bölüm) ayrılır. Bu kemerler bir yandan denge sağlarken, bir yandan da tonozu görsel olarak kesintiye uğratır. Fransa, Vézelay'daki Romanesk manastır kilisesi Saint-Père'de geçme tonoz gözlerinin ritmi, kemerleri taşıyan belirgin sütunlarla daha da vurgulanmaktadır.

Kasetlemeli beşiktonoz

İmparator Konstantin tarafından yapılmış bir kilisenin yerine inşa edilen, Roma'daki Barok kilise San Pietro'nun, Antik Roma örneklerini yeniden yorumlayan bir beşiktonozu vardır. Kasetlemelerle zengin bir şekilde dekore edilmiş ve tonozun üst kısımlarının daha fazla ışık almasını sağlayan tepe pencereleriyle donatılmıştır. Bu pencereler olmasa bu kısımlar çok karanlıkta kalacaktı.

Enine kemer

Bir Roma beşiktonozunu gösteren bu çizimde, tonozun tekil ve sürekli kavisinin enine kemerlerle nasıl taşındığını görüyoruz. Sahın arkatının ayaklarından yükselen bu enine kemerler onlara tabanda ek bir kalınlık ve denge verirken, arkatların üstündeki kat silmeleri yatay bir tanım getirmektedir.

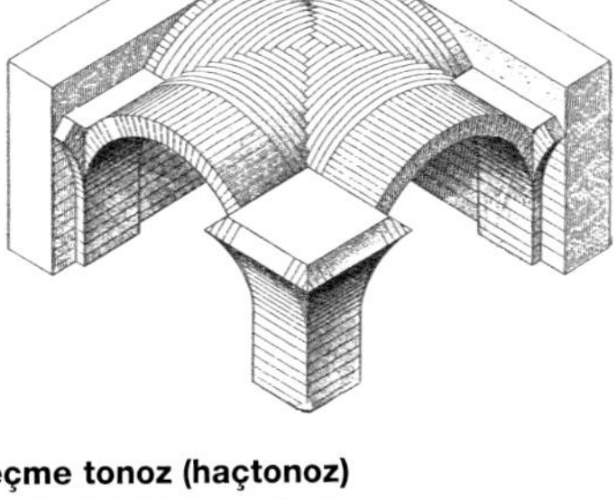

Geçme tonoz (haçtonoz)

İstanbul'daki Ayasofya'nın geçme tonozlarının nasıl yapıldığını, şekle bakarak görebiliriz. Tonozun ana ekseninde, arka kısımları 45 derecelik açıyla kesilmiş iki geçme tonoz kesişmektedir. Geçme tonoz sayesinde her kesite açıt eklemek mümkün olmuştur.

Kalıp

Burada görüldüğü üzere, tonozlar genelde, kalıp adı verilen ahşaplar üzerine yapılırdı. Kalıp, meydana gelecek tonozun şeklinde olurdu ve tonozun (burada bir köprüyü taşıyor) taşları bunun üzerine serilirdi. Tonoz tamamlandığında kalıp kaldırılır, böylece tonoz serbest bırakılmış olurdu.

Kaburga

Erken 12. yüzyılda duvarcılar, geçme kenarlarında kaburga kullanmanın, geçme tonozun dayanımını artırabildiğini keşfetti. Bu keşif, özellikle kaburgalı tonoz kullanımıyla karakterize olan Gotik üslubun önünü açmış oldu. Aynı dönemde sivri kemerlerin de devreye girmesi, kaburgalı tonozun mimari olanaklarını daha da artırdı. Çünkü beşik-kemerlere göre sivri kemerler daha geniş veya dar yapılabiliyor, bu da tonoz biçimlenmesine daha fazla esneklik katıyordu. 13. yüzyıldan itibaren dekoratif kaburgaların eklenmesiyle birlikte tonozlar daha da karmaşıklaştı.

Bütünleştirici kaburga
Milano'daki bu Geç Ortaçağ katedralinin yükselen iç mekânı kaburgalı tonozlarla bütünleştirilmiştir. Kaburgalar dikkati tonoz yüzeyinden ayırıyordu. Nef ayakları üzerinde her kaburganın kendine ait, ince bir düşey karşılama elemanı vardı. Bu da daha hafif görünen tonoz ile arkatı görsel olarak birleştirmekteydi.

Altı parçalı tonoz

Altı parçalı tonozda, tonozun her gözü, kesişen kaburgalar tarafından altı bölüme ayrılır; İngiltere'deki Canterbury Katedrali'nin bu geç 12. yüzyıl nefinde olduğu gibi. Buna karşın yan sahınların tonozları dört parçalıdır, her göz dört bölüme ayrılmıştır. Dört parçalı tonoz en yaygın Erken Gotik biçimlenmesiydi.

Bağlama kaburgası

1260 dolaylarında inşa edilen, Londra'daki Westminster Abbey'deki tonozlar Canterbury'dekilerden çok daha karmaşık olmaya başlamıştı. Bağlama kaburgası merkezi mahyaya eklemlenmekteydi. Pencereler üzerinde de kaburgalar vardı ve diğer kaburgalar ek ara kaburgalarla çoğaltılmıştı. Bu ara kaburgalara bağlama kaburgası adı verilmektedir.

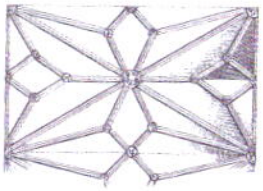

Yıldıztonoz

Tamamlayıcı çapraz kaburgaların dekoratif olanaklarını keşfeden Geç Ortaçağ mimarları, bunun akabinde, diğer iki kaburgayı birbirine bağlayan, tamamıyla dekoratif yıldıztonozu geliştirdiler. Yıldıztonozun hiçbir strüktürel amacı yoktur. Ancak, 1350 dolaylarında yapılan, İngiltere'deki Bristol Katedrali'nde olduğu gibi, karmaşık ağtonozlar meydana getirmek için kullanılabilirler.

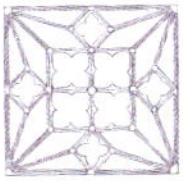

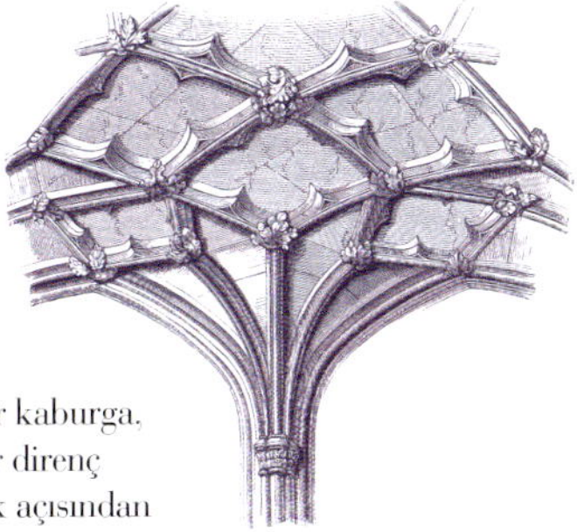

Ağtonoz

Her ne kadar kaburga, tonoza ek bir direnç kazandırmak açısından yararlı olsa da, bu şart değildir. Ortaçağ'ın sonlarına doğru tonoz kaburgaları neredeyse tamamen dekoratif hale gelmişti. İngiltere, Bristol'deki St. Mary Redcliffe'te (yak. 1443) gördüğünüz bu ağtonozda bir dilimli ızgara kullanılmış ve uzun dörtyapraklı şekillerden oluşan son derece zengin bir yüzey bezemesi meydana getirilmiştir.

Kaburga Yapımı

Tonoz kaburgaları, strüktürün üzerine yapıştırılmış öğeler değildir, strüktürü bütünler ve dolayısıyla baskı altındaki alanları güçlendirecek şekilde kalınlaştırır. Her tonoz bölümünün tepesinde, her kaburganın son kısmını içeren bir kilittaşı, üst strüktürdeki her parçaya eşit basınç uygulayarak tüm tonozu kilitler. Bezekli kilittaşı genellikle heykellerle süslenir. Doğru inşa edilen tonoz çok dirençlidir ve kısmen bozulsa bile ayakta kalır. Ancak, hakkıyla yapılmaz ve desteklenmezse kolaylıkla çökebilir.

Kırık tonoz

Tonozlar kısmen çökmüş ya da bozulmuş olsa da ayakta kalabilir. İskoçya'daki Melrose Manastırı'nın yıkıntı halindeki geç 14. yüzyıl koro yerinin kaburgaları ve enine kemerleri, tonozun geri kalanı gitmiş olmasına rağmen ayakta kalabilecek kadar sağlamdı. Sadece ana çapraz kaburgalar taşıyıcıydı. Daha küçük yıldız ve çapraz kaburgalar, tonozun tepesindeki bağlama kaburgası gibi tamamıyla dekoratifti.

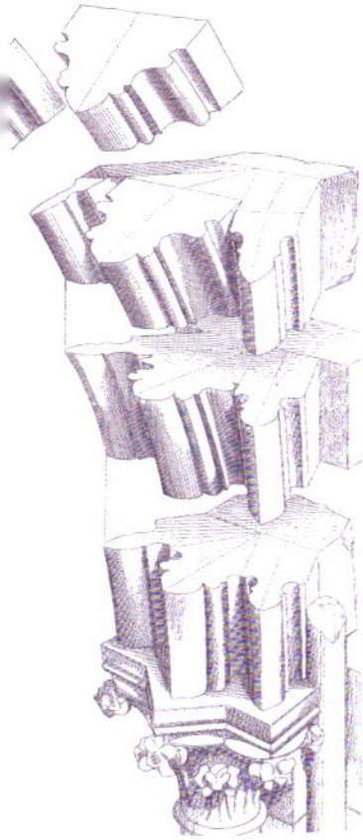

Tas-de-charge

Tonoz başlangıcında, en altta yer alan bloklar (*tas-de-charge*) tüm kaburgaları birleştirir. Bloklar yükseldikçe, strüktürel olarak kendi başına bir denge kazanmasına yetecek kavisi yakalayana dek kaburgaların açısı giderek artar. Küçük silmeler daha büyük bloklarla birleştirilir.

Tonoz böğrü

Kaburgalar gibi kaburgaların arasındaki örgü de, her blok doğrudan aşağıya değil, komşusuna doğru basınç yapacak şekilde, belli bir açıyla dizilerek yapılır. İngiltere, Dorset'teki Sherborne Şatosu'nun bu yıkık tonozunda, en üstteki blokların bile belli bir açıyla yerleştirildiği açıkça görülüyor.

Tonoz desteği

Tonoz kaburgaları taşıyıcıdır, ama kaburgaları alttaki payanda ayağına bağlayan öğeler esasen dekoratiftir. Bununla birlikte, Notre-Dame de Paris'deki bu 13. yüzyıl örneğinde olduğu gibi, uzun ve ince tonoz desteklerinin, tonozu görsel açıdan, aşağıdaki yapıya bağlamaya çalışmak gibi bir amacı vardır.

Heykelli kilittaşı

Tonozun ortasında yer alan kilittaşı genellikle bir heykelle süslenmekteydi; Fransa, Laon'daki bu melek gibi. Ancak tonoz kaburgalarını kilitlemek gibi önemli bir işlevi de vardı. Kilittaşı tüm kaburgalarla eşleşecek şekilde kesilir ve kaburgaların birbirine basınç uyguladığından emin olunur.

Dayanma Ayağı

Tonoz, altındaki duvara büyük bir basınç uygular ve bunun sonucu olarak dayanma ayağı (payanda) biçiminde bir ek desteğe gereksinim duyar. Roma mimarlığı ve Romanesk üsluptaki beşik ya da basit geçme tonozlu yapılar genellikle, duvarı anahtar noktalarda kalınlaştıran, pilastr şeklindeki dayanma ayaklarıyla güçlendiriliyordu. Ancak bunlar, çok yüksek kaburgalı tonozlardan gelen devasa yüklerin taşınması için yeterli değildi. Gotik dönemde, tonozun hassas noktalarını güçlendirmek için ilave bağımsız kemerlerden yararlanan uçan payandalar geliştirilmiş ve bunlar özellikle Fransa'daki Gotik katedrallerin dekoratif bir unsuru haline gelmişti.

Uçan payanda

Fransa, Amiens'deki 13. yüzyıl katedralinin dışındaki uçan payandalar binaya, Gotik döneme özgü olan bir düğün pastası görünümü vermektedir. Gerilimin en yoğun olduğu noktalara yerleştirilen dayanma kemerlerinin, itkiyi tonozlardan alıp dayanma ayağına aktarması sayesinde, uçan payandalar tonozu taşır.

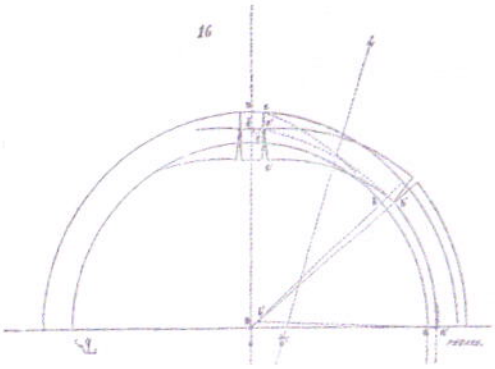

Tonozda gerilme noktaları

Tonozun anahtar gerilme noktaları, tepesiyle düşey duvara doğru kavislendiği sağrısıdır. Bu diyagramın gösterdiği gibi, tonoz düzgün bir şekilde yapılırsa, aşağı doğru inen yükler tonozun kavislerine ve duvara aktarılır; aksi halde tonoz çöker.

Dayanma kemeri

Dayanma kemerinin yapısal dengesi, itkinin en güçlü olduğu yerlerde tonozu sağlamlaştırmak için kullanılır. Tonozun karşısındaki kemerler içe doğru yaslanarak, yükün bir kısmını, dayanma ayağının masif kâgir kütlesine aktarır.

Pinakolo

Uçan payandaların yüksek pinakololarının, bina dışındaki genel dekoratif etkiye büyük bir katkıda bulunur. Aynı zamanda taşıyıcı işlevi de görür. Kemer ile uçan payandanın birleşim yerinin tepesine büyük bir ağırlık ekleyerek, bu anahtar alanı sağlamlaştırır.

Dayanma ayağı

Dayanma ayakları, ardında bir tonoz olmayan duvarları sağlamlaştırmak için de kullanılırdı. Rutland, Manton'daki bu pilastr biçimli dayanma ayakları, tonozu olmayan İngiliz kilisesinin kalkan duvarlarını güçlendirmektedir. Kademeli olan dayanma ayaklarının kalınlığı, aşağıya doğru inildikçe artarak, duvarın tabanına daha fazla denge katar.

Yelpaze

İngiltere'ye özgü bir tür olan yelpazetonoz, geç 15. yüzyılda yıldız ve ağtonozların detaylı örüntülerinden hareketle geliştirilmişti. Yelpazetonozun örüntüsü duvarlarda, üst katların pencerelerinde ve duvarlardaki girişik bezemelerde sürdürülerek, tüm iç mekân bütünleştirilmiş olur. Yelpazetonozlar son derece narin görünmekle birlikte, arkadan, geniş kaburgalarla desteklenmektedir. Ayrıca bağımsız konik yelpazeler (konoitler) birbiri üzerine basınç uygulayarak tüm tonoz yerleşimini kilitler. Avize sarkıtları strüktürel açıdan mümkün görünmez, ancak onlar da alttaki yekpare strüktür tarafından yerlerine sıkıca bağlanmışlardır.

Sağır girişik bezeme
Bir yelpazetonozdaki yelpazenin şeklini takip eden eşmerkezli sağır girişik bezemeler, pencerelerdeki girişik bezemeleri ve duvarın alt kısımlarındaki sağır arkatları sürdürür. Belki de en meşhur İngiliz yelpazetonozu, Cambridge'deki King's College Şapeli'ninkidir.

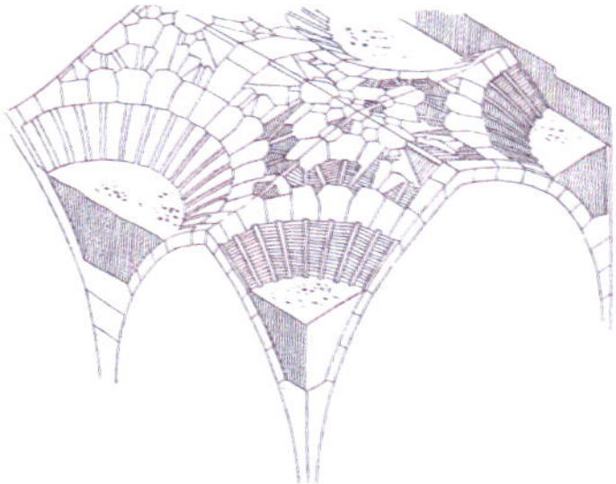

Genişletilmiş tonoz başlangıcı

Yelpazetonozlar başlangıçta daha çok mezarlarda ya da İngiltere'deki Gloucester Katedrali'nin revağı gibi (yak. 1470) küçük mekânlarda kullanılmaktaydı. Bunun nedeni, taşıma kapasitesine yönelik endişeler olabilir. Sıradan bir tonozda, tonoz başlangıcının iyice genişletilmesi sayesinde yelpazetonozun nasıl geliştiğini bu örnekte görmek mümkün.

Yelpazetonoz yapımı

Kaburgalı tonozda strüktür açıkta bırakılırken, yelpazetonozda strüktür tonozun arkasında gizlenmektedir. İngiltere, Dorset'teki Sherborne Manastırı'nın bu arka görünüşünde nef tonozundaki yelpazelerin büyük kaburgalarla taşındığını anlıyoruz. Ancak kaburgalar diğer yandan görünmüyor.

Bezeme

Avize yelpazetonoz son derece zengin ve sarkıt benzeri bir etkiye sahiptir. Bu büyük örme duvar parçaları kısmen, devasa boyutlu enine kemerlerle taşıtılmaktadır. Kemerlerde dilimler ve başka bezemeler de bulunmaktadır. Bütün bunlar, Londra'daki Westminster Abbey'nin VII. Henry Şapeli'nde (1503-19) olduğu gibi fantastik bir etki yaratır.

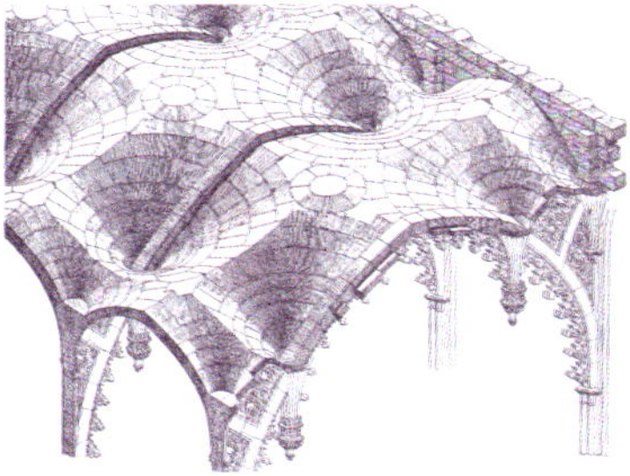

Avize tonoz

Londra'daki Westminster Abbey'nin VII. Henry Şapeli'ndeki tonozun arkasında, çizimde gördüğünüz büyük strüktürel kemerler bulunmaktadır. Cepheden bakınca konoitlere asılı duruyor gibi görünmekle birlikte, yakından bakıldığında, avizelerin strüktürel olarak bu kemerlerin birer parçası olduğu anlaşılıyor.

Giriş

Kubbe, eğrisel bir çatı meydana getirmek için bir kemerin 360 derece döndürülmesiyle oluşturulan bir tür tonozdur. Kubbe dairesel, oval ya da çokgen planlı olabilir; gökyüzüne karşı görkemli bir siluet oluşturmak için genellikle binanın dış görünümüne yansıtılır. Tonoz gibi kubbe de Romalılar tarafından geliştirilmişti ve Erken Hıristiyan ve Bizans mimarlıklarının önemli bir öğesiydi. Rönesans döneminde yeniden canlandırılıp geliştirilen kubbe Neoklasik mimarlığın anahtar bileşeniydi. 20. yüzyılda mimarlar stadyum gibi çok büyük mekânların üzerini kubbeyle örtebilmek için yeni yeni malzemeler denediler.

Roma kubbesi
Roma mimarlığında yaygın bir öğe olan kubbe, Roma'ya gönderme yapmak isteyen sonraki mimarlar tarafından da benimsenmişti. Tivoli'deki Vesta Tapınağı'nın (MÖ 1. yüzyıl) bu rekonstrüksiyon çizimi, tipik bir basık Roma kubbesinin küçük bir kasnak üzerine nasıl oturtulduğunu gösteriyor.

Erken Hıristiyan kubbeli bazilikası

Erken Hıristiyan ve Bizans bazilikalarının karakteristik özelliği, dıştaki masif kütleyi taçlandıran kubbelerdi. Selanik'teki St. Sophia Kilisesi'nin (780'ler) cephesinde görüldüğü gibi, alçak apsitlerin üzerindeki konik çatılar kubbe değildir; yüzeyleri düzdür, biçimlerin kümelenmesine yardımcı olurlar.

Rönesans kubbesi

Kubbe, Rönesans ve Barok kiliselerinin karakteristik öğelerinden biridir. Genelde merkezdeki transept kavuşağının üzerine yerleştirilmekte ve sıklıkla bir Klasik tapınak cephesiyle birleştirilmekteydiler. Andrea Palladio'nun Venedik'teki II Redentore'sinde görüldüğü gibi (1577-92), kubbenin Gotik mimarlıkla çelişen heybetli bir katılık etkisi vardır.

Kubbeli siluet

Washington D.C.'deki Amerikan Kongre Binası'ndaki kubbenin gökyüzüne karşı nasıl görkemli bir etki oluşturduğuna, aynı zamanda binanın kalbine çok büyük bir rotonda yerleştirilmesine olanak verdiğine dikkat edin. İç mekân, bir fener ve kubbe kasnağındaki kolonların arkasına gizlenen bir dizi tepe penceresiyle aydınlatılmaktadır.

Sürekli kavisli çatı

2000'deki milenyum kutlamaları için 1999 yılında Londra'da yapılan Millennium Dome dünyanın en büyük sürekli kavisli çatısına sahiptir. Teflon kaplı cam elyaflı dokumayla yapılmıştır. Teknik olarak kubbe sayılmaz. Çünkü iç taşıyıcıları vardır. Ancak dış biçimlenmesi, basık Roma kubbelerine açık bir gönderme yapmaktadır.

Yapım

İlk kubbeler, dairesel veya çokgen planlı binaların üzerine yerleştirilmekte, böylece kubbe aslında duvarın üste ve içe doğru bir uzantısı haline gelmekteydi. Bizans döneminde yapı ustaları, pandantif denen üçgen unsurları kullanarak kubbe yapısı ile kare planlı bir bina arasındaki boşlukları doldurabileceklerini keşfettiler. Roma, Erken Hıristiyan ve Bizans kubbeleri genellikle beton veya tuğlayla tek-cidarlı olarak yapılmıştı. Ancak Rönesans'ta mimarlar çift-cidarlı kubbe yapabileceklerini fark ettiler. Bu da onların kubbenin dışını daha büyük ve belirgin yapmalarını sağladı.

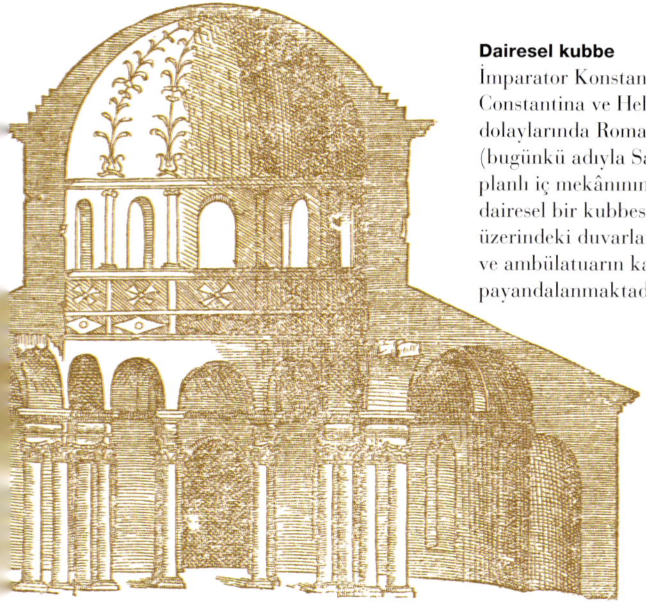

Dairesel kubbe
İmparator Konstantin tarafından kızları Constantina ve Helena için MS 350 dolaylarında Roma'da yaptırılan mozolenin (bugünkü adıyla Santa Costanza), dairesel planlı iç mekânının üzerine yerleştirilmiş dairesel bir kubbesi vardır. Kubbe, arkat üzerindeki duvarlar tarafından taşınmakta ve ambülatuarın kalın duvarları tarafından payandalanmaktadır.

Tek-cidarlı kubbe

Roma'daki Panteon'dan alınan bu kesitte görüldüğü üzere, tek-cidarlı bir kubbede iç ve dış kesitin birbiriyle nasıl yakından ilintili olduğuna dikkat edin. Kubbe, içeride yarım küre şeklinde olmakla birlikte, cidarın kalınlığı dıştaki biçimin daha basık olduğuna işaret ediyor.

Pandantifler

Bizanslı yapı ustaları kare planlı bir binanın köşeleri ile yarım küre biçimindeki bir kubbe arasındaki boşlukları küresel üçgenler kullanarak kapatabileceklerini keşfetmişlerdi. Pandantif olarak bilinen bu üçgenler, İstanbul'daki Ayasofya'da olduğu gibi, bazilikadaki merkezi bölümün üstünde kubbe kullanmayı mümkün hale getiriyordu.

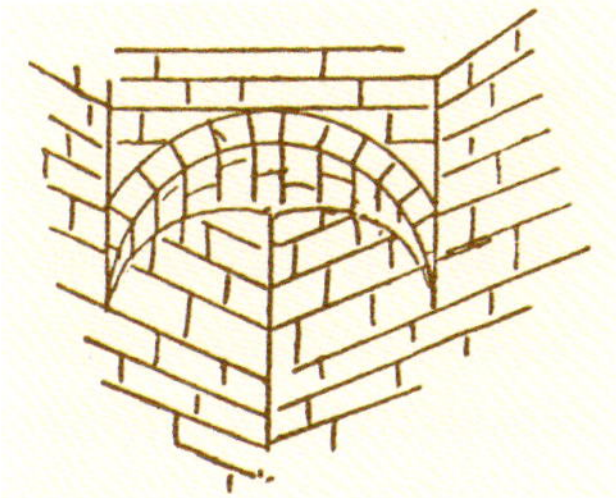

Tromp

Tromp, pandantifin daha az karmaşık olan bir türüdür. Ancak aynı işlevi görerek, kare planlı bir alan ile tabanı çokgen veya daireden oluşan bir kubbe arasındaki boşluğu doldurur. Pandantif yumuşak kavisliyken, tromp küçük kemer ve bindirmeliklerden oluşmaktadır.

Kasnak ve kubbe

Kubbenin doğrudan çatı hizasında kurulması gerekmez. Paris'teki Les Invalides Kilisesi'nde (yak. 1680-1720) olduğu gibi, yüksek bir düz kasnakla çatı hizasının üstüne yükseltilerek gösterişli bir görünüm elde edilebilir. Kasnak ek bir yükseklik verir ve iç mekânı aydınlatmak için tepe pencerelerinin kullanılmasına imkân sağlar.

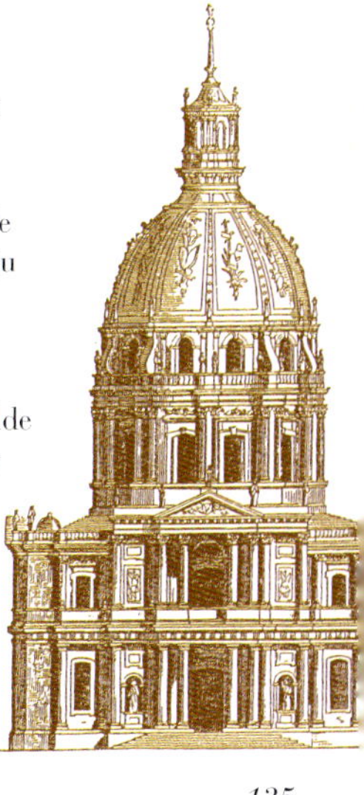

Basit

Tüm kubbeler, kavisli yüzeylerinin sürekliliğini, hem plan düzleminde (yatay olarak) hem de kesit ölçeğinde (düşey olarak) korumak isterler ve en basit kubbe, bir kemerin bir daire etrafında döndürülmesiyle oluşturulur. Bu karakteristik özellikler çerçevesinde kavisli yüzeyler birtakım farklı şekillerde düzenlenebilir. Üzerine oturduğu kemerler gibi eğrisel, sivri ya da armudi olabilir. Ancak bir kısmi ya da basık kubbe oluşturmak için kavis kesilebilir, bir yüksek kubbe meydana getirmek için düz bir kasnak üzerinde yükseltilebilir ya da plan düzleminde deforme edilerek oval bir kubbe oluşturulabilir.

Basık kubbe
Ters çevrilmiş bir fincana benzeyen ve üzerinde hiçbir bezemesi olmayan yayvan kubbeler, Roma'da oldukça yaygındı. Bunlar, tarihsel çağrışımlarından dolayı hem Rönesans hem de Neoklasik dönemde çok revaçtaydı. Burada gördüğünüz, kısmen Antik Roma Panteon'u üzerine temellenen, Roma, Via Flaminia'daki Sant' Andrea'da (1550-3) olduğu gibi.

Yarım küre kubbe

Çok yüksek bir kasnağın içinde kusursuz bir yarım küre kubbe yükseltilebilir. Kasnak, biçimlenmenin geometrisinden ödün vermeden ek bir yükseklik sağlar; Leon Battista Alberti'nin İtalya'daki Sant' Andrea Kilisesi'nde olduğu gibi (yapımına 1470'te başlanmıştır). En üstteki kubbecik ana kubbenin biçimini daha küçük ölçekte tekrar etmektedir.

Yüksek kubbe

Kasnak üzerinde yükseltilen bir kubbeden farklı olarak, bir 15. yüzyıl yapısı olan Mısır, Kahire'deki Sultan Barquq Camisi'ndeki gibi bir yüksek kubbenin, herhangi bir ek izi olmaksızın kubbe kavisini sürdüren düz etekleri vardır. Bu da kubbeye yüksek ve zarif bir şekil verir. Fakat alttaki tepe pencereleri zorunlu olarak küçüktür.

Oval kubbe

Oval kubbe Barok dönemde çok revaçtaydı ve kubbeyi, döneminin karakteristik özelliği olan akışkan kütleler halindeki yapının asli parçası haline getirmişti. Viyana'daki Karlskirche'nin (1715-37) devasa oval kubbesi bir oval nef üzerinde yükselmektedir. Bu biçim, dıştaki oval gözpencerelere de yansıtılmıştır.

Üç-cidarlı kubbe

Sir Christopher Wren, Londra'daki St. Paul Katedrali'ni tasarlarken üç-cidarlı kubbe kullanarak, gereksiz gerilmelere mahal vermeksizin, oranları çok iyi ayarlanmış dış ve iç biçimler meydana getirmiştir. Ahşap ve kurşunla yapılan kubbeli çatı ve fener, küçük kubbenin arkasına gizlenmiş bir tuğla koniyle içeriden taşıtılmaktadır.

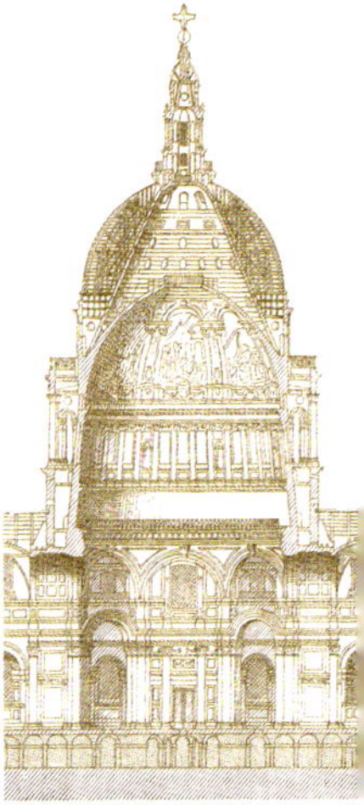

Karmaşık

Bir kemerin döndürülmesiyle ortaya basit bir biçimlenme çıkabildiği gibi, daha karmaşık kubbeli biçimler de elde edilebilir. Kubbe yüzeyi genellikle bir kaburga ya da belirgin bir kavis kullanılarak bölümlere ayrılabilir. Bölümlerin vurgulanmasıyla kubbeye daha karmaşık bir görünüm kazandırılabilir. Sivri armudi gibi çok karmaşık kavisler kullanılarak meydana getirilen kubbeler, Rus mimarlığına özgü soğankubbenin ortaya çıkmasına neden olmuştur.

Çokgen kubbe
İlk çokgen kubbe eski bir ahşap kubbenin yerine yapılan Floransa Katedrali'nin çokgen kubbesiydi. Filippo Brunelleschi tarafından 1419-36 tarihleri arasında tasarlanmıştı. Tamamen tuğlayla yapılan bu mühendislik harikasının, çokgen eksedraları (kubbeli ekoylum) dışında payandası yoktu. 1461'de eklenen fener de çokgendi.

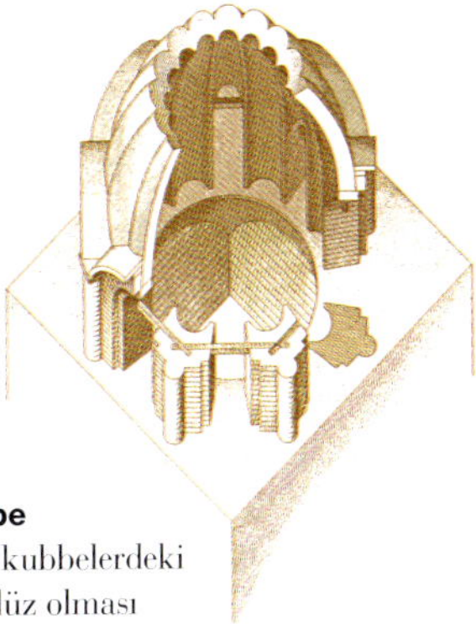

Dilimli kubbe
Çok kenarlı kubbelerdeki yüzeylerin düz olması gerekli değildir. İstanbul'daki Aziz Sergios ve Bakhus Kilisesi'nin (Küçük Ayasofya), bir tarafta içbükey, diğer tarafta dışbükey olan 16 parçadan oluşan bir dilimli kubbesi vardır. Kavisli biçimlenme pencere kemerleri ve silindirik dayanma ayaklarına da yansıtılmıştır.

Soğankubbe
Sebzeye benzemesi nedeniyle bu ismi alan ve belirgin bir armudi biçimi olan soğankubbe Rus ve Doğu Ortodoks Hıristiyan mimarlıklarının karakteristik bir öğesiydi. Diğer kubbelerden farklı olarak genellikle binanın içine yansıtılmamakta ve büyük ölçüde, dışarıya hitap eden bir süsleme öğesi olarak kullanılmaktaydı.

Sivri kubbe
İslam mimarlığında kubbe çok yaygındı, özellikle de camiler arasında. Hindistan, Agra'daki Tac Mahal'de olduğu gibi (1632-54) hafif içe doğru dönmüş soğan biçimlisi başta olmak üzere, pek çok şekilde ortaya çıkabilmekteydi. Hıristiyan kubbelerinde kullanılan fener ya da kubbecik yerine, İslam mimarlığındaki kubbelerin genellikle sivri bir tepesi vardır.

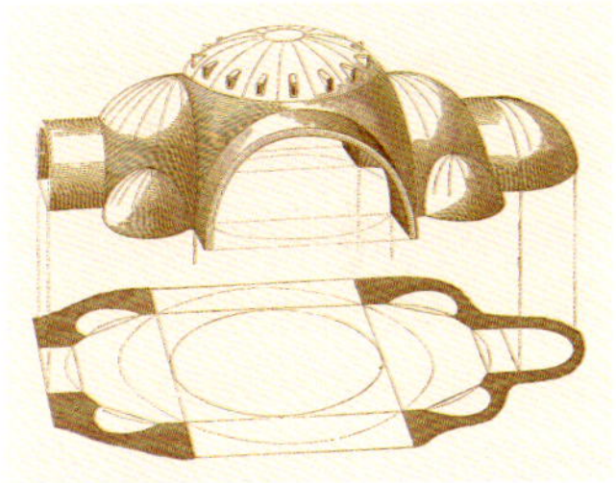

Yarım kubbe
Bir yarım kubbe düzenlemesi, kubbenin kemerli yapısının strüktürel dayanımından yararlanarak hem dayanma ayağı hem de kullanışlı bir mekân işlevi görür. İstanbul'daki Ayasofya (533-37), yarım kubbeli eksedralarla (ekoylum) çevrelenen bir merkezi basık kubbeden yararlanmaktadır. Bu yarım kubbeler de kendi küçük yarım kubbeleriyle taşınmaktadır.

Kubbecik ve Fener

Pek çok kubbenin tepesinde bir fener ya da kubbecik bulunur. Kuleye benzeyen bu yapı kubbeyi tamamlar, pencereler ve hava dolaşımı için açıtlarla donatılır. Kubbecik ve fener benzer işlevlere sahiptir. Küçük kubbeli tepesiyle kubbeciği hemen fark edersiniz. Fenerin ise genellikle sivri bir çatısı vardır. Ayrıca kubbecik ve fenerler, bir çatıyı ya da bir kulenin tepesini bezemek için kendi başlarına da kullanılabilirler. Fener ya da fener kulesi bazen de bir kilisenin merkezi kulesidir. Büyük pencereler burada da aynı işlevi görerek binanın ortasına doğal ışık taşır.

Çokgen fener
Floransa Katedrali'nin 15. yüzyıl kubbesinin tepe noktasındaki çokgen fenerin, ana kubbedeki çizgileri sürdüren yüzey kesimleri, kubbenin biçimini daha da belirginleştirir. Küçük dayanma ayaklarındaki S-kıvrımları, kavislenen kubbe ile düz çizgili fener arasındaki geçişi sağlar. Fenerin üstündeki top ve haçlı tepe tomurcuğu her şeyi bir araya getirir.

Sekiz köşeli fener
İngiltere'deki Ely Katedrali'nin sekiz köşeli merkezi fener kulesi, çöken Romanesk transept kavuşağı kulesinin yerine 14. yüzyılda yapılmıştı. Taşa benzeyecek şekilde boyanmış ahşap fenerin, katedralin ortasına gün ışığı akıtan büyük pencereleri vardı.

Çıkma pencereli kubbecik
Kubbecik, bir kubbe olmadan kendi başına kullanılabilir. Örneğin, yapımına 1519'da başlanan, Fransa'daki Rönesans şatosu Chambord'daki büyük çıkma pencerelerin konik çatılarının tepesinde kubbecikler vardır. Ortadaki merdiven kulesinin üstünde de bir başka küçük kubbecik yer alır.

Neoklasik kubbecik
Bir korkuluk tarafından kuşatılan kubbecik 18. ve erken 19. yüzyıl Neoklasik mimarlığının karakteristik bir öğesiydi. Bu örnek İngiltere, Wiltshire, Amesbury'deki bir 18. yüzyıl evine aittir. Ancak merdivenlere ve giriş holüne tepeden ışık sağlayan bu görünüm Amerika'da ve başka yerlerde de çok revaçtaydı.

Kubbecik bezemesi
Hem kubbecikler hem de fenerler genellikle haç, rüzgârgülü ya da sadece dekoratif topuz gibi süslemelerle sonlandırılarak, bütün tatmin edici düşey bitirişler sağlanır. Londra, Covent Garden'daki St. Paul Kilisesi'nin armudi kubbeciğinin, yüksek bir çubuk üzerinde duran, kuğu şeklinde bir rüzgârgülü vardır.

Giriş

Kabaca kule, yüksekliği enine göre belirgin bir şekilde fazla olan herhangi bir binadır. Gökyüzüne uzanarak ilgiyi üzerine çeker. Zenginlik duygusu verdiği için, şato gibi savunma yapıları ve dini yapılarla eş tutulur ve şehrin gurur kaynağıdır. Kule kullanışlıdır, çünkü yüksekliği sayesinde kolaylıkla korunabilir. Ayrıca zemin katta yerden tasarruf etmek ya da sesin uzun mesafelere yayılmasını sağlamak gibi amaçlar için kullanılabilir. Ortaçağ şehirleri ve köyleri kilise külâhlarıyla süslüydü. Modern dünyada ise şehir siluetine gökdelenler hâkimdir ve şehrin gücünü onlar temsil eder.

Kilise kulesi
Bir İspanyol şehri olan Santiago de Compostela Ortaçağ'daki en önemli hac mekânlarından biriydi. Katedralin ve diğer kiliselerin sivri külâhları, onları çevreleyen binaların üzerinden açıkça görünmekte, yaklaşan ziyaretçileri kilometrelerce öteden çağırmaktaydı.

Minare

Minare olarak bilinen yüksek ve ince kuleler bir caminin en karakteristik öğesidir. Burada gördüğünüz, İstanbul'daki Sultan Ahmet Camisi'nde olduğu gibi, minareler genellikle çiftler halinde kullanılır. Üstteki platform, imamın ezan okuması için yapılmıştır.

Mazgallı kule

Fransa'da bir geç 14. yüzyıl yapısı olan Château Mehun-sur-Yèvre (burada bir rekonstrüksiyon çizimini görüyorsunuz) görünümü itibariyle çok süslü bir yapıydı. Ancak yüksek kuleli girişi, dar bir köprüyle geçilen hendeği, alt kısımlarındaki penceresiz kalın duvarları ve mazgallı kuleleriyle bu bir savunma yapısıydı.

Küçülen katlar

Bir kulenin katları, hep aynı genişlikte olabilir, ya da bu Rönesans kulesinde olduğu gibi, yukarıya doğru çıkıldıkça küçülebilir. Bu kulenin her katı, Klasik üsluptan esinlenilmiş kolonatlarla bezelidir. Ancak bunların taşıyıcılığı çok azdır.

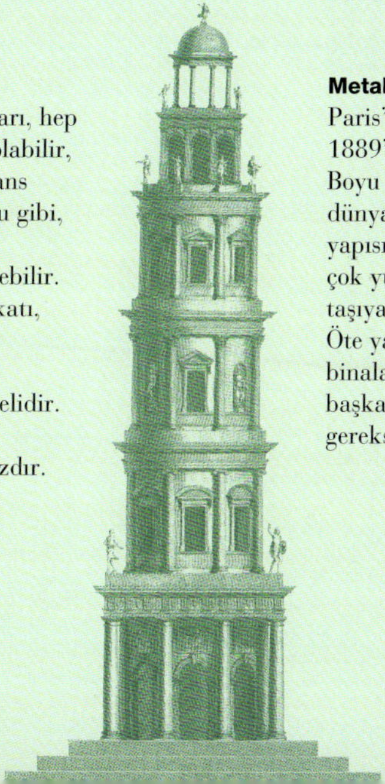

Metal iskelet

Paris'teki Eiffel Kulesi 1889'da inşa edilmişti. Boyu 305 metreye varan kule dünyanın en yüksek yapısıydı. Metal iskeletin çok yüksek yapıları taşıyabildiğini göstermişti. Öte yandan, yüksek ve kapalı binalar için asansör gibi başka teknolojik gelişmelere gereksinim vardı.

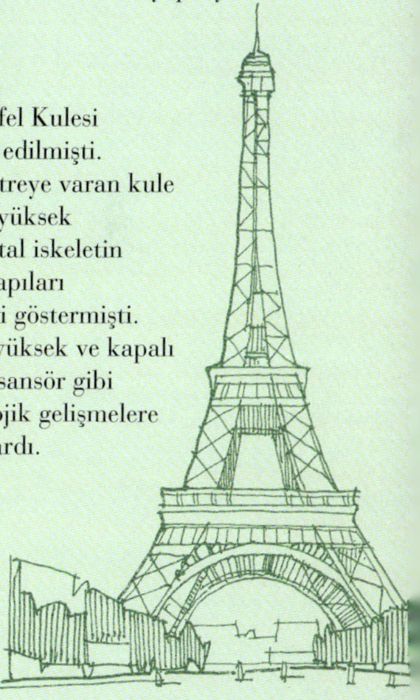

Savunma

Kule, geçmişte olduğu gibi bugün de, savunma yapılarının önemli bir bileşenidir. Çünkü gözetleme için iyi bir yükseklik sağlar ve muhafızların saldırganların üzerine ateş açmasına olanak verir. Geleneksel olarak kuleler, çok küçük pencereleri olan kalın duvarlarla inşa edilmekte, bu da saldırıları güçleştirmekteydi. Ne var ki bu ölçütler, uzun menzilli ağır silahların ortaya çıkmasından sonra daha az etkili olmaya başlamıştı. Savunma kuleleri, bir duvara tutturulan çıkma kule biçimli tekil yapılar olarak ya da daha büyük bir şato kompleksinin bir parçası olarak yapılabilir. Aristokratlar da kendi konutlarını inşa ederlerken şato biçimiyle oynamış, aslında korunması gerekmeyen malikânelerini süslemek için kuleyi bir statü sembolü olarak uyarlamışlardı.

Kale kulesi
Kulelerin savunma için önemini 15. yüzyıl İspanyol kalesi Medina del Campo'da görmek mümkün. Hem giriş kuleleri hem de surların üzerindeki küçük çıkma kuleler, muhafızların kolayca ateş açmasını sağlamakta; yüksek burçlar, görüş menzilini artırmakla kalmayıp, suru kalınlaştırarak savunmayı güçlendirmekteydi.

Merkezi burç

Şato bir kuleden ibaret değildir. Kalın duvarları, bekçi evi, çıkma kuleleri ve buna benzer başka savunma araçları vardır. Merkezindeki kuleyse şatonun sembolüdür. Bir çatışma sırasında sığınılacak en son yerdir. Sahibinin servetini ve gücünü sergiler. Paris'teki Eski Louvre bunun bir örneğidir.

Kule ev

Kule evler barınma ve savunma gibi iki farklı amacı birleştirmekteydi. Kalın duvarları ve küçük pencereleri vardı, ama en dışta herhangi bir savunma duvarı bulunmamaktaydı. Bir 14. yüzyıl yapısı olan Langley Şatosu, sınır ötesi baskınlarının çokça olduğu İskoçya-İngiltere sınırındadır. Aristokratların yanı sıra yöre köylüleri de burada koruma altına alınmaktaydı.

Dairesel İrlanda kulesi

Yüksek, ince ve bağımsız kuleler İrlanda Ortaçağ mimarisinin en belirgin özelliğiydi. Yüksek bir seviyede duran kapıya genellikle bir dayama merdivenle girilirdi. Bir manastır yerleşimiyle ilişki içinde olan kule muhtemelen çatışma zamanlarında bir sığınak olarak kullanılmaktaydı.

Şövalye üslubu

Polonya, Malbork Şatosu'ndaki Knights' Hall'un kulesindeki farklı işlevler pencerelerin boyut ve biçimlerinden ayırt edilebilmektedir. Özellikle en üstteki büyük holün, alttaki hizmet katlarına göre daha büyük ve daha detaylı olan girişik bezemeli pencereleri vardır.

Kilise

Kule özellikle Hıristiyan kiliseleri için karakteristiktir. Göğe yükselen silueti kiliseyi şehrin ya da köyün en belirgin binası yapmaktaydı. Cemaatler, kiliselerini komşularının sahip olduğundan daha büyük ve daha güzel kulelerle süslemek için birbirleriyle yarışırlardı. Kulenin yerleştirilebileceği en uygun yer, nef ile transeptin kesiştiği transept kavuşağının üzeri veya batı ucuydu. Ancak Almanya ve özellikle Kuzeybatı Avrupa ülkelerinde, bina köşelerine yerleştirilmiş kuleler de yaygındı. Kule, Romanesk ve Gotik dönemlerin tipik bir özelliğiydi, ama Neoklasik ve Gotik Yeniden Canlandırma üsluplarında yapılmış kiliselerde de kullanılmıştı.

Transept kavuşağı kulesi
Transept ve koro yerinin kesiştiği yer olan transept kavuşağı kilisenin kalbidir ve bu alan genellikle bir kuleyle dışa yansıtılır; Fransa, Rouen'deki Saint-Ouen'de olduğu gibi (yapımına 1318'de başlanmıştır). İç mekâna doğal ışık taşıyan büyük pencereleri olmasaydı bu mekân karanlıkta kalacaktı.

Bezemeli kule

Çifte batı kuleleleri, büyük Romanesk ve Gotik kiliselerin karakteristik bir öğesiydi. Fransa, Caen'deki Holy Trinity'nin 12. yüzyıla ait batı kulelerinin üst kısmı, alttaki sade cephenin tersine, sağır arkat gruplarıyla süslenmiştir. Bu gruplar, sivri külâhları çevreleyen küçük çıkma kulelerde tekrar etmektedir.

Koltuk altı kulesi

Binanın 'koltuk altına' yerleştirilenler de dahil olmak üzere, transept ve koro yeri arasındaki sayısız küçük kule, Alman Romanesk kiliselerinin önemli bir bileşeniydi. Laach'daki bu kilisede olduğu gibi, kuleler, bezemesiz sağır arkatların verdiği ciddiyeti tamamlayarak, binaya neredeyse askeri bir görünüm vermekteydi.

Bölge kilisesi kulesi

Bir bölge veya köy kilisesinin kulesi yerel gururun bir simgesiydi. Genellikle birden fazla kulesi olan katedral ve manastırlardan farklı olarak, çoğu bölge kilisesinin tek bir kulesi vardır. Kule ya transept kavuşağının üzerine yerleştirilir, ya da burada gördüğünüz, İngiltere, Cambridgeshire'daki St. Neot Kilisesi'nde olduğu gibi, batı ucunda yükselir.

Asimetrik kule

Mimarlar, zaman içinde evrilmiş gibi görünen binalar yapma arayışı içinde olduklarından, asimetrik kuleler tasarlamaya başlamışlardı. Bu kuleler Gotik Yeniden Canlandırma üslubunun karakteristik öğeleridir. Bir köşe üzerine asimetrik olarak yerleştirilen, İskoçya'daki bu 19. yüzyıl kilisesinin kulesi, binaya kasıtlı bir düzensiz siluet vermekteydi.

Çan Kulesi

Hıristiyanlık'ta çan sesi merasimlerin önemli bir parçasıdır; çanlar düğün ve cenaze törenleri ile Paskalya gibi tatil zamanlarında kullanılır. Çanlar genellikle bir kulenin üstündeki ahşap çerçeveye asılmakta, böylece ses çok uzaklardan duyulabilmekteydi. Çanın yerleştirildiği bölmede, sesin çıkışını sağlamak için camsız pencereler kullanılmaktaydı. Çan, insanları tehlikeye karşı uyarmak ve saati bildirmek gibi kamusal amaçlarla da kullanılabilmekteydi. Dolayısıyla pek çok şehir yönetimi, belediye ya da kamu binalarında yüksek çan kuleleri yapmaktaydı.

Bağımsız kule
Büyük ölçüde çanların çalınmasıyla oluşan titreşim nedeniyle kulelerin çökmesinin başlıca nedenlerinden biri, kiliselerdeki strüktürel başarısızlıktı. Altındaki temelin sağlamlığından kuşku duyulan binalarda çan kulesi bağımsız olarak yapılmıştı. Katedralin arkasında, görenlerin yüreğini hoplatacak derecede eğik bir açıyla duran 12. yüzyıl kulesi Pisa (İtalya), bu endişeyi açıkça ifade etmektedir.

Campanile

İtalya'da çan kulesine *campanile* denir ve çan kulesi genellikle kiliseden kopuk durur. Classe'deki Sant' Apollinare'nin *campanile*'si (532-49), tuğlayla yapılan dairesel çan kulelerinin erken örneklerinden biridir. Yarım daire kemerli pencerelerinin sayısı, kulenin tepesine doğru çıktıkça artar.

Çan penceresi

Bir çan kulesinin çan bölmesindeki pencere kolayca fark edilir, çünkü camları yoktur ve böylelikle ses kolayca dağılabilir. Öte yandan, çan kulelerinde, kuşlardan korunmak için, Northamptonshire'daki King's Sutton Kilisesi'nde gördüğünüz gibi, genellikle panjur kullanılmaktaydı.

Çan duvarı

Her kilisenin çan için bir kule yapacak imkânı yoktu. Dolayısıyla çan bazen bir kalkan duvarının içindeki küçük bir çan duvarına asılırdı. Genellikle bir kalkan duvarı içine yerleştirilmiş kemerlerden oluşan çan duvarlarında çoğu kez bir veya iki çan bulunurdu.

Şehrin çan kuleleri

Çanlar, dini amaçların yanı sıra, saati bildirmek ve insanları tehlikelere karşı uyarmak gibi kamusal nedenlerle de kullanılmaktaydı. Bruges'daki gibi, kamuya ait çok yüksek kuleler Geç Ortaçağ Belçikası'nda ve Flamanya'da yaygındı. 19. yüzyıldaki taklitleri arasında Londra'daki Big Ben ve Philadelphia Belediye Sarayı yer alır.

Sivri Külâh ve Kule Çatı

Kuleler genellikle, sivri külâh veya kule çatı olarak bilinen yüksek, sivri uçlu bir çıkıntıyla sonlandırılır. Bu çatılar, kuleye ek bir yükseklik katmakla kalmaz, aynı zamanda tatminkâr bir görsel bitim verir. Bazı yazarlar kule çatının kademeler halinde küçüldüğünü, sivri külâhın ise kesintisiz bir eğimi olduğunu söylerken; diğerleri 'kule çatı' terimini 'kule'nin bir alternatifi olarak kullanır ve her sivri bitimi bu şekilde adlandırır. Genel kullanımda ise bu terimler büyük ölçüde birbirinin yerine kullanılmaktadır. Sivri külâh taştan yapılabilir veya ahşapla yapılıp kurşunla kaplanabilir. Kurşun da padavra gibi bir çatı kaplama malzemesidir. Külâhların konik, piramidal ve çokgen gibi farklı biçimleri vardır.

Aşamalı yapım

Sivri külâhı inşa etmek pahalıydı, dolayısıyla her seferinde bir tane olmak kaydıyla, aşamalı olarak yapılırdı. Fransa'daki Chartres Katedrali'nde, güneydeki sivri külâh (sağdaki) geç 12. yüzyılda, kuzeydeki ise 16. yüzyılın başlarında yapılmıştı. Güneydeki sivri külâh kurşun kaplı ahşapken, kuzeydekinin, yapım tekniklerine duyulan büyük güveni yansıtan ek bir taş kaidesi vardır.

Flèche

Bir Fransız Gotik kilisesinin genellikle merkezini taçlandıran çok ince ve uzun sivri külâhlar, *flèche* adıyla bilinir. *Flèche* Fransızcada 'ok' anlamına gelir. Genellikle demir veya ahşaptan yapılıp üzeri kurşunla kaplanan *flèche*, geleneksel sivri külâhlardan daha hafiftir. Sivri külâh ile merkezi bir kuleyi birleştiren İngiliz kiliselerinin aksine, *flèche* genellikle altında bir kule olmadan yapılır.

İğne uçlu külâh

Çok yüksek ve ince olan iğne uçlu külâhlar İngiliz Gotik kilise ve katedrallerinin karakteristik bir öğesiydi. Genellikle ahşapla yapılır ve üzeri kurşunla kaplanırdı. Burada gördüğünüz, bir 14. yüzyıl örneği olan Salisbury Katedrali'nin külâhı, transept kavuşağının üstündeki yüksek bir taş kulenin üzerine yerleştirilerek yüksekliği iyice artırılmıştı.

Rokoko kule çatı

Sivri külâhın, kavisi girintili çıkıntılı olanları Rokoko'ya özgüydü. Deniz kabuğu şeklindeki bindirmelik gibi Klasik motifleri daha akışkan bir şekilde yeniden yorumluyordu. Graz'taki belediye kilisesinin (yak. 1780) sivri külâhında bir saat ve sesin çan bölmesinden dışarı çıkmasını sağlayan kapaklı açıtlar vardı.

Neoklasik külâh

Sivri külâh Neoklasik dönemde de revaçta olmayı sürdürdü. Sütun, dikilitaş ve kupa gibi Klasik düzenden esinlenilmiş detaylarla süslenmekteydi. 18. yüzyılın İngiliz tasarımlarını içeren kitaplar, sonraki dönemlerde Amerikan mimarlarının ilham kaynağı olmuştu. 1812-14'te Connecticut, New Haven'daki Merkez Kilisesi'ni tasarlayan Ithiel Town gibi.

Çıkma Kule ve Pinakolo

Çıkma kule, genellikle bir binanın köşesine yerleştirilen küçük bir kuledir. Daha büyük kuleler gibi çıkma kule de çatı hizasının üstüne çıkar. Ancak bir küçük merdivenden başka bir şey içeremeyecek kadar ufaktır, içinde pek bir alan yoktur ve genelde sadece dekoratiftir. Pinakololar genellikle dayanma ayağının üzerinde yer alır. Burada, verdiği dekoratif etki bir yana, aşağıya doğru kaydadeğer bir basınç oluşturur.Hem çıkma kule hem de pinakolo Gotik dönemin karakteristik bir öğesidir. Ayrıca Geç Ortaçağ'ın mikro-mimariye olan eğiliminin önemli bir parçasıdır. Mikro-mimari: Minyatürize edilmiş mimari motiflerin bina üzerinde dekoratif elemanlar olarak kullanılması.

Pinakolo

Dayanma ayağı üzerindeki pinakololar, Geç Gotik mimarlığın karakteristik özelliği olan zarif siluetlerin oluşmasına katkıda bulunmakla kalmıyor, aynı zamanda tonozların oluşturduğu itkiye karşı, dayanma ayaklarının dayanımını artırıyordu. Burada gördüğünüz, Bohemya (bugünkü Çek Cumhuriyeti), Kutna Hora'daki geç 14. yüzyıl kilisesi St. Barbara'da olduğu gibi.

Çıkma köşe kulesi
Çıkma kulelerin boyutu küçüktür. Bu nedenle hakimiyet etkisi, aynı konumdaki tam ölçekli kulelere kıyasla daha azdır, yine de güçlü bir görsel bitim sağlamaktadır. Cambridge'deki King's College Şapeli'nin (1446-1515) her bir dayanma ayağının üstünde yer alan pinakololarla birlikte dört çıkma köşe kulesi, dış görünümün belirgin bir özelliğidir.

Çıkma mediven kulesi
Salisbury'deki Piskopos Sarayı'nda olduğu gibi, bir çıkma merdiven kulesini, üzerinde yer alan çok sayıda küçük pencere sayesinde fark etmeniz kolaydır. Çıkma kulenin sekizgen biçimi ve üstteki pencerelerin çapraz yerleşimi, içinde yer alan dönel merdivenin kavisini ortaya çıkarır.

Kule pinakolo
Norfolk, Cromer'daki bu kilisede görüldüğü üzere, pinakololar genellikle Gotik kulelerin köşelerini süslemek için kullanılırdı. Pinakololar, kulenin tepesindeki keskin hatlı kenarları yumuşatmaya yararken, köşelere getirdikleri ilave yükler kuleyi sağlamlaştırırlar.

Tourelle
Bir duvarın köşesinden yükselen küçük çıkma kuleler (burada gördüğünüz Balmoral Şatosu'nda olduğu gibi) soylu İskoç üslubunun ve üzerine temellendiği Fransız Gotik saraylarının karakteristik bir öğesiydi. *Tourelle* adıyla bilinen ve biberliğe benzeyen bu çıkma kuleler genellikle dairesel olup çatıları koniktir.

Şehir

Kule, yüzyıllardır şehir mimarisinin asli bir parçası olmuştur. Çünkü zeminde fazla yer kaplamadan ek alan sağlamanın ideal yolu çokkatlı yapı yapmaktır. Kule, şehrin ihtişamını sergilemenin bir yolu olarak görülmüştür. Zenginler de servetlerini sergilemenin yolunu kule yaptırmakta bulmuşlardır. Daha yakın geçmişte, şirketlerin zenginliği ve gücü, gökdelenlerle temsil edilmekteydi. Sıkışık kentsel mekânlarda kule yapmak, kendine özgü problemleri beraberinde getirmektedir. Kulenin hem diğer binaların üzerinden görünebilmesi, hem de zeminden bakıldığında kaydadeğer bir etki uyandırması gerekir.

Art Deco külâh
New York'taki Chrysler Binası (1928-30) bir Gotik kulenin tipolojik özellikleriyle oynayarak *gargoyle*, parapet ve sivri külâh gibi öğeleri ele almakta, ancak onları Art Deco'ya uyarlamaktaydı. Üzerinde kırıkçubuk deseni olan eşmerkezli kemerler, dikkati üst kısımlara çekmekte ve kare planlı bina ile giderek incelen külâh arasındaki geçişi kolaylaştırmaktaydı.

Rönesans şehrinde kule
Rönesans döneminde İtalyan tüccarlar şehirdeki evlerinin üzerine çok yüksek kuleler yapmak için birbirleriyle yarışırlardı. Siena'daki Palazzo Publico'da (Belediye Sarayı) olduğu gibi, bu kuleler belediye binalarının üzerine de yapılmaktaydı. Kullanılan kale mazgalları, savunmaya gönderme yapıyor olsa da göstermelikti, çünkü altındaki bina, savunma yapmaya uygun değildi.

Yeniden canlandırılmış Gotik belediye sarayı
Alfred Waterhouse tarafından 1887'de tasarlanan Manchester Belediye Sarayı'nın devasa merkezi kulesi, şehir merkezindeki hâkimiyetini hâlâ korumakta ve İngiltere'nin ana ticaret merkezlerinden biri olarak Manchester'ın statüsünün kalıcı bir ifadesi gibi durmaktadır. Bina, Kuzeybatı Avrupa ülkelerindeki Ortaçağ belediye sarayları temel alınarak Gotik Yeniden Canlandırma üslubunda tasarlanmıştır.

İlk gökdelen
American Surety Building 1894-6'da New York'ta bir tahvil sigortası şirketi için yapılmıştı. Kulemsi biçimi ve yenilikçi yapısal özellikleri, şirketin gücünü ve güvenilirliğini ifade ediyor; belirgin kornişi, zarif kaba yonusu ve sütunlu alt katları dikkat çekiyordu.

Modern kule
New York'taki Seagram Binası, 1957'de Ludwig Mies van der Rohe ve Philip Johnson tarafından tasarlanmıştı. Bütünüyle cam kaplı olan yüzeylerinin ve süslemesiz kütlesinin, sonraki gökdelen tasarımları üzerindeki etkisi çok büyük olmuştur.

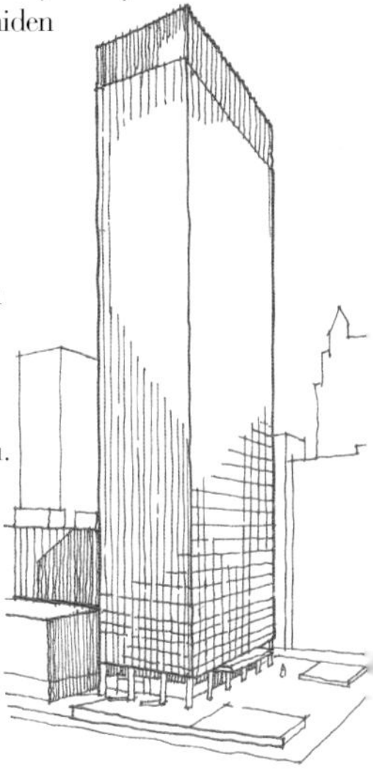

Giriş

Bir kapı bizi binanın içine çekebilir ya da girişimizi kasıtlı olarak engelleyebilir. Kapının yerleştirilişi ve tipi, binanın kullanım şeklinin bir göstergesi olabilir. Ana giriş kapısı bir binanın en önemli bileşenlerinden biridir ve genellikle ağır bir bezemesi vardır. Giriş üslupları yüzyıllar içinde belirgin bir biçimde değişmiştir, dolayısıyla binanın yaşını belirlemede iyi birer araç olabilir. Tali kapı, küçük boyutları ve daha az detaylı oluşu sayesinde, tamamlayıcı öğe işlevi görür. Kapılar genellikle basamaklar, bazen de yağmuru dışarıda tutan ve ilgiyi kapıya yönelten saçaklarla vurgulanır.

Kapıların hiyerarşisi
Kapı, örttüğü mekân hakkında genellikle bir şey söyler. Mekânlar arasındaki hiyerarşiyi belirtmek için farklı üsluplarda kapılar kullanılır. Londra, Highgate'te bir 17. yüzyıl yapısı olan Cromwell Evi'nin kapıları her katta farklıdır. Üstteki –muhtemelen hizmetkârların odasına açılan– kapılar daha basittir.

Asma kapı

Bir şatonun girişi genellikle bir asma kapıyla korunur. Bu, girişin üzerine yukarıdan bırakılan bir büyük metal ve ahşap kapıdır. Burada, asma kapının yanı sıra, girişin önünde açılır kapanır bir köprünün de yer alabileceği bir hendek bulunur.

Sınıflandırılmış kapılar

Kapıların sayısı ve yerleştirilme biçimi binanın düzenlenişi hakkında ipucu verebilir. Roma, Cosmedin'deki Santa Maria'nın batı cephesinde üç kapı görüyoruz; büyük ve merkezi olan nefe, yanlardaki daha küçük kapılar ile yan sahınlara açılır.

Yükseltilmiş giriş

16. yüzyıl mimarı Andrea Palladio, Venedik'teki St. Saviour'un girişini tasarlarken zekice davranıp, portiğin sütun aralıklarını, ortadaki sütunu geniş tutarak düzenlemiş ve böylece giriş yolunu vurgulaması mümkün olmuştur. Gotik dönemde çok yaygın olan yan kapılar burada, içinde heykel olan nişlerle temsil edilmiştir.

Narteks

Bir 4. yüzyıl yapısı olan, Roma'daki (Eski) San Pietro Bazilikası'nda olduğu gibi, Erken Hıristiyan kiliselerinde giriş, bir kapı saçaklığından ya da narteksin içinden verilirdi. Narteks, henüz vaftiz olmamış inananlar tarafından kullanılırken, kilisenin kendisi dindar kişilere ayrılmıştı.

Yunan ve Roma

Kapı, ne Yunan ne de Roma yapılarında dikkat çeken bir öğeydi. Çünkü genelde büyük bir portiğin arkasında yer alıyordu, ancak yine de belirli bir bezeme programıyla vurgulanmaktaydı. Bir kapı açıtının içe doğru gittikçe incelmesi olağandı. Bunun nedeni, muhtemelen, taş lentoya uç kısımlarında ek bir destek sağlama gereksinimiydi. Bununla beraber, Roma döneminde yapı ustalarının güveni arttıkça, girişler daha düz hatlı olmaya başlamıştı. Açıtlar silmeli çevirmelerle kuşatılmakta, gülbezek gibi motiflerle süslenmekte ve konsol bindirmeliğiyle taşınan çıkıntılı bir kornişle bitirilmekteydi.

Kısmen gizli giriş
Hem Yunan hem de Roma tapınaklarında ibadet çoğunlukla binanın içinde değil dışında gerçekleşirdi. Bunun sonucu olarak iç bölüme (sella) giriş, neredeyse portiğin sütunları tarafından gizlenmekteydi. Burada gördüğünüz, Lübnan, Baalbek'teki Bacchus Tapınağı'nda olduğu gibi.

Etrüsk girişi
Etrüskler MÖ 8. ve 4. yüzyıllar arasında Roma yakınlarında yaşamaktaydı. Etrüsk mimarlığının en karakteristik özelliği, Yukarı doğru keskin bir ifadeyle sivrilen kenarları ve çıkıntılı lentolarıyla girişlerdi. Bazen de, burada gördüğünüz Castel d'Asso'daki Etrüsk mezarında olduğu gibi, giriş, bir oyma çevirmeyle temsil edilmekteydi.

Çift kanatlı kapılar
Atina'daki Akropolis'in kuzey kısmında bulunan Erechtheion Tapınağı, bu rekonstrüksiyon çiziminde çift kanatlı büyük kapılarla gösterilmektedir. Gülbezekli bir bantla sade bir şekilde çevrilmiş, ancak bir çift konsol bindirmeliğinin taşıdığı daha detaylı bir çıkıntılı kornişle bitirilmiştir. Kapı pervazlarının kenarları içeriye doğru hafifçe eğilmiştir.

Kule kapısı
Atina'daki Rüzgâr Kulesi'nin (MÖ 1. yüzyıl) kapısında, değiştirilmiş Korent sütun başlıklarıyla bir çift yivli sütun üzerinde taşınan bir alınlık vardır. İçteki açıta açı verilmiş olmakla birlikte, bu açı pervaz tarafından neredeyse gizlenmiştir.

Kemerli giriş
Suriye, Turmanin'deki Erken Hıristiyan kilisesinin (MS 5. yüzyıl) girişinin, daha küçük iki kemerle kuşatılmış merkezi bir kemer açıtından oluşan kompozisyonu, Roma zafer takından ödünç alınmıştır. Saçağın (narteks) içindeki ana kapının silmeli bir çevirmesi ve ağır bir kornişi vardır.

Portik

Portik, bir binanın önünde ya da çevresinde yer alan, üstü kapalı bir geçittir. Binayı, bir ya da daha fazla yanı açık ve üstü örtülü bir mekânla çevreleme düşüncesi son derece eskidir ve pek çok sıcak ülkede yaygın olarak kullanılmaktadır. Yunan ve Roma tapınaklarının portiği (ister binanın önünde, çıkıntı oluşturan iki duvar arasında yer alsın, isterse tamamen sembolik bir öğe olarak cepheye eklemlensin) sütun sayısı ve yerleşimi bakımından kesin olarak tanımlanmıştır. Portiği meydana getiren kuralların aynısı Neoklasik dönemde de uyarlanarak kullanılmıştır.

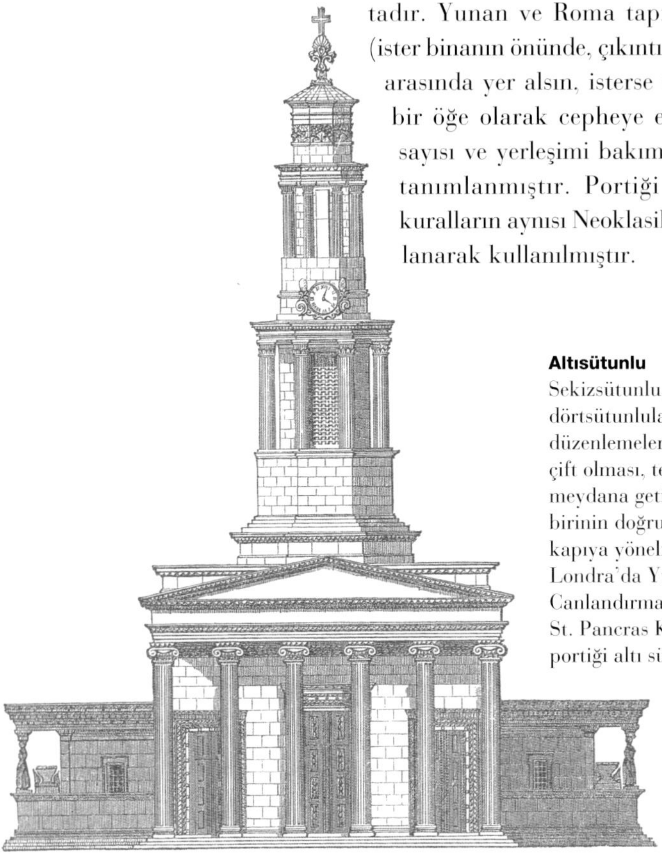

Altısütunlu
Sekizsütunlu, altısütunlu ve dörtsütunlular en yaygın portik düzenlemeleridir. Sütun sayısının çift olması, tek sayılı açıklıklar meydana getirerek, açıklıklardan birinin doğrudan merkezdeki kapıya yönelmesini sağlar. Londra'da Yunan Yeniden Canlandırma üslubunda yapılan St. Pancras Kilisesi'nin (1819-22) portiği altı sütunludur.

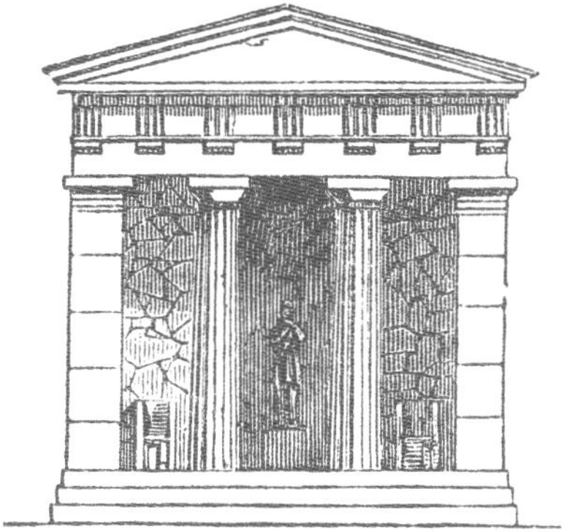

In antis

Bir *in antis* portiği iki kısa, çıkıntılı kenar ayağı (*antae*) arasına alınmıştır. Bu ayaklar, portiği tamamlayan dört köşeli ve çıkıntılı pilastrlarla bitirilmiştir. Yunanistan, Rhamnus'taki bu küçük tapınağın portiği iki sütunludur, ancak daha fazla sütun da kullanılabilirdi.

Peristil

İçindeki binayı, bağımsız sütunlardan oluşan bir görüntünün arkasında tamamen kuşatan kolonata peristil denir. Atina'daki Hephaistos Tapınağı'nın peristili 'peripteral'dir, çünkü tek bir sütun dizisi vardır. Çift sütun dizisine 'dipteral' denir.

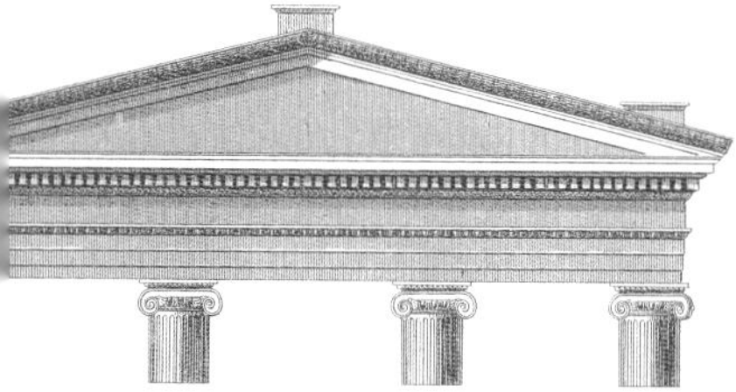

Alınlık

Alınlık portiğin önemli bir elemanıdır. Portik sütunlarının üstündeki saçaklık tarafından taşınan alınlık, eğimli bir çatının, üç tarafı silmelerle süslenmiş kalkan duvarını temsil eder. Alınlıklı portik, sonraki dönemlerde çoğunlukla büyük ölçekli bir süsleme olarak kendi başına kullanılmıştır.

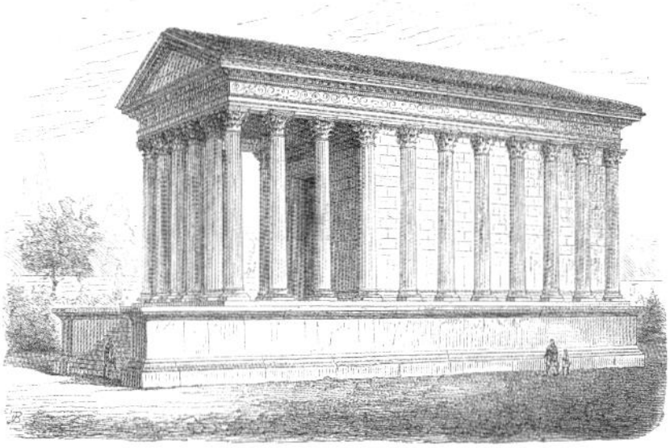

Gömme portik

Fransa, Nîmes'deki 1. yüzyıl Roma yapısı Maison Carrée'yi çepeçevre saran sütunlar, içteki sella yapısının yüzeylerinde yapışıktır. Böylece bir gömme portik meydana getirilmiştir. Öte yandan öndeki sütunlar binadan kopartılarak bir prostil (çıkma) oluşturulmuştur.

Romanesk

Romanesk kiliseleri inşa edenler kapı açıtlarına büyük önem veriyorlardı. Kapının şekli genellikle, yaygın olarak kullanılan beşikkemeri takip etmekte; çevirme, katmanlar halindeki süslemelerle yoğun bir şekilde bezenmekteydi. Kemer başı, heykeller için zemin sağlayan merkezi bir kemer tablasıyla doldurulabilmekteydi. Binanın kalın duvarları sayesinde yanlardaki kapı kasaları içe doğru eğimlendirilebilmiş ve üzerleri kat kat bezemelerle süslenebilmişti. Merkezde yer alan nef ve yan sahınlar gibi, binanın iç bölümlerini de, kullanılan kapılarla açıkça ifade etmek mümkündü. Merkezi kapı genellikle büyük törenlerde, yan kapılar ise olağan durumlarda kullanılıyordu.

Gömük kapı
Barselona'da 11. yüzyılda inşa edilmiş San Pablo Kilisesi'nin cephesindeki yalınlık, yoğun bir şekilde bezenmiş olan kapısını öne çıkarmaktadır. Kapının etrafındaki yüzey derinleştirilerek girişin gömülmesi sağlanmıştır. Açıtın üzerinde heykelli bir kemer tablası yer almaktadır.

Çıkıntılı giriş

11. yüzyılda Fransa, Arles'da yapılan Saint-Trophime Kilisesi'ndeki girişin çıkıntılı çevirmesi sığ bir kapı saçağı meydana getirmektedir. Muhtemelen bir Roma portiğinden uyarlanmıştır. Tepesi kalkan duvarı şeklindedir. Kemer, sütunlar üzerine oturan ve saçaklığa benzeyen heykelli bir friz tarafından taşınmaktadır.

Heykelli giriş

İspanya'daki Santiago de Compostela Katedrali'nin ana batı kapılarının her parçası heykellerle donatılmıştır. Bunların arasında, haleler içindeki İsa'yı temsil eden merkezi kemer tablası ile onun taşıyıcısı olan *trumeau* ayağı bulunmaktadır. Kapı kasalarında, üzerinde figürler bulunan sütunlar vardır. *Voussoir*'ların çevresinde de figürler yer almaktadır.

Aylama

'Aylama' terimi Romanesk ve Gotik dönemlerde, sütunlar üzerinde taşınan kemerli silmeler için kullanılmıştır. Almanya'da Nürnberg yakınlarındaki Heilsbronn'dan bir örnek olan bu kapının dört aylaması vardır. En dıştaki aylamanın kalın bir kordon ya da halat silmesi bulunmaktadır. Kapının üst kısmı da üçyapraklıdır.

Kemer tablası

Bu erken 12. yüzyıl İngiliz yapısının girişindeki kemerin üst kısmında, melekler tarafından çevrelenmiş İsa görüntüsünün yontulduğu bir kemer tablası yer almaktadır. Kapı kasası dikmesi üzerindeki yontular o kadar belirgin değildir. Bir yanda Âdem ve Havva, diğer yanda ise bir av sahnesi canlandırılmış olabilir.

Gotik

Gotik dönemin kapı ve giriş düzenlemeleri bir önceki döneme (Romanesk) göre çok az değişiklik göstermiştir. Batıda yer alan belirgin taçkapılar üçlü olarak düzenlenmekteydi. Biri nef, diğerleri de yan sahınlar içindi. Bu düzenleme büyük kiliseler için önemli bir özellikti. Gotik dönemin kapıları önceki üslupları ve biçimlenmeleri takip etmişti. Belirgin olarak sivri kemer üçlemesi kullanılmakta ve o dönemde revaçta olan, incelikle detaylandırılmış silmeler, çengel bezekler ve kıvrımdallı sütun başlıkları gibi süsleme biçimleri uyarlanmaktaydı. Özellikle Geç Gotik dönemde kapılar, sağır girişik bezeme türünden dekoratif bezemelerin kullanıldığı bir zemin oluşturmaktaydı.

Üçlü taçkapı
Biri nefe, diğer ikisi yan sahınlara açılan kapılarıyla üçlü taçkapı. Gotik katedrallerin tasarımında önemli bir unsurdu. Fransa, Reims'deki örnekte görüldüğü gibi, taçkapının kendisi dışa doğru çıkma yaparak çokkatmanlı bir bezemeye olanak vermekte, her açıt çengel başlıklı kalkan duvarlarıyla daha da vurgulanmaktaydı.

Kapı saçağı

Bu Gotik bölge kilisesi, binaya girmekte olan inananları yağmurdan koruduğu gibi, içi ve dışıyla, kullanışlı bir mekân olarak da hizmet vermekteydi. Kilise saçakları, evlilik işlemlerinin ilk bölümü için, sözleşme yapmak amacıyla ve derslik olarak kullanılmaktaydı.

Yağmurluk silme

Bu 15. yüzyıl İngiliz yapısındaki girişin üstünde gördüğümüz türden dört köşeli silmelere yağmurluk silme adı verilir. Silme, Geç Ortaçağ'a özgü olarak, üzerinde insan başı olan bitim elemanlarıyla sonlanmaktadır. Kapının dört köşeli bir çerçeve içine oturtulmuş, dört merkezli bir başlığı vardır.

Şerit tuğlalı giriş

Mimarinin pek çok unsuruyla birlikte yaratılan etkinin haricinde, bir kapı çevirmesi kısmen de, yapımında kullanılan malzemelere göre biçimlenirdi. Bu Geç Gotik tuğla konut yapısının görece sade bir girişi vardır. Giriş, koyu ve açık renkli şerit tuğla katmanlarıyla yapılmıştır. Ancak hiç heykeli yoktur, çünkü tuğlayla bunu elde etmek güçtür.

Girişik bezemeli lambri

Gotik dönemde bezeme sadece kapı çevirmelerinde kullanılmamakta, kapının kendisi de sıklıkla süslenmekteydi. Üzerinde düz hatlı panolar, püskül biçimleri ve kıvrımlı armudi kavisler gibi tipik Ortaçağ motiflerinin bulunduğu girişik bezemeli bu lambri, Almanya'daki Blaubeuren Manastırı'nın kapısına aittir.

Rönesans

Klasik Antikite ve özellikle Antik Roma'ya özgü biçimlerin Rönesans'ta yeniden canlandırılması, kapı tasarımları üzerinde etkili olmuştu. Klasik biçimler bir önceki üslubun (Gotik) yerini alacaktı. Tapınak biçimi üzerine temellenen cepheler bu dönemde yaygınlaşmaya başladı. Kesintisiz arşitravlarla birlikte dikdörtgen biçimli kapılar yine yaygındı. Bindirmelikler tarafından taşınan kornişler kapıyı taçlandırıyordu. Kapının kendisi de, kasetleme gibi, Roma etkisi taşıyan motiflerle bezenmekteydi. Kemerli kapı kullanmaya devam edildi. Ancak kemerler artık Roma mimarlığına özgü bir biçimde kavisleniyordu ve üzerlerinde sıklıkla belirgin bir kilittaşı vardı. Kuzey Avrupa'da ise girişler çok detaylıydı.

Zafer takı
Rönesans mimarları Gotik'in aşırılıklarına tepki duyuyorlardı. Dev pilastr, zafer takı ve ağır alınlık gibi motifler yeniden canlandırılmış ve kilise saraylarının cephelerinde kullanılmaya başlanmıştı. İtalya, Mantua'daki Sant' Andrea'nın (yapımına 1470'te başlanmıştır) merkezi zafer takı ve onu çevreleyen devasa pilastrlar, kapıları olduğundan küçük göstererek önemsizleştirmektedir.

Tablalı çift kanatlı kapı
Floransa'daki Palazzo Rucellai'ye açılan bu kapının dört köşeli çerçevesinin bezemeli bir arşitravı ve belirgin bir kornişi vardı. Tablalı çift kanatlı kapı gibi bunlar da büyük bir dikkatle Antik döneme ait modellerden türetilmiştir. Cephe pilastrlarla parçalanmıştır: zemin kat hizasında Dor, üstte Korent.

Kaba yonulu giriş
Roma'daki 16. yüzyıl yapısı Palazzo Farnese'nin sade ve masif girişinin tek süsü, açıtı çevreleyen *voussoir*'ların (kama şeklindeki taşlar) üstündeki belirgin kaba yonuydu. Bu açıtlar, Antik döneme ait biçimlerin doğrudan kopyası değildi, geçmişten esinlenen Rönesans mimarları tarafından geliştirilmişti.

Yaratıcı bezeme
1595'te inşa edilen, Hollanda'daki Leiden Belediye Sarayı'nın girişi Kuzey Avrupa Rönesans mimarlığının tipik bir örneğidir. Sütunlar, beşikkemerler ve nişler üzerinde taşınan saçaklık gibi standart İtalyan motifleri kullanılmış, ama bunlar, Klasik öncellere pek benzemeyen Fransız örneklerine temellenen yaratıcı bezemelerle süslenmiştir.

Örgü bezeme
Norfolk'taki Blickling Hall'un (1612-27) girişinin, yüksek ve her iki yanında pencereleri olan çıkıntılı bir kapı saçağı vardı. Karmaşık örgü bezeme detaylarında Kuzeybatı Avrupa ülkelerinin mimarisinden esinlenilmiştir. Yanlarda ise Kuzey detaylarından yararlanmaya devam eden, ama İtalyan etkisi taşıyan localar vardır.

Barok ve Rokoko

Kapılar, pencerelerle birlikte, Barok ve Rokoko mimarlığının en önemli dekoratif unsurlarından biriydi. Kapı süslemesinin en yaygın öğelerinden biri alınlıktı. Alınlık dairesel ya da sivri olabilmekte, tabanı veya tepe noktası kırılmış gibi gözükecek şekilde kesilerek (kırma alınlık) işlenebilmekteydi. Alınlığın kendisi de sıklıkla heykellerle bezenirdi. Yeni kapı çevirmeleri, özellikle de, belirgin almaşık taş bloklarla meydana getirilen çeşitli çevirmeler bu dönemde giderek yaygınlaşmaya başlamıştı. Rokoko dönemi iç mekânlarında kapı önemini kaybederek sadece tüm iç yüzeyleri kaplayan genel dekoratif şemanın bir parçası haline geldi.

Barok giriş
Roma'daki Gesù Kilisesi (yapımına 1568'de başlanmıştır), daha sonra yaygın olarak kopyalanacak olan Barok tasarımın ilk örneğidir. Kavisli ve üçgen alınlıkları, iki kat yüksekliğindeki pilastrlarıyla bu karmaşık iki katlı cephede; biri nefe, diğer ikisi yan sahınlara açılan üç kapı, herhangi bir unsur gibi ele alınmıştı.

İri taşlı çevirme

Her biri büyük ve dört köşeli taşlardan oluşan sütunlar, açıta dikkat çekmek ve ona çeşitlilik kazandırmak için yaygın olarak kullanılan Barok unsurlardan biriydi. İri taşlı sütunların kullanıldığı bu girişte ayrıca, açıtın kenarından 'sarkıtma' gibi duran belirgin bir kilittaşı vardır.

Kırma alınlık

Kırma alınlık mimariye zenginlik ve detay katıyordu. Indigo Jones (1573-1652) tarafından tasarlanan, Londra'daki Banqueting Evi'nin iç kapısının çevirmesinde bir kulakçıklı arşitrav kullanılmıştır. Onun üzerinde, bindirmelikler tarafından taşınan ve tepesi kırma olan alınlığın ortasında bir kadın büstü yer alır.

Kulakçıklı arşitrav ve tablalar

Londra'daki, Cromwell Evi'nde kullanılan kırma alınlık ve onun merkezinde duran tepe tomurcuğu, 17. yüzyıl ortalarına tarihlenen bu kapıya zengin bir bitiş sağlamaktadır. Kapının üstündeki sekiz tablanın boyutu, yukarı çıktıkça küçülür. En üstteki tablaların ve arşitravın kulakçıkları vardır. Arşitravın üstünde bir de örgü bezeme yer almaktadır.

Atlant

Burada gördüğünüz çıkıntılı kapı saçağında olduğu gibi, Geç Barok ve Rokoko kapılarında çok zengin bir giriş mekânı oluşturmak için çok çeşitli bezeme detayları bir araya getirilmekteydi.

Saçağın üzerindeki balkonu taşıyan atlantlar diğer mitolojik figürlerle birleştirilmişti. Tablalı çift kanatlı kapılar bir üstlüğe, çeşitli deniz kabukları da drapelere bağlanmaktaydı.

Neoklasik

Alınlıklı saçak Neoklasik kapı tasarımının anahtar özelliğiydi. Bu tam ölçekli bir portik, ya da kapının üzerinde tek başına duran daha küçük ve daha sade bir saçak şeklinde olabilmekteydi. Sütunlarla tamamlanan saçaklarda genellikle, detaylı furuşları olan kornişler ve buna benzer belirgin bezemelerden yararlanılmaktaydı. Neoklasik kapılar genellikle tablalıydı. Altı tablalı düzenleme en yaygın olanıydı ve kapı genellikle üstündeki ve yanlarındaki camlı açıtlarla çevrelenirdi. İç mekânlarda da tablalı kapılardan yararlanılıyordu. Ancak genellikle bunların alçı ve benzer türde hassas malzemelerle yapılmış karmaşık bezemeleri vardı.

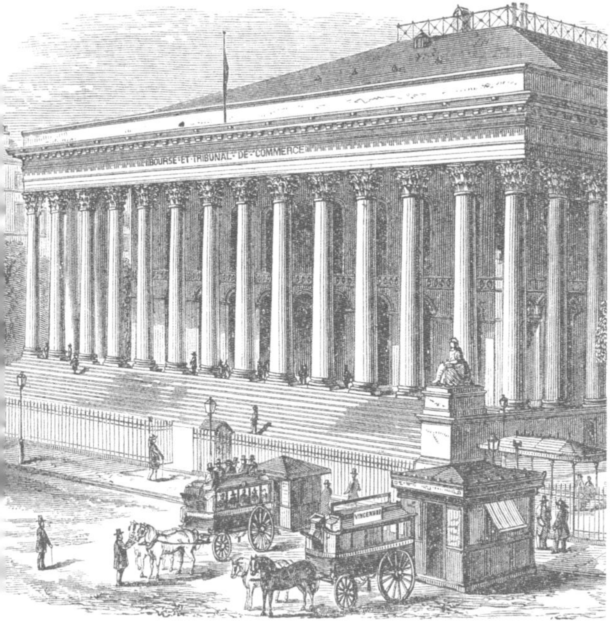

Korent portiği
Kalabalık bir kentsel yerleşim alanı içinde bulunan bir binanın devasa portiği, Antik dünyanın şanını anımsattığı gibi, bir görkem ve anıtsallık hissi de vermekteydi. Paris'teki 19. yüzyıl Borsa Binası'nın, boylu boyunca uzanan, Korent üslubunda bir portiği vardır. Giriş kapıları portiğin arkasında gizlenmişti.

Üstlük

Kapının üstünde yer alan kemerli pencereye üstlük denir. Bu tür pencerelerde genellikle ışınsal tasarımlar tercih edilmektedir. Bu Fransız Neoklasik örneğinde, kemerli başlığın altına merkezi bir madalyon yerleştirilmiş ve detaylı bir demir işçiliğine başvurulmuştur. Ancak daha sade ışınsal tasarımların da yaygın olarak kullanıldığı görülmektedir.

Hassas detaylar

İçteki dekorasyon genelde dıştakinden çok daha ayrıntılıydı. Bunun nedeni, hassas detayların iç mekânda daha sağlam kalabilmesidir. İç mekânda kullanılan bu Neoklasik kapının kulakçıklı bir arşitravı vardır. Tepesindeki frizde, ortasında madalyon bulunan bir büst yer almakta; her iki üst köşesinde oturan karyatitler, içinde menderes bezemesi bulunan bir korniş taşımaktadır.

Alınlıklı saçak

Bu kapı saçağı bir portik biçimlenmesini temel alır ve yanlardaki gömme sütunlarla birlikte ölçeğini küçülterek, evle arasında görsel bir bağlantı kurar. Sütunlar zemin kotundan yükseltilmiştir. Kullandığı öğeler arasında Korent sütunlar ve bir furuşlu korniş yer alır. Kapı altı tablalıdır.

Yan pencereler

ABD, Kentucky, Lexington'da 1814'te inşa edilen Hunt-Morgan Evi'nde, kapı açıtının yanlarında kullanılan dar pencereler bir üstlükle birleştirilmiştir. Palladyen düzendeki bir açıtla ilişkilenen bu düzenlemedeki üstlük, aslında, Palladyen düzendeki bir pencerenin üst kısmındaki kemerli bölüme kıyasla daha geniştir.

19. Yüzyıl

19. yüzyıl mimarlığında, diğer konularda olduğu gibi kapı tasarımında da, yeniden canlandırma üslubu bakımından geniş bir çeşitlilik göze çarpıyordu. Kapı, yeniden canlandırılması arzu edilen üslup için önemli bir bileşendi. Gotik Yeniden Canlandırma, özellikle kapı ve saçak tasarımı açısından gözde bir üsluptu. Çünkü bu üslubu çağrıştırmak için kemerli bir açıt yapmak veya vitray kullanmak yeterliydi. Fakat bazen Klasik detaylar da kullanılıyordu. Apartman, toptan satış mağazası ve fabrika gibi yeni bina türlerinde yeni giriş mekânlarına gereksinim duyulmaktaydı. Bunlar hem kullanıcı hem de araç girişi için yeterli genişlikte olmalı ve aynı zamanda büyük bir yapının görkemini yansıtacak şekilde tasarlanmalıydı.

Yeniden canlandırılmış Gotik saçak

Alçak taş duvarlar üzerinde yükselen ve yanları açık olan kapı saçağı, bu hımış kır evindeki Gotik Yeniden Canlandırma üslubunun önemli bir parçasıdır. Aslına bakılırsa bu tasarım, bir kilise saçağı örneği üzerine temellendirilmiştir. Girişin kendisinin dört merkezli bir açıtı vardır. Bu da örttüğü kapının bir yansımasıdır.

Porte-cochère

Porte-cochère, Fransız apartmanlarının en belirgin özelliklerinden biridir. Oldukça geniş olan kapılar, araçların üstü kapalı bir geçide girmesini sağlar. Her iki yanında bulunan kapılardan da konutların bulunduğu alanlara geçilir. Aynı terim, içinden bir taşıtın geçebileceği açık saçaklar için de kullanılmaktadır.

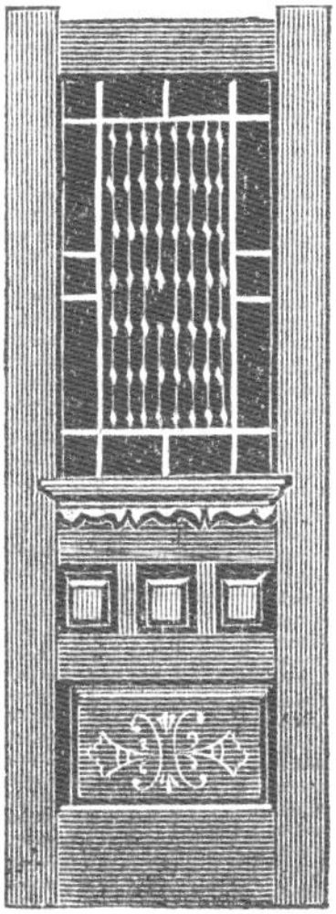

Yarı camlı kapı

Üst kısmı camlı, alt kısmı ahşap olan yarı camlı kapılar geç 19. yüzyıl ile erken 20. yüzyıl arasında çok revaçtaydı. Hem dış kapı hem de içerideki kapılar bu şekilde yapıldığında, ışık odalar arasında paylaştırılmış oluyordu. Bu örnekte asitli cam kullanılmıştı, ancak vitray camı da sıklıkla kullanılmaktaydı.

İçerlek saçak

Londra'daki, Geç Viktorya dönemine ait sıraevlere geçit veren kapılar içerlek saçaklar içinde düzenlenmişti. Böylece evin dış hizasını geçmeden açılabilen kapı, yağmurdan korunabilmekteydi. Saçaklar, Erken Gotik üsluptaki pilastrların üzerinde yer alan tek bir basık kemerle birleştirilmişti.

Art Nouveau giriş

Fransız Art Nouveau mimarı Hector Guimard (1867-1942) tarafından tasarlanan bir Paris binasına ait bu girişte, dökme demir ve camın strüktürel olanakları araştırılmış, son derece zarif ve kıvrımlı bir tasarım meydana getirilmiştir. Bu denli büyük camların kullanılması taşıyıcı metallerin kullanılmasıyla mümkün olmuştu.

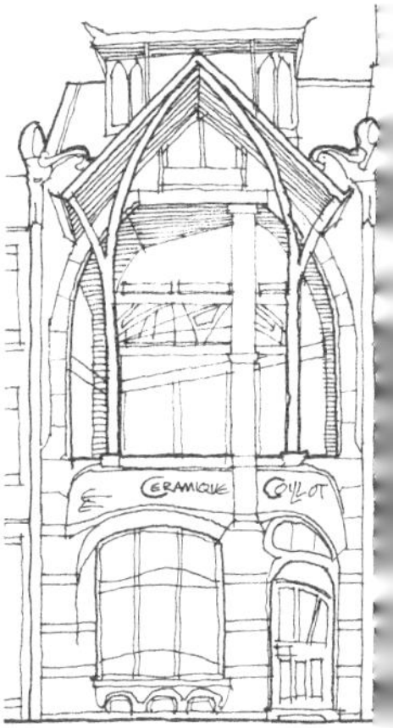

Modern

Yapım yöntemi bakımından, Yunan mimarlığının kemersiz (dikme ve lentolu) yapım sistemi ile giydirme cephe tekniği arasında bir benzerlik kurulabilir. Giydirme cephelerde de aynı şekilde, birleştirilmiş düşey ve yatay elemanlar kullanılır. Demek ki, Klasik portikler 20. yüzyıl mimarları için ciddi bir esin kaynağı olmuştur. Antik dünyada olduğu gibi 20. yüzyılda da, çok büyük binaların girişlerini bütünleştirmek için, kesintisiz kolon dizilerine sıklıkla başvurulur. Giydirme cepheli bina yapım tekniğinin ortaya çıkması ve cam panel üretiminin gelişmesi, tamamı cam kaplı cephelerin yapımını mümkün kılmıştır. Bu cephelerde kapılar da tamamen camdan yapılıyor, içerinin görülebildiği, ama kapının nasıl açılacağını anlamanın zor olduğu ilginç bir etki yaratılmış oluyordu.

Tamamı cam kaplı cephe
Londra'daki Peter Jones Çokkatlı Mağazası büyük bir çelik kirişle desteklenmekteydi ve tamamı cam kaplı olan ilk binalardan biriydi. Bu sadece kesintisiz cam pencerelerin yapımını değil, aynı zamanda kapıların da camlı olmasını sağlıyor, bu sayede potansiyel müşterilerin ilgisini binaya çekmek mümkün hale geliyordu.

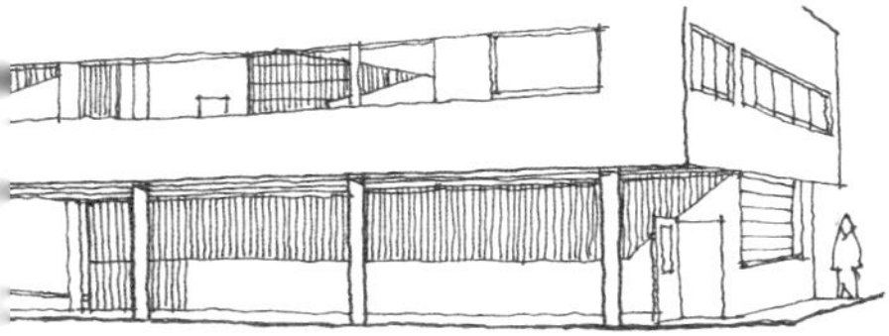

Kolonatlı cephe

Modernist mimar Le Corbusier tarafından 1928'de tasarlanan, Paris yakınlarındaki Villa Savoye'a nasıl girileceğini anlamak çok güçtür, çünkü saçağı yayalar için değil, araçlar için tasarlanmıştır. Araba, evi taşıyan kolonların arkasındaki özel bir rampalı girişten geçer.

Toskana saçağı

Bu erken 20. yüzyıl banliyö evinin kapı saçağı, dış mekânda bir yaşam alanı olarak tasarlanmıştı. Kapı saçaklarında yaygın olarak kullanılan Toskana üslubundaki sütunlar burada da kullanılmıştı. Bunun nedeni, kısmen İtalyan Rönesansı'ndaki localarla ilişkilendirilmeleri, kısmen de basit ve ucuz olmalarıdır.

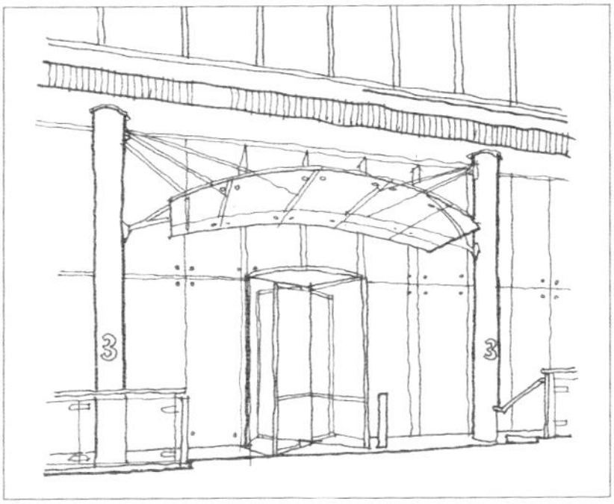

Cam markiz

Girişin üzerinde çıkıntı yapan cam markiz, Londra'daki ofis binasının tamamı cam kaplı olan cephesine eklemlenmektedir. Bir döner kapı ile yangın kaçışı için yapılan yanlardaki kanatlı kapılar, içerideki ofislerle hem görsel hem de fiziksel anlamda bir bağ kurmaktadır.

Bütünleşik cephe

New York, Lincoln Center'daki konser salonunun cephesindeki taşıyıcı elemanlar, Antik Yunan örneklerinden esinlenilmiş kolonatlı bir giriş meydana getirmektedir. Bir Klasik tapınakta olduğu gibi, bütünleşik bir cephe içinde, binaya birden çok yerden erişim olanağı sağlanmaktadır.

PENCERELER

Giriş

'Pencere' için İngilizcede kullanılan *window* terimi, Eski Nors dilindeki *wind eye* yani 'rüzgâr gözü' ifadesinden gelmektedir. Pencere, binanın en önemli öğelerinden biridir. İçeriye ışık ve hava girmesini sağlamakla kalmaz, tıpkı bir göz gibi, binaya karakter verir. Pencere üslupları zaman içinde önemli oranda değişmiştir. Bu farklı üslupları tanımak, bir binanın yaşını belirlemek için iyi bir yöntem olabilir. Bu bölümde, bu alanda kaydedilen önemli gelişmeler gözden geçirilecektir. Ama sakın pencerelerin değiştirilebilir olduğunu unutmayın. Binanın en kolay değişebilen öğesi penceredir. Tarih boyunca insanlar binalarını bu yolla yenilemişlerdir.

Yenileme
Uyumsuz üsluplar bir değişikliğin işareti olabilir. Örneğin İngiltere, Wiltshire, Devizes'teki St. John The Baptist Kilisesi'nin kulesinde, en altta yer alan pencerelerin iç kısmında Dikey Gotik üslubunda girişik bezemeler varken, dış kısmını ağır bir Romanesk bezeme çevrelemektedir. Bu da girişik bezemelerin daha ileri bir tarihte, pencereler yenilenirken yapıldığını göstermektedir.

Dikey sürme pencere

Dikey sürme pencere, 18. ve 19. yüzyıllarda İngiliz ve Amerikan mimarlığının karakteristik bir öğesiydi ve muhtemelen İngiliz bilim adamı Robert Hooke (1635-1703) tarafından icat edilmişti. Pencere kanatları düşeyde birbirinin üzerine sürülür. Dikey sürme pencerenin bağımsız kanatları, ahşap pencere kayıtlarıyla daha küçük parçalara ayrılabilir.

Sınır taşı

Bu Romanesk pencerede görüldüğü üzere, bir taş veya tuğla binanın içinde yer alan pencereler genellikle kısa ve uzun taş veya tuğla bloklarla çevrelenir. Pencere kanadı kaldırılıp boşluğu doldurulursa, bu 'sınır taşı' genellikle olduğu yerde kalır. Bu da pencerenin önceki durumu hakkında bize bir ipucu verecektir.

Kanatlı pencere

Kanatlı pencere Gotik ve Rönesans dönemlerinde yaygındı. Avrupa'da popülerliğini bugün de sürdürmekte, Modern binalarda yaygın olarak kullanılmaktadır. Kanatlı pencerenin menteşeleri yanlarda, üstte veya altta olabilir. Bu pencerenin kanatları, bir küçük camlı kapı gibi dışa açılabilir.

Çatı penceresi

Bir binanın çatısından, kendine ait küçük bir çatıyla dışarı çıkan çatı pencereleri, genel yüksekliği değiştirmeden ek yaşam alanları oluşturur. Bu 18. yüzyıl çatı penceresinin Palladyen düzende yapılmış bir sürme penceresi vardır. Öte yandan bu dönemde, kanatlı pencere de yaygın olarak kullanılmaktaydı.

Yunan ve Roma

Yunan ve Roma pencerelerinin dikdörtgen açıtları, tıpkı ait oldukları binalar gibi, genellikle lentolu (dikme ve lento) yapım sistemi kullanılarak yapılırdı. Genelde içe doğru eğim verilerek yapılan çevirmeleri, hem lentoyu daha iyi taşımakta, hem de cazip bir biçimlenme meydana getirmekteydi. Tapınak gibi bazı Klasik yapıların çok az penceresi vardı. Bu binalar pencere yerine nişlerle süslenirdi. İçinde heykellerin yer aldığı nişler genellikle küçük bir alınlıkla bitirilirdi.

Penceresiz bina
Burada gördüğünüz, Fransa, Nîmes'deki Maison Carrée'de olduğu gibi, çoğu Yunan ve Roma tapınağının sellasında pencere bulunmazdı. Neoklasik dönemde, tapınak biçimlerini pencereli binalara uyarlamaya çalışmak mimarlar için sıkıntılı olmuştu.

Vitruvius düzeni

Vitruvius düzeninde yapılan pencerelerin, Atina'daki Erechtheion Tapınağı'nda olduğu gibi, üst kısımlara doğru daralan bir geometrisi vardır. Son derece sade olan çevirmesinin üst köşelerinde küçük, çıkıntılı kulakçıklar yer almaktadır. Bu pencere düzeni Neoklasik mimarlığın bir karakteristiği haline gelmişti.

Tivoli

Roma, Tivoli'deki Vesta Tapınağı'na (yak. MÖ 80) ait bu pencere Erechtheion Tapınağı'ndaki pencereye benzer. Ancak burada kulakçıklar hem üstte hem de alttadır. Andrea Palladio tarafından yeniden canlandırılan bu biçimlenme Rönesans, Barok ve Neoklasik dönemlerde çok etkili olmuştu.

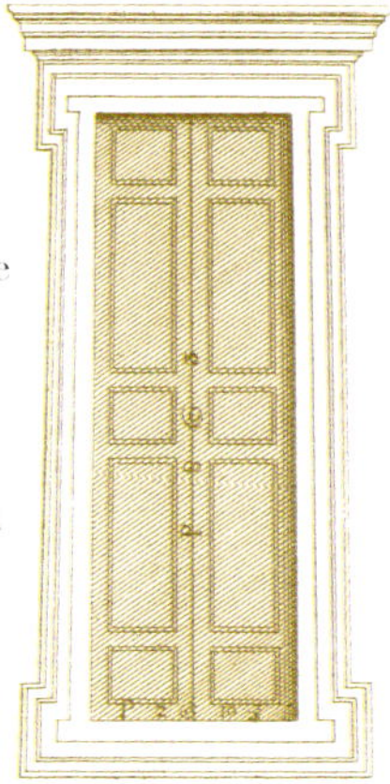

Niş

Pek çok Roma yapısında pencere yerine (veya yanı sıra) benzer şekilde biçimlendirilmiş nişler vardı. Niş, içinde heykeller barındırabildiği gibi, sadece bir dekorasyon öğesi olarak da kullanılmaktaydı.

İyileştirilmiş aydınlatma

Hıristiyanlıkta, inananların ayin sırasında iyi bir görüş kalitesine sahip olması çok önemsenmekteydi. Dolayısıyla Erken Hıristiyan kiliseleri eski tapınaklardan daha iyi aydınlatılıyordu. Roma'daki (Eski) San Pietro Bazilikası'nın apsitinde ve yan sahınlarında pencereler bulunmaktaydı. Yüksek tepe pencereleri ise ortadaki nefe ışık taşıyordu.

Romanesk

Romanesk pencereler genellikle beşikkemer kullanılarak yapılır ve ortaya yarım daire kemerli pencereler çıkardı. Strüktürel endişeler nedeniyle çoğu Romanesk pencere küçük tutulurdu ve tek başına ya da küçük gruplar halinde kullanılırdı. Daha büyük ve yüksek pencereler, sivri kemerin geliştiği ve yapı ustalarının taş yapıların strüktürel özellikleri konusunda kendilerine olan güvenlerinin arttığı Erken Gotik dönemde ortaya çıkmıştı. Bu ilk Gotik pencereler yüksek, ince mızrakucu pencerelerdi. Ancak çok geçmeden gruplar halinde, farklı boyut ve şekillerde kullanılmaya başlanacak; bu da 13. yüzyılda, daha detaylı olan girişik bezemeli pencerelerin önünü açacaktı.

Geniş aralıklı, yarım daire kemerli pencereler
Almanya'da inşa edilmiş bir geç 12. yüzyıl yapısı olan Worms Katedrali'nin tipik bir Romanesk cephesi vardır. Geniş aralıklarla yerleştirilen yarım daire kemerli pencerelerde girişik bezeme yoktur. Transeptlerin biraz daha dekoratif olan üçlü pencerelerindeki aralıklar bile, dayanma ayağı olmayan duvarların mukavemetinden ödün vermemek için hayli geniş tutulmuştur.

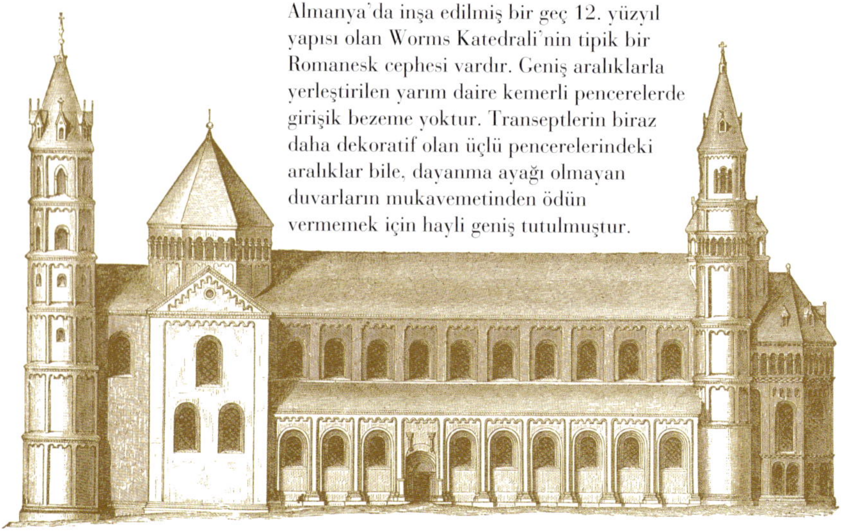

Kırıkçubuk bezemesi
İngiltere, Winchester'daki St. Cross'ta bulunan bu pencereye, her iki yanındaki sütunçeler ve üstündeki kırıkçubuk bezemeyle, dikkat çekici bir görünüm verilmiştir. Pencere, küçük bir açıttan içeriye daha fazla ışık alabilmek için, derin bir şevin içine yerleştirilmiştir.

Mızrakucu
Bisturiye benzeyen ve iç bölümlenmesi olmayan bu yüksek, ince ve sivri uçlu pencereye mızrakucu denir. Mızrakucu pencere, girişik bezemenin henüz geliştirilmediği geç 12. ve erken 13. yüzyıllardaki Erken Gotik mimarlığın karakteristik bir öğesiydi.

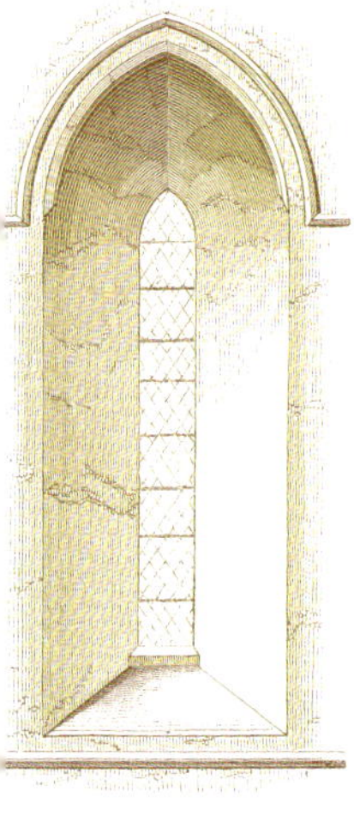

Şevli pencere
Binanın içine daha fazla ışık alabilmek için pencere açıtının iç kenarlarına eğim (şev) verilebilir. Şevli pencere, pencerelerin hâlâ çok küçük olduğu Romanesk ve Erken Gotik dönemlerde çok revaçtaydı. Işığı binanın belirli bir kısmına yöneltmek için, şevin kendisine de ayrıca eğim verilebilir.

Basamaklı mızrakucu
13. yüzyılın başlarına ait olan bu üç dilimli mızrakucu pencere grubunun ortasındaki pencere, diğerlerinden biraz daha fazla yükseltilerek, basamaklı bir düzenleme oluşturulmuştur. Beşli olarak da düzenlenebilen basamaklı mızrakucu pencereler, açıtlar arasındaki taş miktarını önemli ölçüde azalttığı için, girişik bezemeli pencere kayıtlarının geliştirilmesi yönünde atılmış ilk ciddi adımdır.

Gotik

Gotik dönemin pencereleri sivri kemerler, renkli camlar ve girişik bezemeli pencere kayıtlarıyla karakterize olmaktaydı. Açıtların, duvar yüzeyine açılan delikler gibi göründüğü girişik bezemeli levhalar 13. yüzyılda geliştirilmişti. Ancak çok geçmeden yapı ustaları, birbiriyle kesişen kemer ve kavisleri kullanarak daha açık girişik bezemeli pencereler yapmanın mümkün olduğunu fark ettiler. İlk girişik bezemeli pencere kayıtlarında kemer, daire ve üçyaprak gibi geometrik şekiller kullanıldı. Fakat 14. yüzyılda ters-S şeklindeki armudi kavislerin ortaya çıkmasıyla birlikte, daha karmaşık ve kıvrımlı desenlerin önü açılmış oldu. Girişik bezemeli pencere kayıtları vitraylarla tamamlanıyordu.

Girişik bezemeli gülpencere
Bu dairesel gülpencerede, 13. yüzyılın ortalarında kullanılmakta olan girişik bezemeli levhanın yerini alan ve çok detaylı desenlerin geliştirilmesini sağlayan girişik bezemeli pencere kayıtları vardır. Yapı ustaları pencereyi, içinde camlı açıtları olan masif bir yüzey olarak ele almaktan vazgeçtiler. Cam ön plana çıktı ve taş, camın ortasında yer alan bir işlemeye indirgenmiş oldu.

Girişik bezemeli levha

Bir girişik bezemeli levha pencereye ait açıtlar, duvarın delinmesiyle meydana getirilmiş gibi görünür. Fransa'daki Chartres Katedrali'nde yer alan bu girişik bezemeli levha pencerede (dairesel gülpencere), dörtyapraklı şekiller tarafından çevrelenmiş çok yapraklı bir daire yer almakta, altındaysa iki tane mızrakucu pencere bulunmaktadır. Cazip bir düzenleme içinde, sanki çok sayıda bağımsız pencere bir araya getirilmiş gibi bir etki yaratılmıştır.

Vitray

Fransa, Auxerre'deki bu 13. yüzyıl örneğinde olduğu gibi, vitray pencereleri, farklı renklerdeki küçük cam parçalarıyla yapılıyor ve kurşun kayıtlarla tutturuluyordu. Gotik dönemin karakteristik bir özelliğiydi ve genellikle mucize öyküleri, azizlerin figürleri ve geometrik bezemeler resmedilmekteydi.

Ağsı girişik bezeme

İngiltere, Reading'deki manastıra ait bu pencerede, içe ve dışa doğru kıvrımlanan armudi kavisler, birbirinin içine geçen ağsı bir desen meydana getirerek bezemeye ismini verir. Ağsı girişik bezeme özellikle 14. yüzyılda çok revaçtaydı.

Lucarne pencere

1400 dolaylarında İngiltere, Northamptonshire, Wilby'de inşa edilen bu örnekte görüldüğü gibi, Gotik dönemin sivri kuleleri genellikle, *lucarne* olarak bilinen çatı pencereleriyle süslenmekteydi. *Lucarne* esas olarak dekoratifti, ama aynı zamanda iç mekânın havalanmasını ve içeride yapılacak onarımlar için ışık almasını sağlıyordu.

Geç Gotik

Geç Gotik dönemde girişik bezemeler son derece karmaşık, akıcı armudi kavislerle ayrıntılı bir hale gelmişti. Özellikle İngiltere'deki örneklerde, pencerenin baş kısmında yer alan armudi bezemeler, kesişen düşey ve yatay kayıtlarla birleştirilerek bölüntülü bir görünüm meydana getiriliyordu. İtalya'da Rönesans 15. yüzyılda başlamıştı, ancak Gotik Kuzey Avrupa'da 16. yüzyıla kadar sürmüştü. Öte yandan yeni Rönesans motifleri eski Gotik biçimlere karışarak yayılmaya başlamıştı. Bunun sonucu olarak, ne tam Gotik ne de tam Rönesans'a ait olan motifler oluşmuştu. Bunların arasında, ayrıntısı çok az olan veya hiç olmayan ve Rönesans etkisi taşıyan daha basit girişik bezemeler de vardı.

Alevli ağbezek
Geç Gotik dönem boyunca, karmaşık ve akıcı desenler oluşturmak için armudi kavisler kullanılmıştı. 1450 dolaylarında Fransa, Dinan'da yapılan St. Mary'nin penceresinde bunun örnekleri mevcuttur. Özellikle gözyaşı damlasıyla karakterize olan bu bezemeye 'alevli ağbezek' adı verilir. Kimi yerlerde 'kıvrık' ya da 'dalgalı' ağbezek diye de geçer.

Dikey girişik bezeme

Geç Gotik İngiliz mimarlığı, Dikey üslup olarak bilinmektedir. Bu ismi, yatay ve düşey kayıtların, burada görüldüğü gibi, dikaçıyla birleştirilmesi sonucu ortaya çıkan karakteristik bölümlenme etkisinden alır.

Yağmurluk silmesi

Bu erken 16. yüzyıl İngiliz penceresinin dört köşeli başlığı, yatay bir kayıtla ayrılmış iki sıra basık sivri kemerli açıtı kuşatmaktadır. Pencerenin çevresinde ise bir yağmur silmesi vardır. Bu yükseltilmiş, üç kenarlı bant, camı yağmurdan korur, genellikle dekoratif bir bitimi vardır.

Yuvarlak hatlı girişik bezeme

Kuzey Avrupa'daki Erken Rönesans döneminde eski biçimler ayıklanmış ve beşikkemer gibi eski motifler yeniden devreye girmişti. Paris'teki Saint-Eustache Kilisesi'ndeki (yapımına 1532'de başlanmıştır) yarım daire kemerli pencerelerin bölmeleri yuvarlak hatlıydı. Armudi biçimler eski dönemlerdeki detaylardan arınarak, güçlü ve akıcı kavisler meydana getiriyordu.

Rönesans ve Gotik karışımı

Burada gördüğünüz, Fransa, Nogent-sur-Seine'deki Saint-Laurent Kilisesi'nin 16. yüzyıla ait penceresinde Gotik ve Rönesans biçimleri birlikte kullanılmıştır. Pencerenin genel görünümü Gotik'in kalıcı etkisini sürdürmektedir; keza içindeki yüksek düşey kayıtlar da. Fakat çevirmesi, Rönesans etkisi taşıyan dekoratif motifler sergilemektedir.

Rönesans

İtalya'da Erken Rönesans pencereleri genellikle çifte kemerliydi (ikiz açıt). Daha büyük bir açıt içinde yer alan iki yarım daire kemerli açıt biçimlenmesi aslında çok daha önceki Gotik biçimlerden gelmekteydi. Öte yandan, Antik Roma'dan türetilmiş ve içinde alınlık, korniş, Klasik düzendeki sütun ve pilastrların bulunduğu biçimler giderek egemen olmaya başlamıştı. Bir saçaklığın içine oturtulmuş Roma kemeri biçimindeki pencereler de revaçtaydı. Rönesans geliştikçe pencereler de giderek dört köşeli olmaya ve bir alınlıkla (açıtın üzerine yerleştirilen küçük, dekoratif kalkan duvarları) tamamlanmaya başlandı. Kuzey Avrupa'da düşey ve yatay kayıtlar yaygın olarak kullanılmaya devam edildi. Ancak orada da dikdörtgen biçimler ve alınlıklar çoğalmıştı.

Almaşık alınlıklı
Roma'daki San Pietro'nun doğu ucunda yer alan alınlıklı dikdörtgen pencerelerle, yine alınlıkla bitirilen dairesel nişlerin bileşimi bir çeşitlilik oluşturmakta ve ilgi çekmektedir. Tepe penceresi yatay dikdörtgen şeklindedir ve bezemeli bindirmeler üzerinde yer alan kornişleri ortaya çıkarmaktadır.

Kemerli

Bir 15. yüzyıl yapısı olan, Venedik'teki Scuola Grande di San Marco'nun pencereleri Roma kemeri biçimindedir ve bir mimari çerçeve içinde kurgulanmıştır: Pilastrların taşıdığı saçaklığın üzerinde bir alınlık yükselmektedir. Yarım daire kemerli nişler ve dairesel kalkan duvarlarıyla birleştirilmiş olan bu yapıda Gotik'ten geriye pek bir şey kalmamıştır.

Çifte kemerli

16. yüzyılın başlarında yapılan bu Venedik sarayının pencereleri çifte kemerliydi (ikiz açıt). Bir büyük beşikkemer, iki yarım daire kemerli pencereye bölünmüş ve bir madalyonla taçlandırılmıştı. Bu biçimlenme Venedik kemeri olarak da bilinmekteydi ve bu dönemde hem İtalya'da hem de Kuzey Avrupa'da çok revaçtaydı.

Düşey ve yatay kayıt

Geç 16. yüzyılda pencereler genelde dikdörtgen biçimindeydi ve birbiriyle kesişen düşey ve yatay kayıtlar sayesinde bunlar çok sayıda göze ayrılıyordu. Wiltshire'daki Longleat (1570'ler) gibi, İngiliz Rönesansı üslubundaki büyük konutların, sahiplerinin zenginliğini sergileyen sayısız büyük penceresi vardı.

Çıkma pencere

Cephede kesintiler meydana getiren ve bitişik kulelerin bir yansıması olan yüksek çıkma pencereler, Rönesans'taki saray ve malikâneler için karakteristikti. 16. ve 17. yüzyıllar arasına tarihlenen, Danimarka'daki Fredricksborg Şatosu'nda, kalkan duvarlarının yer aldığı cephelerde kavisli, ana cephede ise dört köşeli çıkma pencereler yer almaktadır.

Barok ve Rokoko

Barok mimarlıkta diğer pek çok özellik ve bileşen gibi pencereler de Rönesans üzerine temellenmişti, ancak Barok pencereler biçimsel çeşitlilik ve özellikle kavislerin kullanılış şekli bakımından çok daha ayrıntılıydı. Bu pencerelerde egemen motif alınlıktı. Tepe noktası ya da tabanı kırma olanlar gibi yeni tür ve biçimlerde alınlıklar geliştirilmişti. Geç Barok ve Rokoko dönemlerinde alınlıklar son derece detaylı hale geldi. Oval biçimli *oeil-de-boeuf* (öküz gözü) gibi yeni pencere türleri ortaya çıkmıştı. Benzer şekilde kaba yonu, şeritli duvar örgüsü ve iri kilittaşlarından yararlanan yeni çevirme türleri geliştirilmişti.

Barok birleşimler
Geç Barok dönemin karakteristiği olan çeşitlilik ve yaratıcılık Salzburg'daki Kollegienkirche'nin pencerelerinde gözler önüne serilmektedir. Ana apsit ve kule pencerelerinde, karmaşık alınlıklar ile, kilittaşı belirgin olan yarım daire kemerler birleştirilmiştir. Ayrıca nef ve kubbenin tepe pencereleri ovaldir.

Kırma tabanlı alınlık

Bir 16. yüzyıl yapısı olan, Fransa, Dijon'daki Hôtel de Vogüé'ün penceresinde bir kırma tabanlı alınlık kullanılmıştır. Alınlığın alt kısmında bırakılan açıklığın içine, kırlantlarla çevrilmiş bir kadın büstü yerleştirilerek ayrıntı düzeyi daha da artırılmış ve zengin bir görünüm elde edilmiştir.

Oeil-de-boeuf

Barok dönemde oval ya da dairesel pencereler revaçtaydı. *Oeil-de-boeuf* (öküz gözü) adı verilen pencereler genellikle bezemeli bir çevirmeyle kuşatılmaktaydı. En çok binaların, kalkan duvarı, tepe penceresi ve çatı gibi, binanın üst kısımlarında kullanılmakta, sıradışı biçimiyle binaya ek bir görsel cazibe kazandırmaktaydı.

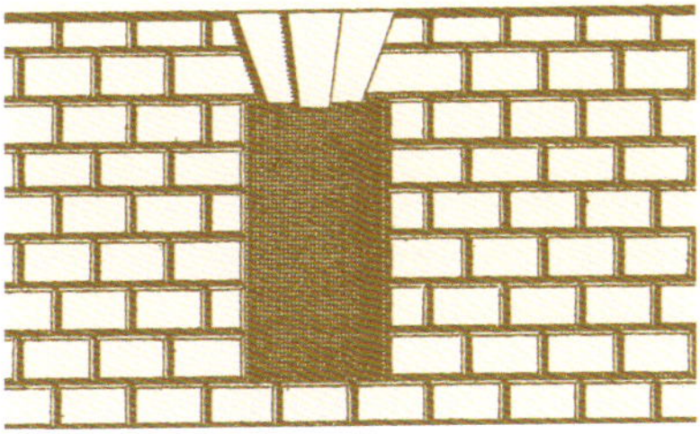

Sarkıtma kilittaşı

Bu pencerede üç iri kilittaşı kullanılmıştır. Kilittaşlarının alt kenarı pencere çerçevesi hizasının altına inmektedir. Sarkıtma kilittaşı Barok üslubun yaygın bir öğesiydi. Pencere başlığına vurgu getirmekteydi ve belirgin bir kaba yonu çevirme içinde yer almaktaydı.

Fransızpenceresi

Fransızpenceresi, döşemeye kadar inen ve bir kapı gibi içinden geçilerek terasa ya da balkona çıkılabilen kanatlı bir penceredir. Paris'teki Place Royale gibi Fransız Rönesansı ve Barok binalarından türemiş olup, günümüzde çok daha sıradan konut cephelerinde yaygın olarak kullanılmaktadır.

Palladyen

İtalyan Rönesans mimarı Andrea Palladio'nun 16. yüzyılda yaptığı çalışmalar, bu çalışmaların yer aldığı eserlerinin yayımlanmasıyla birlikte 18. yüzyılda büyük yankı uyandırdı. Bunu en çok pencere tasarımlarında gözlemlemek mümkündü. Palladio'nun ilk kez kendi tasarımlarında kullandığı pencere düzenleri 18. ve 19. yüzyıl Neoklasik mimarlığının anahtar öğesi olmuştu. Onun ismini alan (Palladyen) pencere düzeninde bir merkezi beşikkemerli açıt bulunmakta ve bu açıt, daha küçük iki dikdörtgen açıtla çevrelenmektedir. Yan açıtların saçaklığı merkezi kemeri taşımaktadır. Palladio, *Diocletian* adı verilen pencere düzeninden de yararlanmıştır. Açıtı yarım daire şeklinde olan *Diocletian* pencere düzeni, yaygın olarak, kalkan duvarı ve tepe penceresi gibi, üst hizalardaki yapı bileşenleri içinde kullanılmaktaydı.

Çoklu Palladyen birleşimler

Londra'da inşa edilmiş bir erken 18. yüzyıl yapısı olan Burlington Evi'nde, temel Palladyen ve Neoklasik pencere biçimlerinden yararlanılmıştır: Alt katın çevirmesi kaba yonuyla yapılmış, belirgin sarkıtma kilittaşları kullanılmıştır. Yanlarda Palladyen düzende yapılmış pencereler bulunmaktadır. Ortada ise sivri ve yarım daire kemerli alınlıklar almaşık bir düzen içinde konumlanmaktadır.

Palladyen pencere

Andrea Palladio tarafından yaygınlaştırılan Palladyen pencere düzeni Neoklasik dönemde son derece revaçtaydı. Merkezde yer alan yarım daire kemerli açıtın iki yanında daha küçük düz açıtlar, pencere ve saçaklıklar vardı. Kapılar da aynı yöntemle yapılabiliyordu.

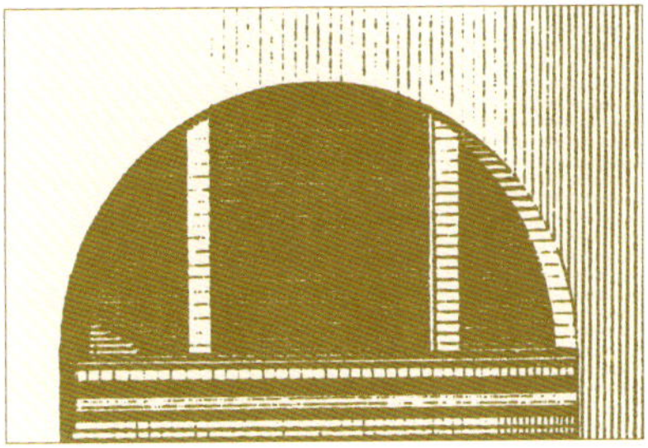

***Diocletian* pencere**

Genellikle iki düşey kayıtla üç altbölüme ayrılmış yarım daire pencereler (burada görüldüğü gibi) *Diocletian* pencere olarak bilinir. Bu isim, Diocletianus'un Roma'daki erken 4. yüzyıl hamamlarından (*thermae*) gelmektedir. Neoklasik binalardaki kalkan duvarlarında ve tepe hizalarındaki diğer açıtlarda yaygın olarak kullanılmıştır.

Palladyen etki

Palladio'nun tasarımlarının 18. yüzyılın sıradan konut tasarımları üzerindeki etkisi büyük olmuştu. Bu da Georgian (İngiliz) ve Kolonyal (Amerikan) gibi üslupların önünü açmıştı. Kutu şeklindeki dikdörtgen plan şeması ve eğimli çatılar revaçtaydı. Ayrıca, buradaki örnekte zemin katta görülen Palladyen pencere ve alınlıklar da yaygın olarak kullanılmaktaydı.

Rüstik çevirme

Londra'daki bu erken 18. yüzyıl konutunun pencereleri, kaba yonuyla yapılmış olan (rüstik) arkatların içine yerleştirilmiştir. Zemin kattaki arkat daha sadeyken, üst katta saçaklık ve pilastrlardan meydana gelen ilave bir çerçeve yer almaktadır. Burada gösterilmiyor, ama açıtların içinde sürme pencereler kullanılmış olmalı.

Neoklasik

Geç 18. ve erken 19. yüzyıl Neoklasik dönemde Rönesans, Barok ve Palladyen dönemlere hâkim olan Roma etkisindeki biçimlerin yerini Yunan biçimlerinin aldığı görülür. Özellikle portik ve kesintisiz kolonatlar anahtar biçimlerdir, ancak bu bir soruna yol açacaktır: Yunan tapınaklarında pencere yoktu. Dolayısıyla Neoklasik dönemin mimarları portiği kullanarak iç mekâna doğal ışık sağlamanın bir yolunu bulmaya çalışacaklardır. Dikdörtgen sürme pencere en yaygın olarak kullanılan pencere türüdür ve cephede göze hoş gelen oranlar elde etmek için genellikle farklı boyutlarda yapıldıkları görülür.

'Işıltılı' kolonat
1818-21 yılları arasında Berlin'de yapılan, Friedrich Schinkel'in Schauspielhaus (tiyatro) binasında, bu büyük mimarın, genellikle penceresiz olan Klasik tapınak biçimini çok sayıda pencereye gereksinim duyan bir binayla birleştirme meselesiyle nasıl başa çıktığını görüyoruz. Mimar bunu, esasen bina cephesinde bulunan, ama kolonatlarla gizlenen pencerelerle (yani bir anlamda 'ışıltılı' kolonatlar oluşturarak) başarmıştı.

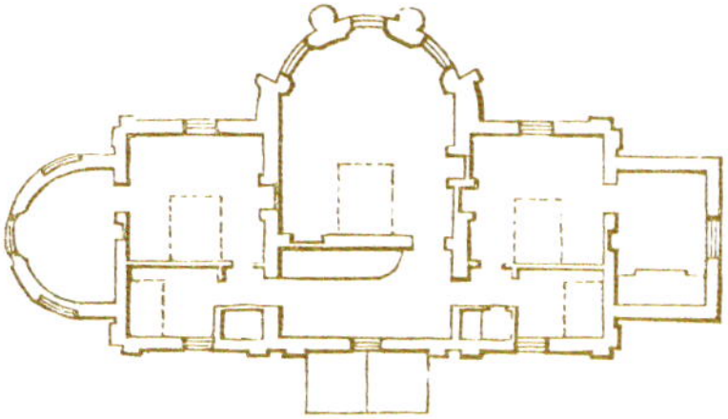

Sürme pencere
New York City'deki, yıkılan Apthorpe Evi'nin (1762'de yapılmıştır) zemin katında, üzerinde alınlık bulunan dikdörtgen sürme pencereler, üst katında ve çatısında ise daha küçük, kare sürme pencereler vardı. Pencere boyutları odaların yapısına ve konumuna bağlıydı, evin üst kısmındakiler en küçükleriydi.

Eğrisel çıkma pencereleri
Yarım daire planlı çıkmanın eğrisel pencereleri hoş ve zarif bir dış görünüş meydana getirir. Eğrisel çıkma pencereleri geç 18. ve erken 19. yüzyıllarda özellikle revaçtaydı ve sahip olduğu kavisin aynısı bazen iç mekânda ters yönde tekrarlanarak bir oval oda oluşturulurdu.

Neoklasik motifler
1800 dolaylarında Massachusetts, Salem'de yapılan bu ev, 18. yüzyılda yaşamış olan İskoç mimar Robert Adam'dan izler taşıyor ve tipik Neoklasik motifler içeriyordu. Alttaki pencereler bir sağır arkat içine yerleştirilirken, üsttekiler pilastrların oluşturduğu çerçeve içinde yer alıyordu. En üst kattaki küçük kare pencereler dönemi için tipikti.

Neoklasik villa
Bu erken 19. yüzyıl İngiliz villasının tapınak üslubundaki Neoklasik kabuğunda yer alan sürme pencereler, binanın gerçek işlevini ortaya çıkarır. Mimarlar portiği ön cepheyle birleştirmeyi tercih etmekteydi, çünkü iç mekânda iyi bir ışık yakalamak böyle daha kolay oluyordu.

Viktorya Dönemi

Viktorya dönemi, bir dizi yeniden canlandırma üslubunun yanı sıra, farklı dönemlere ait özellikleri bir araya getiren çeşitli karma üslupların egemenliği altındaydı. Temel pencere modeli sürme pencereydi. Ancak sivri kemer gibi farklı biçimler kullanılarak Gotik Yeniden Canlandırma üslubuna gönderme yapılabiliyor ya da Kraliçe Anne tarzını simgeleyen farklı örüntülerde pencere kayıtları kullanılabiliyordu. Çıkma pencereler özellikle revaçtaydı. 19. yüzyılın ortalarında, eğim verilmiş çıkma pencereler yaygın olarak kullanılıyordu. Geç 19. ve erken 20. yüzyıllarda, eğimli olanların kullanımı sürdü, ama daha düz ve dört köşeliler en yaygın olanlarıydı.

Balkonlu çıkma pencere
Çıkma pencere, şehir içindeki sıraevlerde (bitişik nizam) çok yaygındı. Çünkü sınırlı bir alanda, çok fazla ek alan kullanmaya gerek bırakmadan ışık miktarını artırmayı sağlıyordu. Ayrıca uzun ve sıkıcı olabilen sokak cephesine çok daha hoş bir ritim katıyordu.

Sayvan

18. ve 19. yüzyıllarda yapılan evlerde pencerelerin üstünde bazen bunun gibi, ahşap sarkıtma saçağına (sayvan) benzeyen çerçeveler kullanılmaktaydı. Bu çerçeveler hem dekoratifti, hem de dışta kullanılan ve o dönemde hayli popüler olan gölgeliğin bağlantı parçalarını taşıyordu.

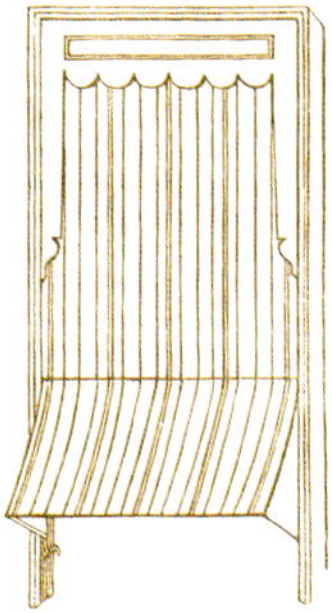

Gotik sürme pencere

Gotik Yeniden Canlandırma döneminde Gotik üslupta sürme pencereler yapılmaktaydı. Bu örnekte, geleneksel sürme pencerelerle birleştirilmiş çeşitli sivri ve armudi başlıklar ve yağmurluk silmeleri kullanılmıştır. Sürme pencereler bir konuta, yapım yöntemini kökten değiştirmeye gerek bırakmadan üslup lezzeti katar.

Kraliçe Anne tarzında çıkma pencere

Genellikle binanın üst kısımlarında kullanılan ve küçük kare ve dikdörtgen bölmelerle oluşturulan geometrik örüntülü pencereler, Kraliçe Anne tarzının önemli bir dekoratif bileşeniydi. 19. yüzyıl sonlarında revaçta olan bu bileşenin erken 18. yüzyıl İngiliz Kraliçe Anne tarzıyla hiçbir ilgisi yoktu.

Yekpare camlı sürme pencere

Buradaki sürme pencere kanadının içinde, kayıtlarla bölünmemiş tek bir cam levha kullanılmaktadır. 19. yüzyılın ortalarından itibaren kullanılmaya başlanan bu düzenleme bugün de geçerliliğini koruyor. Bu tür geniş açıklıklı pencereler yapmak, cam yapım teknolojisindeki gelişmeler sayesinde daha büyük cam panellerin üretilmesiyle mümkün olabilmiştir.

Ticari

Geniş camlı modern dükkân penceresi oldukça yeni bir buluştur. Antik dünyada satış noktaları vardı. Hatta Yunanlıların *stoa* adı verilen alışveriş merkezleri vardı. Fakat bunlar, arkadaki kilitli depo alanlarıyla birlikte daha çok pazar tezgâhlarına benziyordu. Ortaçağ'da bu amaca yönelik olarak yapılmış ahşap kepenkli dükkânlar, kasaba ve şehirlerde yaygınlaşmaya başlamıştı. 18. yüzyılda cam yapım tekniklerindeki ilerlemeler, camlı dükkân cephelerinin gelişimiyle sonuçlandı. 19. ve 20. yüzyıllarda ortaya çıkan cam paneller ve giydirme cephe yapım teknikleri sayesinde, tamamen cam kaplı dükkân pencereleri yapmak mümkün hale geldi.

Ortaçağ dükkân penceresi
Ortaçağ'daki dükkânların penceresi yoktu. Onun yerine, burada gördüğünüz Geç Ortaçağ Fransız örneğinde olduğu gibi, dükkânlar, açıldığında üstte bir gölgelik, alttaysa bir tezgâh meydana getiren kepenklerle kapatılıyordu. Gece olduğunda, hırsızlardan korunmak için kepenkler kapatılıp kilitlenirdi.

Eğrisel çıkmalı dükkân penceresi
Londra'daki bu eğrisel çıkmalı dükkân penceresi, bir zamanlar çok yaygın olan ve yapımı cam yapım tekniklerindeki gelişmelerle mümkün hale gelen 18. yüzyıl cephe düzenlerinin ayakta kalan ender örneklerinden biridir. Pencere kayıtlarıyla tutturulmuş camları kavislidir. Pencerenin altında kalan bölüm ahşaptır.

Kraliçe Anne tarzında dükkân cephesi
Bu tipik 19. yüzyıl dükkân cephesinin merkezi bir kapı vardır. Alt kısımda, tezgâh yüksekliğinde bir bant yer alır. Bunu büyük cam panelli bir vitrin penceresi takip eder. Kraliçe Anne tarzında yapılmış olan, en üstteki dekoratif bölüm, sergilenen malları iyi bir şekilde göstermeye yetecek kadar yüksektir.

Kesintili vitrin penceresi
İskoçya, Glasgow'daki Egyptian Halls'un (1873) zemin katındaki büyük pencereler, cephe strüktüründe kullanılan dökme demirler sayesinde yapılabilmiştir. Öte yandan camın kendisi hâlâ ahşap çerçevelerle taşınıyor ve her vitrin penceresinin bağımsız bölümleri arasında taşıyıcı dikmeler bulunuyordu.

Kesintisiz vitrin cephesi
Londra'da Peter Jones Çokkatlı Mağazası'nın (1932-6) vitrinleri tamamen camdır ve herhangi bir taşıyıcı elemanla kesintiye uğramamaktadır. Bu, vitrin pencerelerinin üzerinde yer alan ve türünün erken örneklerinden biri olan devasa çelik kiriş sayesinde mümkün olabilmiştir.

Modern

20. yüzyıl modern mimarlığı bezemelerden arındırılmıştı. Modern pencereler çoğunlukla yalın çerçeveler içinde yer alan basit, camlı açıtlardır. Tatmin edici bir görünüm elde etmek için genellikle çeşitli boyutlarda kullanılmıştır ve gereksiz süslemeleri yoktur. Yapım teknolojisindeki gelişmeler (uzun açıklıkları geçebilen çelik kirişler ve giydirme cepheler gibi) ve büyük cam panellerin kullanımı sayesinde son derece büyük, kesintisiz ve tamamı cam olan bir cephe yapmak mümkün hale gelmiştir. Öte yandan, büyük ölçekli binalarda çoktan gözden düşmüş olan, sürme pencere gibi eski tip uygulamalar, konut gibi daha küçük ölçekli binalarda popülerliğini korumayı sürdürmüştür.

Boşluklu örüntüler
Londra'daki Highpoint Blokları'nın (1935) pencerelerinde hiç bezeme yoktur. Öte yandan pencereler duvarların masif yüzeylerinde boşluklu örüntüler meydana getirmektedir. Bu da modern mimarlığın karakteristikleri arasındadır. Boşluklara eşlik eden balkonlar bu görüntünün önemli bir bileşenini oluşturur. Aynı şekilde, büyük panoramik pencereler ile küçük kanatlı pencereler arasındaki boyut farkı da bu görünüme katkıda bulunmaktadır.

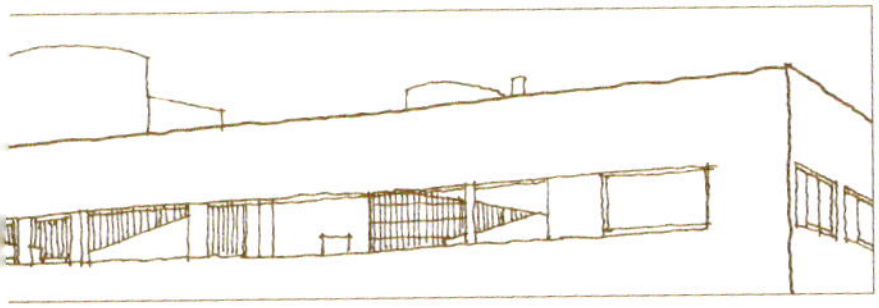

Şerit pencere

Eni yüksekliğine göre oldukça fazla olan bu tür pencerelere şerit pencere denir. 20. yüzyılın yeni yapım teknikleri sayesinde bu tür pencerelerin yapımı mümkün hale gelmişti. Örneğin büyük çelik kirişler, ortasında herhangi bir düşey taşıyıcı olmaksızın ağır yükleri taşıyabilmekteydi.

Cumba penceresi

Cumba penceresi, burada görüldüğü gibi, zemin kat seviyesinin üzerinde bulunan bir çıkma penceredir. Gotik dönemde yaygın olan cumba penceresi geç 19. ve 20. yüzyıllarda yeniden canlandırılmıştı. 1930'lara ait bu banliyö evindeki cumbada sürme pencere kullanılmıştır.

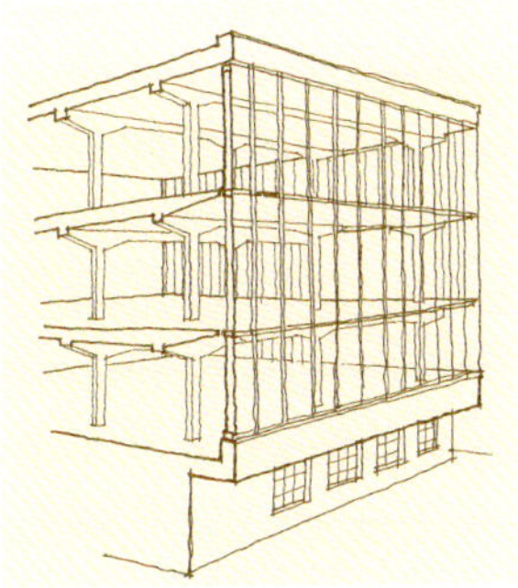

Giydirme cam cephe

Binaların camdan yapılmış gibi görünmesi 20. yüzyılın en karakteristik özelliklerinden biridir. Almanya, Dessau'daki meşhur Bauhaus mimarlık okuluna ait bu çizim, içteki strüktür ile dıştaki giydirme cephe camlarının pencereleri nasıl meydana getirdiğini gösteriyor.

Sabit pencere

20. yüzyılın pencere tasarımlarında modern teknolojinin önemli bir rolü vardır. New York'taki Seagram Binası'nda olduğu gibi, pek çok modern binada pencereler açılmaz, dolayısıyla kullanıcılar klimaya bağımlı hale gelir. Görsel olarak çok çarpıcı olmakla birlikte, bu binalar ekolojik açıdan problemlidir, çünkü sadece pencere açarak sağlanacak havalandırma için bile çok fazla enerji sarf edilmektedir.

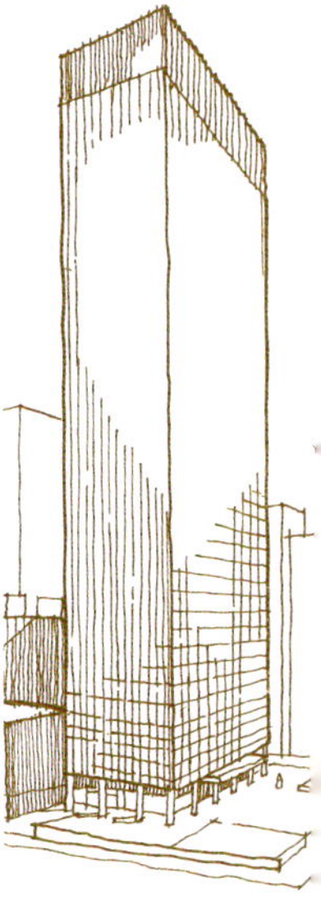

MERDİVENLER

Giriş

Merdiven, en basit anlatımla, bizi bina içinde bir kattan diğerine ulaştıran bir araçtır. Oysa gerçekte merdivenin bir binanın tasarımında çok daha temel bir yeri vardır. Hem içe hem de dışa dramatik ve heybetli bir görünüm verebilir; bizi içeriye davet edebilir ya da diğer katlara ulaşmamızı güçleştirebilir. Merdivenlerin tasarımı zaman içinde farklılaşmıştır. Bu da yapım tarihlerini tahmin etmemiz için bize önemli ipuçları verir. Merdivenin konumuna ve yapısına bakarak bir binanın kullanım amacının ne olduğunu anlayabiliriz.

Podyum
İtalya, Paestum'daki (MÖ 6. veya 5. yüzyıl) bu örnekte olduğu gibi, basamaklı podyumlar Yunan tapınaklarının görkemini artırmakta, aynı zamanda sütunların üzerinde yükselebileceği sağlam bir zemin sağlamaktaydı. Sütunların oluşturduğu son basamağa stilobat adı verilir.

Dönel merdiven

Bir merkezi merdiven dikmesinin etrafını dolanan (dolu kovalı) dönel merdiven, Ortaçağ'da en çok kullanılan türdü. Ahşap, ya da burada görüldüğü gibi, taştan yapılabiliyordu. Özellikle şatolarda çok revaçtaydı, çünkü kapladığı alan sınırlı ve kapalı olduğu için korunması kolaydı.

Açık kovalı merdiven

Dönel merdiven Rönesans'ta pek sık kullanılmamaya ve yerini açık kovalı merdivenlere bırakmaya başlamıştı. Sözgelimi İngiltere, Kent'teki Knole Evi'nde (yak. 1605) bir açık kovanın etrafı kısa, tek kollu merdivenlerle dönülüyordu. Merdiven köşelerinde yer alan babalarda genellikle ağır bezemeler kullanılmaktaydı.

Giriş merdiveni

Andrea Palladio tarafından tasarlanan ve yapımına 1577'de başlanan, Venedik'teki Redentore Kilisesi'nin girişine, dramatik bir etki uyandırmak için, cephe boyunca uzanan basamaklar yerleştirilmiştir. Pilastrlar, kapıya yaklaştıkça basamakların daraldığı izlenimi uyandırarak ziyaretçileri içeriye doğru çeker.

Kesintisiz çıkış

Neoklasik ve Viktorya dönemlerinde uzun, tek kollu merdivenler ve özellikle geniş kıvrımlı küpeşteler revaçtaydı. Bu 18. yüzyıl örneğinde uzun ve tek kollu bir merdiven görüyoruz. Küpeşte, alttaki babanın çevresinde zarif bir şekilde kıvrılmaktadır.

Yapım

Bina içinde kullanılan merdiven ile dayama merdiven hem basamak derinliği hem de yükseklik bakımından birbirinden farklıdır. Bu önemli bir noktadır, çünkü merdiven basamağının sahip olduğu derinlik tırmanmayı kolaylaştırır. Ayağınızı basamağa tamamen basmanız mümkün hale gelir. Ayrıca, öne ve yukarıya doğru hareket etmek doğrudan yukarıya çıkmaktan daha kolaydır. Merdivenin bileşenleri tırmanma kolaylığı sağlamak için birbiriyle ilişki halindedir. Merdivenin en temel bileşenleri, yatayda hareket eden basamaklar ile düşeydeki rıhtlardır. Basamak ve rıhtlar limon kirişiyle yanlarından bir araya getirilir. Küpeşteyi taşıyan korkuluklar aynı zamanda aşağı düşmenizi engeller.

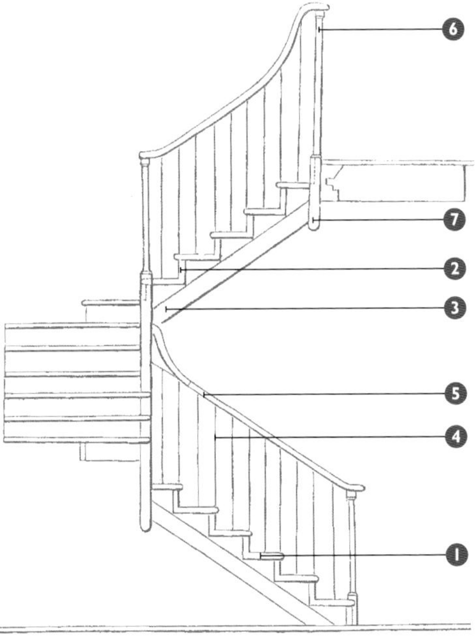

Merdivenin bileşenleri
Bu çizim merdivenin anahtar öğelerini gösteriyor: Basamak (1), rıht (2), limon kirişi (3). Buna ek olarak korkuluk (4), küpeşte (5) ve merdiven (ya da korkuluk) dikmesi (6). Üstteki ve ortadaki merdiven dikmeleri, altlarına yerleştirilen bir tür sarkıt öğesiyle süslenmiştir.

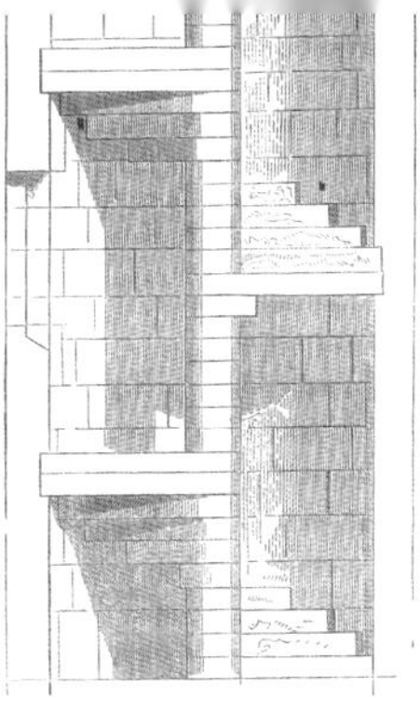

Dönel merdiven yapımı
Bir dönel merdivenden alınan bu kesit, basamakların nasıl düzenlendiğini gösteriyor. Her basamak tek bir taş bloktan kesilmiş, basamak bitimlerinin üst üste getirilmesiyle de merkezi dikme oluşturulmuştur. Basamak bir yanda dikmenin ağırlığıyla taşınırken, diğer yanda duvarın içine gömülmüştür.

Şaşırtmalı basamaklar
Basamak sayısı merdivenin yüksekliğini belirler. Mekân küçükse ve daha dik bir merdiven gerekliyse basamaklar, burada olduğu gibi, şaşırtmalı bir şekilde düzenlenebilir. Bu sayede aynı yükseklik içinde iki misli basamak oluşur, ama bu şekilde yukarı çıkmak daha zordur.

Basamaklı limon kirişi
Bu merdivende basamakların bitimini ve rıhtların kenarını görmek mümkündür. Bu yaygın merdiven türü, ismini de bu özelliğinden alır. Limon kirişi basamaklı olmayan merdivenlerde basamak ve rıht kenarları bir çapraz panoyla kaplanmaktadır.

Açık kovalı merdiven
Açık kovalı merdiven, burada gösterildiği gibi, merkezinde yer alan bir açıklığın etrafında yükselir. Basamaklar kısa mesafelerde yükselir ve her sahanlıkta dikaçılı dönüşler yapar. Merdiven dikmeleri ana taşıyıcılar olarak çalışır. Merdiven ayrıca duvara sıkıca tutturulmuştur.

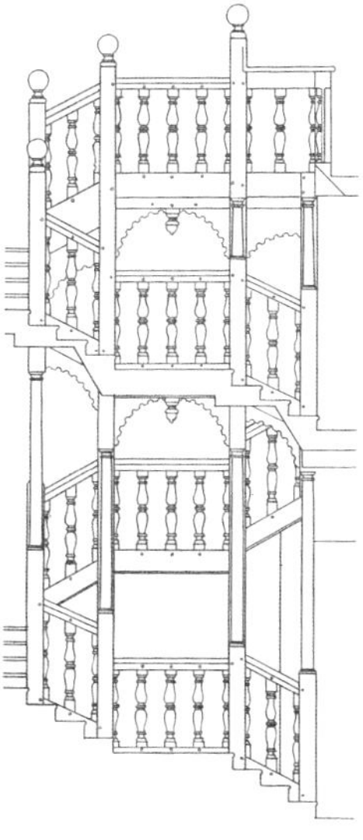

Ortaçağ

Merdiven Ortaçağ şato ve kilise tasarımlarının önemli bir parçasıydı. Kiliselerde altar genellikle basamaklı bir platform üzerinde yükseltilerek ayine dramatik bir hava katılır ve altarın kilisenin arka kısımlarından görülebilmesi sağlanırdı. Merkezi bir merdiven dikmesinin etrafında kavislenen dönel merdivenler, şato ve büyük konutlarda en yaygın olarak kullanılan merdiven türüydü. Şatolardaki dönel merdivenler, savaş durumunda saldırganların üst katlara çıkmasını güçleştirecek şekilde yapılırdı. Daha küçük evlerde bu iş için belki de dayama merdivenler kullanılmaktaydı, ama bunların ömrü de pek uzun olmadı.

Basamaklı altar platformu
Bir Ortaçağ kilisesinde altar genellikle, basamak genişliği fazla, çıkış mesafesi az olan bir merdivenle ulaşılan bir platformun üzerinde yükselirdi; İtalya, Ravenna'daki bu örnekte olduğu gibi. Bu basamaklar, altarı özel bir bölüm olarak kilisenin geri kalanından ayırmakta ve herhangi bir ayin olmasa bile dikkatleri onun üzerine çekmekteydi.

Dış mekân merdiveni

Romanesk döneme ait olan, İngiltere, Norfolk'taki Rising Şatosu'nun yükseltilmiş girişine ulaşmak üzere bu merdivenlerden çıkmaya çalışan herkes, yukarıdan bakan muhafızlar tarafından kolaylıkla görülür. Öte yandan barış zamanlarında aynı merdivenler bina girişine dramatik ve haşmetli bir görünüm vermektedir.

Çıkma merdiven kulesi

Dönel merdivenler genellikle kavisli bir bölme ya da bir çıkma kule içinde kurgulanırdı. Bu kulelerde, yukarıya çıkan merdivenin şeklini takip eden belirgin bir pencere örüntüsü oluşurdu; İngiltere, Salisbury'deki Piskopos Sarayı'nın bu kulesinde olduğu gibi. Pencerelerin kademeli düzeni, merdivenin şeklini açıkça ortaya koymaktadır.

Saray merdiveni

Dönel merdiven sadece savunma amaçlı olarak kullanılmamıştı. Bir Geç Ortaçağ Fransız sarayına ait olan bu örnekte, bezemeli bir tavan ve büyük vitraylı pencereler bulunmaktadır. Merdiven, aynı anda birkaç kişinin birden yukarıya çıkmasını sağlayacak kadar geniştir. Soldaki kapı daha küçük bir servis merdivenine açılmaktadır.

Bağımsız dönel merdiven

Dönel merdivenlerde basamakların dıştaki kenarlarının taşınabilmesi için desteğe gereksinim vardır. Ama bunun mutlaka masif bir duvar olması gerekmez. Fransız Gotik mimarisinin bu görkemli örneğinde merdiven, kavisli limon kirişi üzerine oturan dairesel bir kolonat tarafından çevrelenmiştir.

Rönesans

Rönesans'ta merdivenler daha büyük ve daha karmaşık olmaya başladı. Dönel merdivene duyulan güven yerini, çok ayrıntılı çifte sarmal merdiven gibi yeni tasarımlara bırakmıştı. Bu açık kovalı düzenlemede, ortadaki kovanın etrafı, kavisli basamakları olan tek kollu merdivenlerle dönülmekteydi. Merdivenin ortasındaki kovanın açık olması nedeniyle, onu taşıyacak küpeşte ve korkuluklara gereksinim duyuluyordu. Korkuluklar genellikle, birbirinin yansıması olan karmaşık bezemeler içinde kıvrılmaktaydı. O dönemde özellikle revaçta olan bu bezemeler dışında başka tasarımlar da kullanılıyordu; daha güncel olan örgü bezeme biçimleri gibi. Bu dönemde merdiven dikmeleri de yoğun bir biçimde bezenmekteydi.

Çifte sarmal merdiven

Fransız Rönesansı'na ait bir yapı olan Château de Chambord'un ana merdiveni çifte sarmal şeklindedir. Karmaşık tasarımlarıyla Rönesans'ın büyüsünü yansıtan bu düzenlemede, sarmal oluşturan iki ayrı merdiven bulunmaktadır. Bir merdiven kolunda çıkarken, diğer merdiven kolundan inen kişiyle karşılaşmamak bu kurguda mümkündür.

Dış mekânda ikiz merdivenler
Roma yakınlarındaki bir İtalyan Rönesansı sarayı olan Caprarola'nın, biri kavisli, diğeri tek kollu iki büyük dış merdiveni vardır. Bu merdivenler hem saray girişine dramatik bir hava katmakta, hem de sarayın yerleştiği dik yamacın dramatik etkisinden yararlanmaktadır.

Bezemeli merdiven
Diğer mimari öğeler gibi merdivenler de günün modasını takip etmekteydi. Londra, Highgate'teki Cromwell Evi'nin içinde yer alan 17. yüzyıl merdiveninde, silah takımlarıyla süslenmiş, örgü bezemeli tablalar kullanılmıştır. Merdiven dikmelerinin üzerinde, güncel kıyafetler içinde ayakta duran figürler vardır. Ayrıca köşelerin altında belirgin avize sarkıtları yer almaktadır.

Tornalı korkuluk
Dönemin bir karakteristiği olarak korkuluklar oldukça kalındı. Üst ve alt kısımları genellikle birbirinin aynadaki yansıması gibiydi. 16. yüzyıla ait bu korkuluklar tornada çekilmiştir. Küpeşte geniş ve yassıdır. Merdiven dikmelerinin üzerinde tepe tomurcuğu bulunmaktadır.

Yassı korkuluk
Tornada çekilmek yerine yassı kalasların oyularak işlendiği korkuluklar da, Rönesans'ta kullanılan karakteristik bir türdü. İngiltere'ye ait bu örnekteki korkuluklar yan yana simetriktir, ama yukarıdan aşağıya değil. İncelen şeklin ortasında açılmış bir boşluk vardır.

Barok ve Rokoko

Barok mimarlığın diğer unsurlarında olduğu gibi, merdiven tasarımında da, Klasik tasarım repertuarından fazlasıyla yararlanılmıştır. Öte yandan merdiven bu repertuara, çok fazla süse kaçmadan, bir ayrıntı düzeyi elde etmeye yetecek kadar çeşitlilik de katmıştır. Barok dönemde vazo şeklindeki korkuluklar özellikle revaçtaydı. Ancak 18. yüzyılda, dönel biçimlenme ve minyatür sütunlara benzeyen korkuluklar dahil olmak üzere, çok daha ayrıntılı tasarımlar da kullanılmıştı. Yeni malzemeler (özellikle bu dönemde yaygınlaşmaya başlayan dökme demir), ahşapla elde edilmesi mümkün olmayan incelikli tasarımlara iyi bir görünüm kazandırmak için kullanılıyordu. Ayrıca basamak ve rıht bitimlerinin açıkta bırakıldığı limon kirişli merdivenler de kullanılmaya başlanmıştı.

Vazo şeklinde korkuluk

Inigo Jones tarafından tasarlanan ve bir 17. yüzyıl yapısı olan, Londra'daki Ashburnham Evi'nin zarif, vazo şeklindeki korkulukları, Klasik mimariden esinlenerek tasarlanmış çok daha sade korkuluk biçimlerinin İngiltere'yle tanıştırılmasında etkili olmuştur. Basit, kare biçimli merdiven dikmeleri ve yassı küpeşteler dahil olmak üzere, genel etki, İtalyan Rönesansı'na ve Barok döneme ait korkuluklardan türetilmiştir.

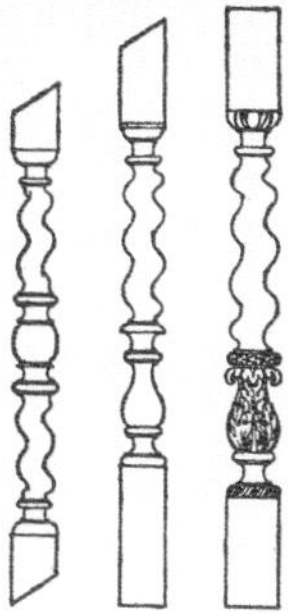

Burma korkuluklar

Burma korkuluklar 18. yüzyılın başlarında revaçtaydı ve bu dönem merdivenlerinin belirgin bir öğesi haline gelmişti. Tornada çekilen korkuluk genellikle açık bir tirbuşon sarmalı biçimini almaktaydı. Öte yandan kimi örneklerde daha dar sarmallar da görülebilmektedir.

Karma korkuluklar

18. yüzyılın ortalarında karma korkuluklar yaygınlaştı. Bunların arasında burma ve sarmal olanlar ile minyatür sütunlar (sütun başlığı ve altlığıyla beraber) bulunuyordu. Korkulukların herhangi bir standart modeli ya da birleşim şekli yoktu. Ama bu tür merdivenlerin çoğunda her basamakta aynı korkuluk birleşimi üçlü olarak tekrar etmekteydi.

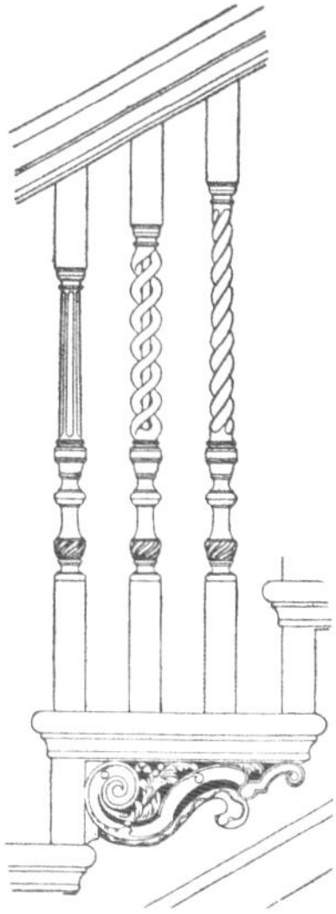

Demir işi pano

Geç 17. ile 18. yüzyıllarda metal yapım tekniklerinde kaydedilen gelişmeler, dökme demir korkulukların yaygınlaşmasına neden olmuştu. Hafif ve güçlü yapıları sayesinde bunlara incelikli şekiller vermek mümkündü. Başlangıçta çok pahalı olan bu işçilik sadece, İngiltere, Surrey'deki Hampton Court Sarayı gibi üst düzey projelerde kullanılmıştı. Ancak sonraki yıllarda daha yaygın bir kullanım imkânına kavuştu.

Rokoko korkuluklar

Rokoko dönemine özgü C-şeklindeki asimetrik kavis, diğer dekoratif öğelerle birlikte merdiven tasarımında kullanmak için elverişliydi. Bu dökme demir korkulukta kullanılan C-şeklindeki kavis, rıht yüksekliğini takip ederek basamakları birbirine bağlamakta ve böylece merdiven çıkış hattında bir süreklilik sağlanmaktadır. Limon kirişinin artık basamaklı yapıldığına dikkat edin.

Neoklasik

Palladyen ve Neoklasik dönem mimarlıklarının merdiven tasarımlarında ağırlıklı olarak Antik döneme ait örneklerden yararlanılmaktaydı. Tapınak cephesi, basamaklı podyumuyla birlikte, bu dönemde yapılan binaların önemli bir bileşeniydi ve cephenin ana öğesi ya da daha büyük bir tasarımın parçası olarak kullanılabiliyordu. Sıraevler yaygınlaştıkça, yükseltilmiş dış kapı ile gömük servis kapısını birbirine bağlayan merdiven gibi yeni kullanımlar geliştirilmişti. Bina içlerindeki merdivenler sadeleşmiş, birbirine yumuşak bir kavisle bağlanan tek kollu merdivenler yaygınlaşmıştı. Korkuluklar da, Antik dönem örnekleri üzerine temellenen yeni biçimlere bürünmeye başlamıştı.

Basamaklı podyum
Thomas Jefferson'ın kendisi için ABD, Virginia, Monticello'da tasarladığı bu evde, büyük ölçüde Yunan örneklerinden esinlenilerek tasarlanmış, basamaklı bir podyum üzerinde yükselen bir portik vardır. Roma üslubunun asalet veya imparatorluğu çağrıştırdığı düşünülmekteydi. Jefferson, daha demokratik bulduğu Yunan üslubunu bilinçli olarak tercih etmişti.

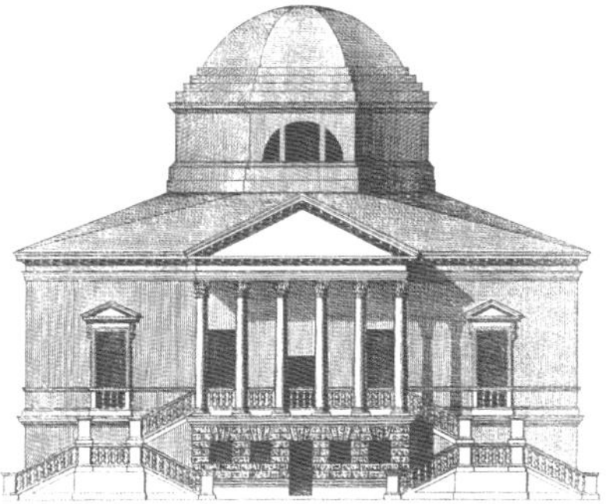

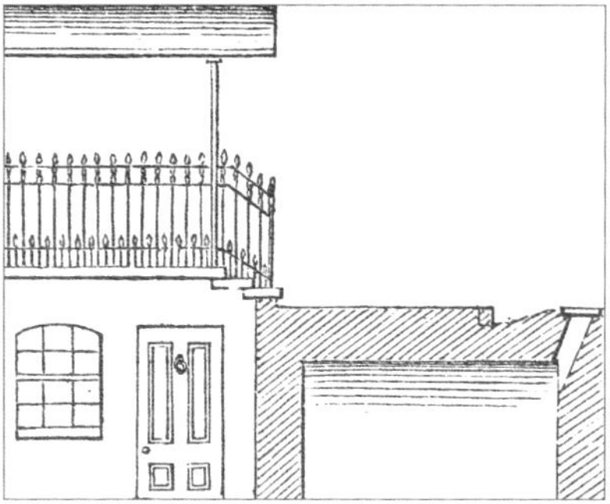

Dış mekân merdiveni

Lord Burlington, Londra'daki Chiswick Evi'nde (yapımına 1725'te başlanmıştır) Palladyen örneklerden oldukça etkilenmiştir. Girişin önünde yer alan çok kollu, detaylı merdiven, Roma'daki Rönesans villalarının merdivenlerini temel almakta, ancak Antik Roma örneklerine dayanan bir tapınak portiğiyle birleşmektedir.

Bodrum katı girişi

Neoklasik dönemin kasaba evlerinde, bodrum kata birkaç basamak inilerek ulaşılması yaygın bir uygulamaydı ve genellikle, burada olduğu gibi, basamaklar bir kapıya açılırdı. Bu düzenleme, hizmetkârlar ve teslimatçıların ana kapıyı kullanmadan binaya girmesini sağlama gereksiniminden doğmuştu.

Açık kovalı dönel merdiven

Bazı dönel merdivenlerin ortasında taşıyıcı dikme yer almaz ve dairesel merdiven, bir açık kovanın etrafında kavislenir. Bu tür dönel merdivenler 18. ve erken 19. yüzyıllarda revaçtaydı. Burada gördüğünüz kavisli merdiven, 18. yüzyılın ortalarında yapılmış bir kent konutuna aittir.

Robert Adam tarzı korkuluk

Neoklasik mimarlığın etkili bir ismi olan Robert Adam'ın burada gördüğünüz tasarımına benzeyen dökme demir korkuluklarda, Roma üslubunda yapılmış küçük fenerlerin altında daralan bir pilastr biçimlenmesi kullanılır. Kesiti çok ince bile olsa, mukavemeti sayesinde demir, Adam'ın işlerinin karakteristiği olan çok narin motiflerin yapımını mümkün hale getiriyordu.

Yeniden Canlandırma (Diriltme) Üslupları

19. yüzyılın yeniden canlandırma üslubunda tasarlanmış binalarında merdivenler genellikle, mimarların çağrıştırmak istedikleri dönemlerin örnekleri üzerinde temelleniyordu. Dolayısıyla Gotik Yeniden Canlandırma üslubundaki bir binada girişik bezemeli korkuluklar kullanılırken, Rönesans Yeniden Canlandırma üslubundaki bir binanın heybetli merdiveni Rönesans tarzında yapılabiliyordu. Öte yandan, bu yeniden canlandırmacı motifler genellikle standart bir tasarımın üzerine uygulanmaktaydı; bunların da eski örneklerin gerçek biçimleriyle pek bir ilgisi yoktu. Bu uygulama özellikle konutlarda öne çıkmaktaydı. Merdiven genelde standart biçimlerde yapılıyor, farklı dönem ve üslupları yeniden canlandırmak için korkuluk ve babalara farklı detaylar ekleniyordu.

Yeniden canlandırılmış Gotik merdiven
19. yüzyılın başlarında Gotik Yeniden Canlandırma üslubunda yapılmış olan bu merdivende, korkuluk yerine, içinde çift boşluk bulunan girişik bezemeli paneller kullanılmıştır. Basamak ve rıht bitimlerindeyse, dişli olmayan bir limon kirişi yer almaktadır. Merdiven kolunun düz oluşu ve bodur korkuluk babası, bunun Ortaçağ'a değil, 19. yüzyıla ait bir merdiven olduğunu açıkça göstermektedir.

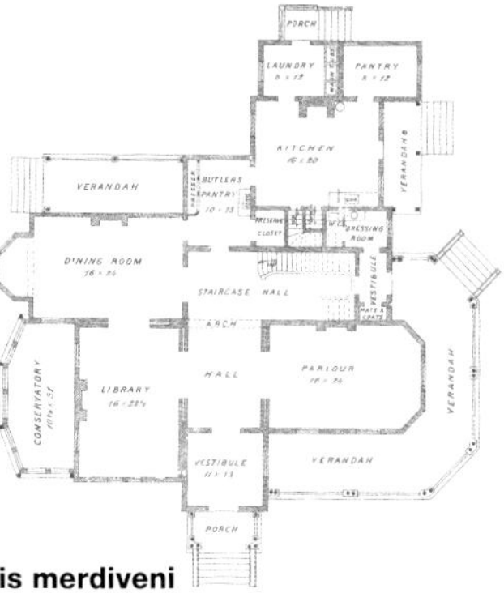

Büyük taş merdiven
19. yüzyılda yapılan, Paris'teki Adalet Sarayı'nın merdiveni, binanın geri kalanı gibi, Rönesans üslubundaydı. Taştan yapılmış olan merdivenin büyüklüğü konumuyla (bu önemli kamu binasının kalbine yerleştirilmişti) uyum içindeydi.

Servis merdiveni
Görece yakın zamanlara kadar pek çok ailenin, hatta orta sınıf ailelerin bile, hizmetkârları vardı. Mümkünse hizmetkârlar için ek bir merdiven yapılıyor, böylece onların aileye tahsis edilen merdiveni kullanması önlenmiş oluyordu. 1870'lere ait bu evde iki merdiven düzenlemesi vardır; küçük olan doğrudan mutfağa inmektedir.

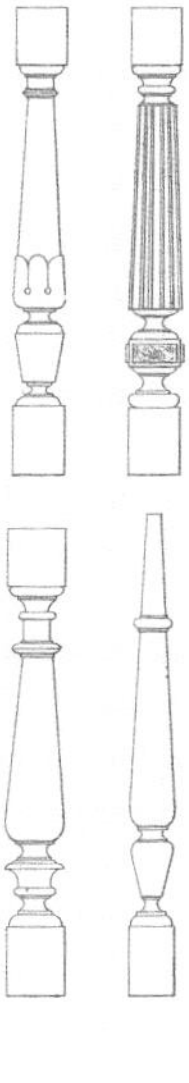

Seri üretim korkuluk
19. yüzyılda torna imalatının tamamen makineleşmesi sayesinde her türlü torna işi korkuluk seri olarak üretilmeye başlanmıştı. 19. yüzyılın sonlarına ait bir yapı kataloğundan alınan bu korkuluk çizimleri, ev inşa edecek kişiler için ucuz ve kolay erişilebilir pek çok farklı örnek arasından birkaçını göstermektedir.

Neoklasik korkuluk babası
19. yüzyılda tasarımcılar, eski üsluplara ait unsurları birleştirerek, o üslupların ruhunu yakalayan, ama tıpatıp kopyası olmayan tasarımlar meydana getirmeye çalışıyorlardı. Aslanbaşı, gülbezek ve akant yapraklarıyla 1870'lere tarihlenen bu zengin korkuluk babası, Neoklasik örneklerden birebir kopya edilmeden türetilmiştir.

Modern

20. yüzyılda yüksek yapıların giderek çoğalması, merdivenlere ve aşağı yukarı inip çıkma teknolojilerine yönelik yeni taleplerin ortaya çıkmasına neden oldu. Fabrika ve ofis binalarındaki merdivenlerin yangın dayanımının olması gerekiyordu. Ama asıl önemlisi, insanlar bir kattan diğerine geçerken sürekli merdiven inip çıkmak istemiyorlardı. Dolayısıyla yüksek yapıların yeni düşey sirkülasyon sistemlerine, özellikle de 19. yüzyılın sonlarında ortaya çıkan elektrikli asansörlere gereksinimi vardı. Yürüyen merdiven de bu dönemde geliştirilmişti. Öte yandan mimarlar en yeni dekoratif detayları kullanarak merdiven tasarlamayı da sürdürdüler.

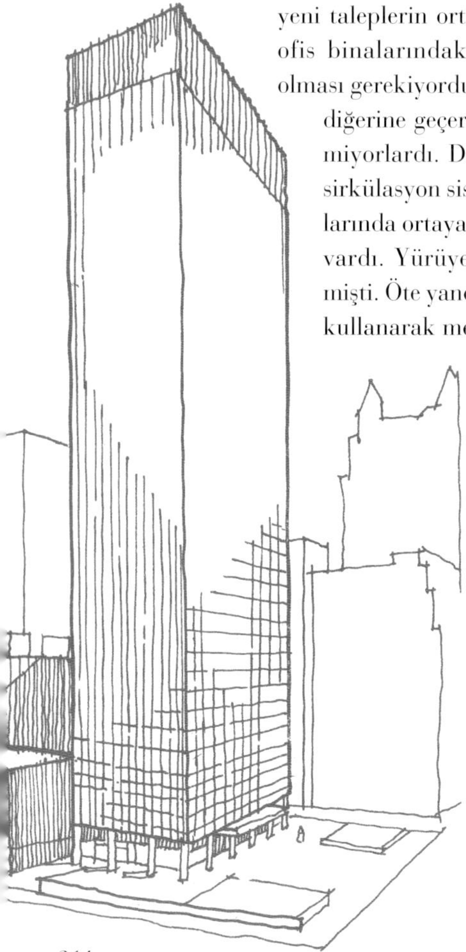

Elektrikli asansör
Yüksek binaların işlerliği, katlar arasındaki ulaşımı sağlamak için geliştirilmiş mekanizmalara bağlıdır. Çünkü çoğu insan tüm o katları her seferinde inip çıkmak istemez. New York'taki Seagram Binası gibi çok yüksek yapıların oluşabilmesi için, elektrikli asansörlerin devreye girmesi şarttı.

Demir dönel merdiven
19. yüzyılda dökme demirin kolaylıkla bulunabiliyor olması ve düşük maliyetli oluşu sayesinde, bunun gibi bağımsız duran dökme demir dönel merdivenler yaygınlaşmıştı. Farklı kat yüksekliklerine göre kolaylıkla uyarlanabilen bu kompakt merdivenler ağırlıklı olarak fabrika, ofis ve diğer ticari binalarda kullanılmakta ve genellikle üzerleri boyanmaktaydı.

Art Nouveau merdiven
Art Nouveau mimarı Hector Guimard tarafından tasarlanan bu merdivende, ahşap ya da diğer malzemelerle elde edilmesi mümkün olmayan şekiller üretebilmek için dökme demirin akışkanlığından yararlanılmış ve çok şık, zarif bir tasarım elde edilmiştir. Öte yandan merdivenin keskin eğimli biçimi 19. yüzyılın tipik örneklerinden pek farklı değildir.

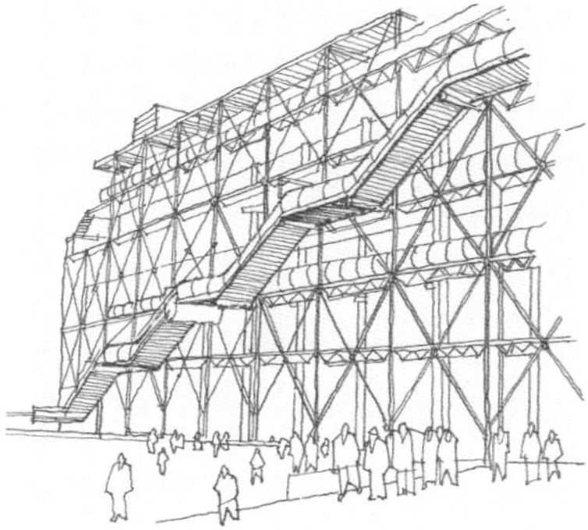

Yürüyen merdiven
Çoğu yürüyen merdiven düz kollu çalışacak şekilde yapılır. Ancak Kaliforniya'daki bu alışveriş merkezinde görüldüğü gibi, kavisli örnekler de vardır. Büyük mağaza ve alışveriş merkezlerindeki yürüyen merdivenler genellikle binanın ortasına yerleştirilir ve katlar arasında dolaşan insanların ürünleri görmesi sağlanır.

Dış mekânda mekanik merdiven
20. yüzyılda mimarlar, merdivenlerin ve diğer düşey sirkülasyon sistemlerinin görsel olanaklarını sergilemenin yeni yollarını aradılar. Richard Rogers ve Renzo Piano tarafından tasarlanan, Paris'teki Centre Pompidou'da (1971-7) yürüyen merdivenler, dikkat çekici tüpler içinde dış mekâna yerleştirilmiştir.

Giriş

Romalılar, *hypocaust* (cehennem) denen karmaşık bir döşemeden ısıtma sistemi kullanıyorlardı. Ortaçağ'daki şato ve saraylarda ise şömine vardı ancak şöminenin daha küçük evlerde yaygınlaşması 16. yüzyılı bulacaktı. O zamana dek çoğu evde, ortasında ateş yakılan bir ana oda bulunmaktaydı; burası hem ısıtma hem de pişirme işleri için kullanılıyordu. Şömine, dumanın baca deliğinden geçerek yukarıya yönlenmesini sağlayacak şekilde yapılır ve genellikle ısı dolaşımını artırmak için üst kısmında bir raf yer alır. Hem şömineler hem de bacalar modaya uygun olacak şekilde tasarlandıkları için tarih belirlemede iyi birer araç olabilirler.

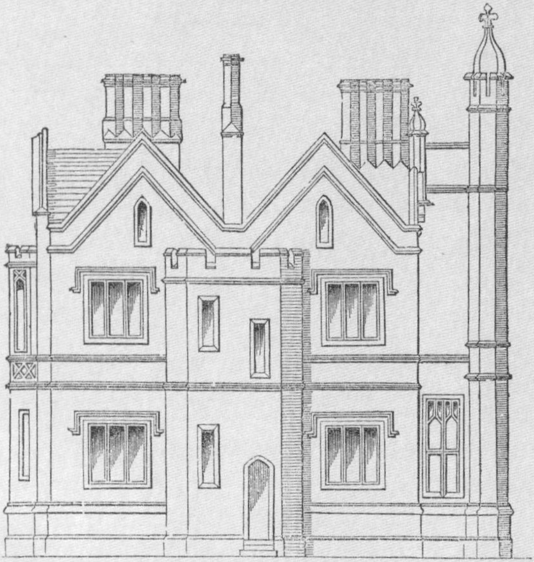

Kaç şömine var?
Genellikle dıştaki bacalara bakarak bir evin içinde kaç tane şömine olduğunu söyleyebiliriz. Her şöminenin, dumanı bacanın içinden tahliye eden ayrı bir deliği vardır ve bunlar genellikle bacanın tepesinde görünür. Delikleri sayarak kaç tane şömine olduğunu bulabilirsiniz.
Bu evde dokuz tane var.

Cehennem

Bu çizimde tasvir edildiği gibi, Romalılar, döşeme içinden geçen detaylı bir ısıtma sistemi geliştirmişlerdi (cehennem). Bu sistem genellikle hamamlarda bulunmakla birlikte, saray ve villalarda da kullanılmaktaydı. Külhandan gelen ısı, döşemenin içinden geçerek üstteki odaları ısıtıyor ve banyo için sıcak su sağlıyordu.

Ayrıntılı baca tomruğu

Fransa'daki Château de Chambord'un (yapımına 1519'da başlanmıştır) ağır bezemeli baca tomruklarının üzerinde, Rönesans döneminin tipik öğeleri olan madalyon, kırıkçubuk ve baklava gibi çeşitli süslemeler vardı. Şömine çok pahalıydı ve detaylı baca tomruğu, ev sahibinin zenginliğini açıkça sergilemenin bir yoluydu.

Bezemeli şömine

Şömine, küçük evlerde genellikle bir odanın içindeki en dekoratif öğeyken, daha büyük evlerde sadece genel tasarımın bir parçasıdır. Neoklasik bir yapı olan, Londra yakınlarındaki Syon Evi'nde şömine, kapsamlı dekorasyon programının bir parçası olarak kullanılmıştır.

Şömine tabanı

Çok yakın dönemlere kadar, küçük evlerde hem pişirme, hem de yaşama alanını ısıtma işleri için tek bir şömine kullanılmaktaydı. Bu 19. yüzyıl Fransız evi, ateşin üzerinden sarkan çengelin taşıdığı tencere ve şömine rafının üzerindeki süslemeler ve tavalarla, odanın yemek yeme ve oturma işlevlerine uygun olarak nasıl dekore edildiğini gösteriyor.

Ortaçağ

Ortaçağ'da ana yaşama mekânı (büyük hol) merkezi bir açık ocakla ısıtılıyor, yüksek tavan dumanı içine çekiyordu. Büyük evlerde, yangın riskini azaltmak için mutfak ayrı bir mekân olarak düzenleniyordu. Muhafazalı şömine ancak şato, saray ya da manastır gibi çok büyük ve önemli binalarda bulunmaktaydı; oralarda bile ancak bir veya iki tane oluyordu. Bu şömineler genellikle çıkıntılı bir davlumbaz şeklinde yapılıyor ve sütun ya da bindirmeliklerle taşınıyordu. Baca ise duvarın diğer yüzünde çıkıntı yapıyordu.

Açık ocak
Büyük hol Ortaçağ evinin kalbiydi ve ortasında bir açık ocak bulunurdu. İngiltere, Oxfordshire, Sutton Courtenay'deki Great Hall'da (Büyük Hol) olduğu gibi, çatı ahşapları açık bırakılarak, dumanın yukarı doğru çekilmesi sağlanırdı. Dumanın çıkışını sağlamak için, burada bir veya daha fazla menfez bulunurdu.

Manastır mutfağı

Ortaçağ'daki şato, saray ve manastırlarda, yemek kokusunu yaşam alanlarından uzakta tutmak ve yangın riskini azaltmak için, mutfak ayrı bir mekân olarak tasarlanırdı. Bol miktarda yemek yapabilmek için birden fazla ocak bulunurdu. Buradaki devasa ocak Fransa, Normandiya'daki Blanche de Mortain Manastırı'nın mutfağına aittir.

Sayvanlı şömine

Ön kısmındaki bağımsız sütunlarla taşınan bu devasa çıkıntılı sayvan Belçika, Bruges'deki Jacques Coeur'ün evine ait tipik bir Geç Ortaçağ şöminesidir. Ateş, şöminenin altındaki tabanda yakılmakta; bir davlumbaz gibi çalışan sayvan ise, dumanı arkadaki bacanın içine çekerek dışarı atmaktaydı.

Ahşap davlumbaz

Bu Fransız Ortaçağ evinde, dumanı yukarı çekip evin dışına atmak için, baca yerine ahşap bir davlumbaz kullanılmıştır. Bacanın ahşap olması garip görünebilir, ama ahşap, alevle doğrudan temasa geçmediği sürece güvenle kullanılabiliyordu.

Dış mekânda baca tomruğu

Ortaçağ'daki bacalar duvarın içine gömülmek yerine, burada olduğu gibi, duvarın dışına çıkarılmaktaydı. Bu, bacanın bina tasarlanırken değil, sonradan eklenmiş olduğunu gösteriyor olabilir, ama taşıma kapasitesiyle ilgili endişelerden kaynaklanıyor da olabilir.

Rönesans ve Barok

15. ve 16. yüzyıllarda tuğla yapımında yaşanan gelişmeler bacaların yaygınlaşmasına neden olmuştu, ama şömine yapımı hâlâ son derece pahalıydı. Konutunda şöminesi olan ev sahipleri, binanın dışında kullandıkları çok detaylı baca tomruklarıyla bunu vurguluyorlardı. Bezemeler günün modasını takip etmekteydi. Klasik mimariden esinlenerek tasarlanmış *all'antica* motiflerden türetilen dekorasyonlar Rönesans'ta özellikle revaçtaydı. Sonraki dönemlerde (Barok ve Rokoko) şömineler, çok ilgi gören C-şeklindeki kavisler, deniz kabukları, S-kıvrımları ve çiçekli asma dekorlarıyla süslenmekteydi. Şöminenin üzerinde heykellerin sergilenebilmesi için özenle hazırlanmış raf ya da pervazlar da bu dönemde oldukça revaçtaydı.

Çoklu baca tomrukları
İngiltere, Warwickshire'da yapılmış bir 16. yüzyıl yapısı olan Compton Wynyates'in çoklu baca tomrukları, içeride bulunan çok sayıda şömineye işaret etmektedir. Bu tomrukların spiral ve baklava gibi çeşitli şekiller kullanılmıştır. Tomrukların asimetrik yerleşimi kısmen odaların düzenleniş şekline, kısmen de binanın zaman içinde yapılmış olmasına bağlıdır.

Dekoratif baca

15. ve 16. yüzyıllarda bile, bina içinde şömine kullanmak büyük bir lükstü. Şöminesi olan evlerin bacaları da son derece detaylıydı. Böylece herkes evde bir şömine bulunduğunu anlıyordu. Bacaların ağır bezemeleri vardı ve bunlar genellikle birbirinden farklıydı. Örneğin İngiltere, Kent, Tonbridge'de 16. yüzyıla tarihlenen bu bacalar, özel olarak işlenmiş ve şekillendirilmiş tuğlalarla yapılmıştır.

Fransız Rönesans bacası

Bu detaylı baca tomruğu çifti *all'antica* motiflerle süslenmiş, Roma lahitleri (son derece dekoratif taş tabut) gibi biçimlendirilmiş ve pilastr, alınlık, maske ve yumurta-ok gibi silmelerle bezenmiştir. Bu örnek, Klasik motiflerin Rönesans'ta yeni kullanımlara nasıl uyarlandığını, zenginliğin ve gücün nasıl sergilendiğini gösteriyor.

Bezemeli şömine pervazı

Barok üslubundaki büyük odalarda, üzerindeki dekoratif parçayla birlikte şömine, çok daha geniş, heykelsi bir kompozisyonun sadece bir parçasıydı. Fransa'daki Château de Villeroi'ya ait bu örnekte, kırlantılı oval çerçevenin içinde bir büst yer almaktadır. Daha geniş bir çerçevenin içine yerleştirilen kompozisyonun üzerinde kavisli bir kırma alınlık bulunmaktadır.

Aynalı şömine

Paris yakınlarındaki Versailles Sarayı'na ait olan bu şöminenin rafı, zarif C-kıvrımları ve deniz kabuklarıyla süslenmiştir. Şöminenin üzerindeki bölümde, pencereymiş gibi duran bir ayna kullanılmıştır. Ancak bu konumda gerçek bir pencere olmasına, arkasındaki bacadan dolayı imkân yoktur.

Neoklasik

Baca tomruklarının görünür olması, Klasik üsluptan esinlenerek tasarlanan binaların saflığına uymuyordu. Bu nedenle Neoklasik dönemde bacalar genellikle, ya genişliklerinin önemli bir kısmı çatının içinde bırakılarak ya da bir parapetin arkasına yerleştirilerek gizlenirdi. Ancak bu her zaman kolay olmuyordu. Şömine ve baca tasarımlarının gelişmesiyle birlikte şömineler yükselmiş ve derinlikleri azalmıştı, bacalar da çekişi güçlendirmek için daha uzun yapılıyordu. Şöminelerin, onları çevreleyen pilastrları ve üzerlerinde şömine rafına benzeyen düz ve çıkıntılı kornişleri vardı. Kenarları sade veya yivli olabilmekteydi. Ayrıca 19. yüzyılın başlarında köşe kısımlarında madalyon kullanımı revaçtaydı.

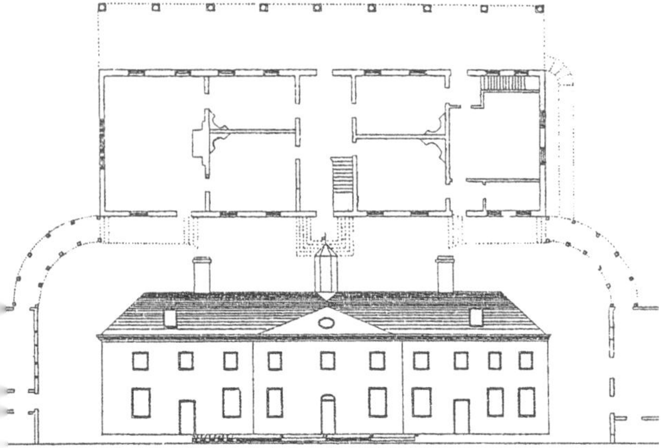

Çoklu şömineler
George Washington'ın ABD, Virginia, Mount Vernon'daki evinin (1757-87) her iki ucunda birer baca tomruğu bulunmaktadır. Plan şeması, bu bacaların birden fazla şömineye nasıl hizmet edebildiğini gösteriyor. Ana baca gövdesinin içinde her şömine için ayrı baca delikleri ve her baca deliğinin, kırmaçatı içinde neredeyse gözden kaybolan ayrı tomrukları bulunuyor olmalı. Bu konumlandırma sayesinde baca tomrukları iki farklı oda grubuna hizmet etmektedir.

Kısmen gizli baca tomruğu

Thomas Jefferson'ın Washington, D.C.'deki (1792) başkanlık konutu için yaptığı, gerçekleştirilmemiş yarışma projesinde Palladyen örneklerden fazlasıyla yararlanılmıştır. Projede merkezi bir kubbe ve binanın dört tarafında portikler yer almaktadır. Isıtma sağlamak için kullanılan ve kaçınılmaz olarak meydana çıkan baca tomrukları, büyük ölçüde kırmaçatı içinde gizlenmekte, ancak yine de dışarıdan görünmektedir.

Robert Adam tarzı şömine

İskoç mimar Robert Adam'ın tarzında yapılan bu şöminede, menderes bezemesi gibi bir dizi dekoratif Neoklasik motif kullanılmıştır. Çıkıntılı şömine rafı bir korniş üzerinde yer almakta, yanlardaki pilastrlarda ise kırlantlı kadın başları bulunmaktadır.

Kenarda baca

Bu evde bacalar binanın kenarı ya da ucundaki duvarın üzerine yerleştirilmiştir. Bu bacalar, birbirlerinin üzerine gelecek şekilde farklı katlara yerleştirilen şöminelere hizmet veriyor olabilir. Bu tür baca düzenlemeleri 18. ve 19. yüzyıllarda yaygındı ve sıraevlerde de kullanılabilmekteydi.

Madalyonlu şömine

Bu çizim, 19. yüzyılın en gözde şömine modellerinden birini gösteriyor. Şöminenin her köşesinde bir madalyon kullanılmıştır. Pervazları sadedir, ancak yivli de olabilirdi. Bu tasarımı mermer ya da üzeri boyanmış ahşapla yapmak mümkündü.

19. Yüzyıl

19. yüzyılda yapılan şöminelerde iki önemli özellik göze çarpmaktadır. Birincisi, eski üsluplardan türetilen detayların kullanılıyor olmasıdır. Örneğin Gotik Yeniden Canlandırma ya da Barok ve Neoklasik gibi farklı dönemlere ait öğeleri karıştırarak yapılan tasarımlar vardır. İkincisi ise, şömine içi tasarımında yapılan değişikliklerdir. Şöminelerin verimini artırmaya yönelik bu değişiklikler arasında, örneğin, kömür yakmak için daha küçük tabanların tasarlanmasından söz edilebilir. Şömine yapımında kullanılan malzeme seçenekleri de genişlemiştir. Örneğin, genellikle boyanarak kullanılan dökme demir işin içine girmiştir. Dekoratif karolar da revaçtadır.

XIV. Louis tarzı şömine
19. yüzyılın şömine tasarımlarında farklı dönemlere ait üsluplar revaçtaydı. 17. yüzyılın ortalarındaki Kral XIV. Louis dönemine özgü bu Fransız tarzı şömine, taş işlenerek ya da metal dökülerek yapılabilmekteydi. Oldukça zengin bir şekilde dekore edilmiş bir iç mekânın parçası olarak kullanılmış olmalıydı.

Kemerli gömme

19. yüzyılda insanlar ana yakıt türü olan kömürü daha etkin bir şekilde kullanmak için çözüm bulmaya çalıştıkça, şömine içindeki aksamların tasarımı da gelişmeye başladı. Küçük ve derinliği az olan açıt kullanmanın en iyi yol olduğu anlaşıldı. Böylece, burada gördüğünüz kemerli dökme demir örnekte olduğu gibi, gömme çözümler geliştirildi. Açıt daha geniş bir pervazın içinde yer alıyordu.

Dökme demir şömine

Geç 19. yüzyılın tipik bir örneği olan bu şömine dökme demirden yapılmış, detayları çeşitli dönemlerden alınmıştır. Yumurta-ok silmeler ve yivli metoplar gibi Klasik öğeler ile incelikli floral detaylar buna örnektir. Kenarlara karolar yerleştirilmiştir. Küçük ızgara ise kömür yakmak için tasarlanmıştır.

Baca ucu künkü

Bu erken 19. yüzyıl örneğinde görülen baca ucu künkü, bacanın boyunu uzatmanın, dolayısıyla çekişini artırmanın bir yoluydu. Buradaki düzenlemede, çokgen biçimli künkler küçük bir kaideyle birlikte gerçek bacanın üstünde yer almaktadır. Künkler genelde silindir biçiminde olup, dökme terrakottayla yapılmaktadır.

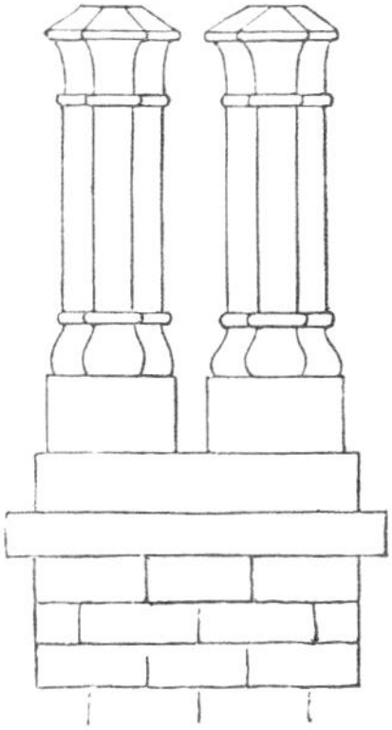

Yeni Tudor tarzında şömine

19. yüzyıla ait bu şömine, 16. yüzyıla ait başka bir İngiliz şömine tasarımından kopyalanmıştır. Gotik Yeniden Canlandırma ya da Yeni Tudor tarzında tasarlanmış bir iç mekânda bulunması mümkündür. Son derece sade olan dört merkezli kemer, bir dikdörtgen çerçevenin içine yerleştirilmiştir. Kemer ile çerçeve arasında kalan fakulyalar, ince uzun üçgenlerle süslenmiştir.

20. Yüzyıl

20. yüzyılda mazot, havagazı ve elektrik gibi yakıtların kullanımıyla birlikte yeni ısıtma yöntemleri geliştirildikçe, şömine önemini yitirmeye başladı. Bir yandan, havagazı ve elektrikli kullanımlarda, 'alev' benzeri etkiler oluşturan ve günün geçerli tasarımlarını takip eden şöminelerin yapımı sürüyordu. Bir yandan da, merkezi ısıtma sistemlerinin giderek yaygınlaşması, modern binalarda şömineye artık gerek kalmadığını gösteriyordu. Kirlilikle ilgili endişeler de gerçek ateş, özellikle de kömür ateşi kullanımının azaltılmasına neden oldu. Yine de insanlar, gerçek şömineleri kullanmaktan keyif alıyor ve evler genellikle şömineli yapılıyordu. Ancak şömine sadece bir veya iki ana odada görünmeye ve diğer odalar başka yollarla ısıtılmaya başlanmıştı.

Yeni ısıtma türleri
Binanın üzerinde olmayan şeyler bazen olanlar kadar çok söz söyleyebilir. 1930'larda tasarlanan bu evin sadece bir bacası vardır. Bunun nedeni, diğer odaların ısıtılmıyor olması değildir. Havagazı, elektrik ve mazotun kullanıldığı yeni ısıtma sistemlerinde büyük bacalara gereksinim yoktur.

Açıktaki baca

Muhtemelen şehir dışında inzivaya çekilmek amacıyla yapılan bu Amerikan evinin belirgin bir şekilde açıkta bırakılan bacası taş ve tuğlayla yapılmıştır. Baca, geçmişe dair bir etki uyandırmak için bilinçli olarak rüstiktir. Bu tür yeniden canlandırmaların, büyük evlerde çoktan modası geçmiş olmasına rağmen, küçük evlerde uzun süre kullanılmıştır.

Kömürlü ısıtıcı

Kapalı soba ve ısıtıcılar ilk kez 18. yüzyılda kullanılmaya başlanmış ve 19. yüzyılda epey geliştirilmişti. Üzerindeki Rokoko detaylarıyla 20. yüzyıla ait olan bu süslü kömürlü ısıtıcının şömineye kıyasla pek çok avantajı vardı. Örneğin sadece baca borusu kullanılıyor, bacaya gerek kalmıyordu.

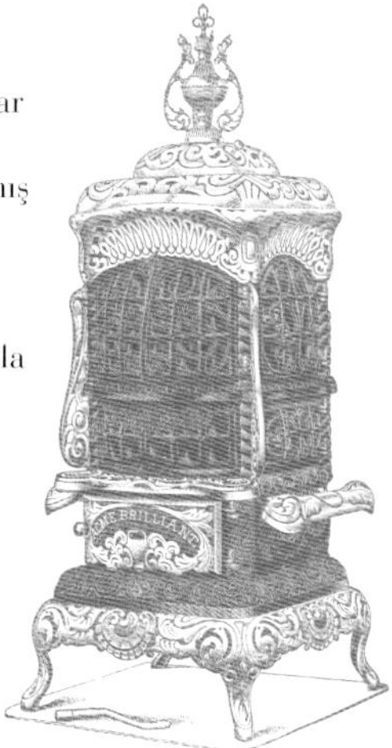

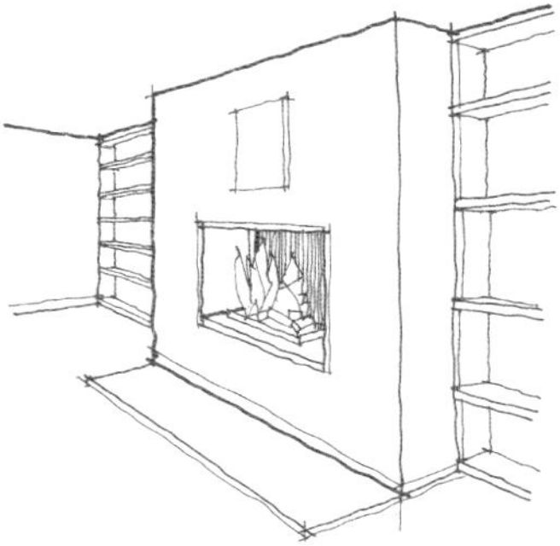

Art Deco şömine

Bu Art Deco şömine, Birinci Dünya Savaşı'ndan sonra yaygınlaşmaya başlayan havagazı ya da elektrikli şömine 'ateşi'nin pervazı olarak pekâlâ kullanılmış olabilirdi. Bu tür şöminelerde motif kullanımı revaçta olmakla birlikte, genellikle sade ve düz renkli karolar kullanılmaktaydı.

Duvardaki delik

Gerçek bir şömine ateşinin karşısında oturma isteği bugüne kadar geçerliliğini korumuş, mimar ve tasarımcılar da buna yeni şömine tasarımlarıyla yanıt vermişlerdir. Son yılların gitgide çıplaklaşan Modern iç mekânlarına uyum sağlayan bu örnekte şömine, duvarın içine açılmış bir delik gibidir.

Giriş

Bezeme, mimarinin asli bir bileşenidir ve genellikle yüzeyleri hareketlendirmek, yapının belirli parçalarını öne çıkarmak ve bir bütün olarak binayı daha cazip hale getirmek için kullanılır. Mimarlık tarihinin her döneminde tasarımcılar, insan başlarından hayvan figürlerine, kıvrımdal ve çiçeklerden her türlü geometrik desene kadar çok çeşitli motiflerden yararlanmışlardır. Alınlık ve kalkan duvarı gibi yapı bileşenleri de dekoratif olarak kullanılmış, dokudaki en ufak değişiklikler bile bir hayli süslemeli olabilmiştir. Temel dekoratif bezemelere ayrılan bu bölüm, bezemenin yüzyıllar boyunca nasıl kullanıldığını anlamanıza yardımcı olmaya çalışacak.

Işık ve gölge
Yonunun derinliğinde oluşturulan hafif bir farklılık, genel örüntünün görsel karmaşıklığına çok ciddi bir katkıda bulunabilir.
Bu blokların üzerindeki kaba yonu, düz bir kesimle oluşacak olandan çok daha karmaşık bir etki vermektedir. Blokların arasındaki açılı yüzeyler bir gölge örüntüsü meydana getirmektedir.

Çifte motifler
Aynı motifi pek çok kez kullanmak, tarihin tüm dönemlerinde yaygın olan bir uygulama olmuştur. Almanya, Speyer'deki bu örnekte, birbirine boyunlarından dolanan iki kuğu, Romanesk sütun başlığının ortasında kıvrımlı bir süsleme oluşturmaktadır. Böylelikle bu uzun boyunlu yaratıkların çiftleşme şekli de canlandırılmış olmaktadır.

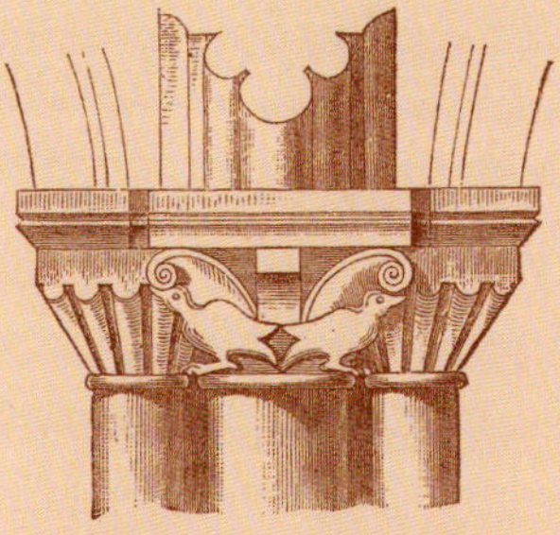

Sırt sırta dayanmış biçimler
Tasarıma ilgi çekici bir çeşni katmanın en basit yollarından biri, aynı nesnenin yansımasını kullanmaktır. Bu özellikle kuş ve yaratık kullanımlarında çok yaygındı ve 'yüz yüze', ya da burada gördüğünüz Romanesk kuşlarda olduğu gibi, 'sırt sırta' dayanmış olabiliyorlardı.

Almaşık motifler
Almaşık motifler çok sıradan bir tasarımı sıkıcı olmaktan kurtarır. Roma, Palazzo Farnese'deki saçaklığın üzerinde yer alan *fleurs-de-lis* ile Gotik'ten gelen kıvrımdallar ardışık olarak kullanılmakta, böylece simetrik ritim korunarak tasarımda parçalanmalar meydana getirilmektedir.

Tekrarlanan biçimler
Biçimleri tekrarlamak, fazla süslemeye girmeden çeşitlilik yaratır. İspanya, Tarragona'daki Romanesk manastırda bulunan bu arkat, çifte silme gruplarıyla birlikte çifte sütunlar tarafından taşınmaktadır. Üst kısmındaki ikiz açıtlar da tekrarlama temasını sürdürür ve en dıştaki kemere 3-2-1 etkisi verir.

İnsan Figürü

İnsan figürü en etkileyici dekoratif motiflerden biridir ve mimarlık tarihindeki pek çok dönemde yaygın olarak kullanılmıştır. İnsan figürü binanın sütun gibi bir bileşenini canlandırabilir. Sıklıkla başlı başına bir öğe ya da rölyef halindeki heykeller olarak dini bağlamlarda kullanılmışlardır. Kısmi insan figürü, hayvanın bir parçası gibi başka elemanlarla birleştirilerek garip ve grotesk figürler meydana getirilebilir. Bu grotesk figürlerin amacı, tümüyle mantıkdışı olan görünümleriyle, izleyenleri neşelendirmektir. Öte yandan her din, insan figürünün tasvir edilmesini hoş karşılamaz. Bazı dinlerde, bunun putperestliğe yol açacağı düşünülmektedir. İkonaların kırılmasına ikonoklazm adı verilir.

Karyatit
Karyatit, kadın figürü olarak canlandırılmış bir sütundur. Büyük bir zarafetle duran karyatit, başının üstündeki binanın yükünü kolayca taşımaktadır. Antik Yunan mimarlığında ve Yunan Yeniden Canlandırma üslubunda yaygın olarak kullanılan karyatit, kadının, başının üstündeki yükü taşımasının geleneksel şeklini temsil eder.

Herm

Yarısı insan yarısı pilastr olan bu figüre *herm* denmektedir (Yunan tanrısı Hermes'ten gelir) ve Rönesans bezemelerinde, özellikle Kuzey Avrupa'da sıklıkla kullanılan bir öğedir. Antikite'de *herm*'in cinsel organları belirgindi. Ancak sonraki yıllarda bu figür yaygın bir grotesk türü olmaya başlayınca cinsel organ kullanılmamaya başlandı.

Bitim elemanı olarak baş

Hem kadın hem de erkek insan başları, Romanesk ve Gotik dönemlerdeki süslemelerde yaygın olarak kullanılıyordu. Bindirmelikleri süslemeye ve örneğin, buradaki gibi, pencere ve kemerlerin etrafındaki mimari silmelerin bitim noktalarını işaretlemeye yarıyordu. Hayvan yüzü de aynı şekilde kullanılabilmekteydi.

Aşk tanrısı

Genellikle elinde bir yay taşıyan kanatlı erkek çocuğu figürüne aşk tanrısı denir. Kendi başına ya da kırlantlar ve diğer bezemelerle birlikte kullanılabilir. *Putti* de (eski İtalyancada, 'küçük erkek çocuklar') aşk tanrılarına benzer, ama kanatları yoktur. Kullanılan figürler arasında kanatlı bebek başı da vardı.

Atlant

Sırtına bindirilen binayı taşırken yüzü ve bedeni eğilerek gerilmiş erkek figürüne, Yunan mitolojisinin Zeus'a başkaldıran güçlü tanrısının ismi verilmiştir; *atlas* yani atlant. Bir bakıma komik bir görüntüsü vardır. Buradaki atlantlar, Almanya'da yapılmış bir 19. yüzyıl apartmanına ait bir kapının çevresini taşımaktadır.

Hayvan Formu

Hayvan formları dekoratif olarak çok farklı şekillerde kullanılabilmektedir. İnsan figürlerinde olduğu gibi, binanın parçaları hayvan şekline bürünebilir ve binanın geri kalanıyla görsel olarak bir etkileşim içine girebilir. Hayvan formu bir dekoratif motif olarak kendi başına kullanılabilir veya kıvrımdal, çiçek ya da insan formlarıyla birleştirilebilir. Grotesk ya da stilize edilmiş hayvan formu en yaygın olanıdır ve özellikle Romanesk, Gotik ve Rönesans dönemlerinin karakteristik bir öğesidir. Öte yandan, gerçek gibi görünen formlar da kullanılmıştır. Gerçekçi hayvanlar özellikle Klasik ve Neoklasik dönemlerin karakteristik bir öğesiydi. Bu dönemlerde sfenks gibi hayal ürünü yaratıklar bile canlıymış gibi tasvir edilmekteydi.

Bukranyum

Bukranyum (Latince *bucrania* sözcüğü 'öküzbaşı' anlamına gelir) Klasik dönemde yaygın olarak kullanılmaktaydı. Sonra Rönesans'tan itibaren, frizleri beslemek için genellikle kırlantlarla birlikte yeniden kullanılmaya başlandı. Bukranyum muhtemelen Antik Yunan ve Roma'daki dini törenlerde kurban edilen öküzleri hatırlatmak için kullanılmaktaydı.

Gagalı kafa

Tasarımcılar, mimari biçimlerin hayvan ve insan özellikleri alıyor olmasından her zaman zevk almışlardır. Buradaki Romanesk silme, stilize edilmiş bir gagalı kafa tarafından ısırılmaktadır. Çoğu gagalı kafa kuşa benziyordu, ancak hayvan ya da başka insansı formların kullanıldığı da bilinmektedir.

Grotesk

Stilize edilmiş tuhaf insan veya hayvan figürleri grotesk olarak bilinir. Grotesk, diğer dönemlerde de kullanılmakla birlikte, özellikle Gotik, Romanesk ve –burada olduğu gibi– Rönesans'taki dekoratif tasarımların bir özelliğiydi. Genellikle sırt sırta dayanmış ya da karşı karşıya gelmiş çiftler halinde çoklu olarak kullanılmakta ve kıvrımdallarla birleştirilmekteydi.

Sfenks

Yarı insan yarı aslan şeklindeki efsanevi yaratık sfenks, Antik Yunan ve Roma mitolojisinde sevilen bir figürdü. Genellikle girişleri koruyan sfenks, sadece dekoratif bir öğe olarak da kullanılmaktaydı. Diğer hayali yaratıklar arasında *harpy* (yarı kadın yarı kuş) ve santor (yarı erkek yarı at) vardır.

Pençeli ayak

Hayvan ayağı, patisi ya da pençesi, özellikle 18. yüzyılda, sütun altlıklarını ve mobilya ayaklarını süslemek için kullanılmaktaydı. Bir sütun altlığının altından çıkan bu pençeler, strüktürel öğenin canlı bir varlık olduğu izlenimini vermektedir.

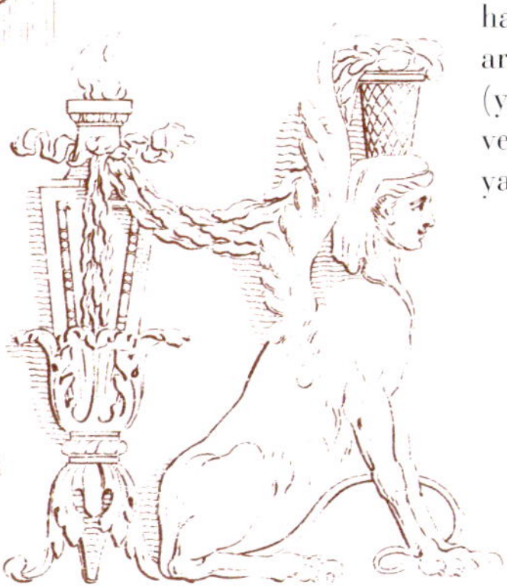

Kıvrımdal

Yapraklar, bitki dalları ve diğer kıvrımdallar, her yerde yaygın olarak kullanılan dekoratif motiflerdir ve çok çeşitli kullanımlar için elverişlidir. Kıvrımdal son derece doğal ve canlı durabilir ya da yaprağın özü alınıp, motif bu yalın öze indirgenecek şekilde hayli stilize edilebilir. Sütun başlıklarını süsleyebilir. Korent üslubundakiler gibi pek çok sütun başlığı, kıvrımdal tasarımları üzerine temellenmiştir. Kıvrımdal izleri ve sarmalları, bütüncül bir örüntü içinde büyük bir yüzeyi kaplayacak şekilde kullanılabilir ya da tek-yapraklı biçimler halinde, binanın önemli noktalarında mimari vurgu unsurları olarak tanımlanabilir.

Akant yaprağı
Acanthus spinosus bitkisinin büyük ve tırtıklı yaprağı, eskiden beri, mimarların ilgisini çekmektedir. Özellikle Korent sütun başlıklarında görece doğal biçimler içinde görülmektedir. Burada gördüğünüz, Atina'daki Zeus Tapınağı'nda olduğu gibi. Öte yandan bu yaprak, sonraki dönemlerde karşımıza çıkan, daha çok stilize edilmiş kıvrımdallı Gotik başlıkların da çıkış noktasıdır.

Çengel bezek

Sütun başlığı, kalkan duvarı ya da markiz gibi bir Gotik mimari öğenin kenarından kıvrımlanarak çıkan, stilize edilmiş kıvrımdala çengel bezek adı verilir. Çengel bezek genellikle, kısmen açmış bir yaprak şeklinde oyulur. Buradaki çengel bezekler goncalarla birleştirilerek daha zengin bir dekoratif etki meydana getirilmiştir.

Doğal kıvrımdal

Mimari bezemede hem stilize edilmiş hem de doğal (gerçekçi) kıvrımdal yaygın olarak kullanılmıştır. Doğal kıvrımdal Gotik üslubun karakteristik bir özelliğiydi. Bu dönemde ustalar taştan, canlı gibi görünen çiçek, yaprak ve meyve motifleri çıkarmanın keyfini sürüyorlardı. Fransa, Reims'teki bu sütun başlıklarında da doğal meşe yaprakları ve böğürtlenler bulunmaktadır.

Kıvrımdal izleri

Büyük bir alanı görece az sayıda bezemeyle kaplamak için, iç içe geçmiş kıvrımdallar kullanmak en pratik yöntemdir. Bu temanın çeşitlemeleri mimarlık tarihindeki çoğu dönemde hem kavisli hem de düz yüzeylerde ortaya çıkmıştır. Buradaki örnek eski bir Rönesans pilastrına aittir.

Arabesk

Zarifçe kımıldayan, stilize edilmiş kıvrımdal tasarımına arabesk denir ve bunlar genellikle duvarın üzerindeki genel örtünün bir parçası olarak kullanılır. İsminden hareketle Arap kökenli olduğu zannedilir. Oysa, Barok ve Rokoko dönemlerde revaçta olan bu doğal tasarımların, İslam mimarlığında tercih edilen daha geometrik tasarımlarla pek bir ilgisi yoktur.

Floral

Tüm çiçek türleri mimarlık tarihinin her döneminde dekoratif bir motif olarak revaçta olmuştur. Hem oldukları gibi çok canlı bir şekilde temsil edilmekte, hem de neredeyse geometrik hale gelinceye kadar stilize edilmekteydiler. Floral motifler Klasik mimarlığın (özellikle Yunan), Ortaçağ, Barok ve 19. yüzyılın karakteristik bir öğesi olmakla birlikte, aslında kullanılmadıkları bir dönem hiç olmamıştı. Çiçekler, tıpkı hayatın içinde olduğu gibi, kıvrımdal ve meyve gibi diğer motiflerle birleştirilmeye elverişlidir. Bir araya getirilen motiflerle asma dekorları ve kırlantlar oluşturulur. Ayrıca hem doğal hem de geometrik olanları tekrarlayan örüntüler oluşturmak için de elverişlidirler.

Antemiyon

Antemiyon, hanımelini esas alan, stilize edilmiş bir çiçektir. İlk olarak Antik Yunan mimarlığında görülmüş ve sonra da özellikle Neoklasik dönemde kullanılmıştır. Benzer şekilde stilize edilmiş diğer çiçekler arasında, palmiye yaprağını esas alan palmet, burada görüldüğü gibi, genellikle antemiyonlarla birlikte kullanılmıştır.

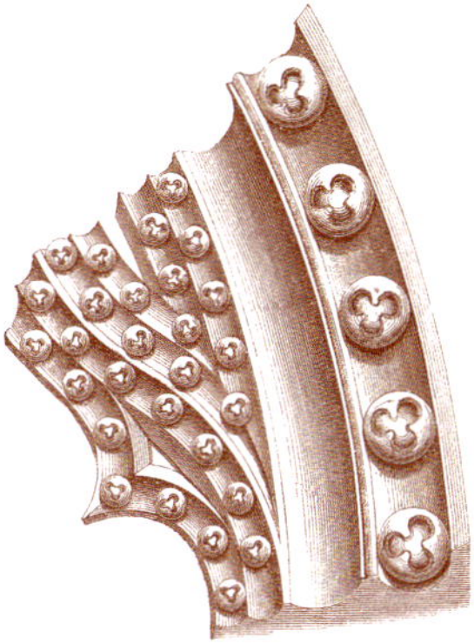

Gülbezek

Gülbezek (stilize edilmiş gül), çağlar boyunca mimari süslemede en yaygın biçimde kullanılmış motiflerden biridir. Bunun başlıca nedeni, üst üste binen yapraklardan oluşan basit tasarımın kolayca uygulanabilmesiydi. Gülbezek bir noktalama işareti gibi tek başına kullanılabilir ya da daha büyük bir tasarımın parçası olabilir.

Gonca

14. yüzyıl İngiliz Bezemeli Gotik mimarlığının en karakteristik öğelerinden biri, gonca halindeki çiçek motifidir. Stilize edilmiş üç taçyapraklı bir tomurcuğa benzeyen bu motif, yuvarlak bir top gibidir. Genellikle diziler halinde kullanılan goncalar kapı açıtlarını, kemerleri, pencereleri ve külâhları süsleyerek bütünlüklü bir örüntü meydana getirirler.

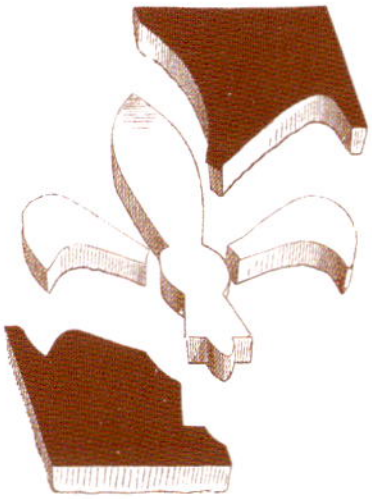

Kırlant

Çiçekler, meyveler ve kıvrımdallar genellikle bir mimari bezemenin içinde bir araya getirilmiş olarak görülür. Bunu yapmanın yollarından biri, bir kırlant ya da asma dekor meydana getirmektir. Feston olarak da bilinen bu bezeme gerçek bitkilerle de yapılabilir. Kırlantlar, daha gerçekçi görünmeleri için genellikle yüksek kabartmalı olarak oyulur.

Fleur-de-lis

Fleur-de-lis, stilize edilmiş bir zambak motifidir ve iki yanında gevşek bir şekilde duran parçaları vardır. Fransız monarşisinin amblemi olan bu biçim, bir bezeme öğesi olarak geniş çapta kullanılmıştır. Burada döşeme karoları, tekrarlayan bir *fleur-de-lis* desenini oluşturacak şekilde biçimlendirilmiştir. *Fleur-de-lis* aynı zamanda Meryem Ana'yla bağdaştırılan bir saflık sembolüydü.

Geometrik

Her türlü geometrik şekil (çizgiler, kareler, daireler, çaprazlar ve arada kalan şekillerin tamamı) bezeme tasarımının temel unsurudur. Geometrik şekiller özellikle değişkendir, çünkü ölçeği büyütülebilir; daha karmaşık öğeler meydana getirmek için çoklu olarak kullanılabilir ve sonsuza kadar uzatılarak büyük alanlar ya da uzun mesafeler kaplanabilir. Bu desenler mimari tasarımın tüm dönemlerinde kullanılmıştır ve hiçbir dönemin bir diğeri üzerinde üstünlüğü yoktur. Öte yandan belirli şekiller bazı dönemlerle, diğerleriyle olduğundan biraz daha fazla ilişkilenmiştir; örneğin Romanesk dönemin kırıkçubukları ya da Klasik menderes.

Kırıkçubuk

Kırıkçubuk (zikzak); kemer, pencere ve kapı gibi kavisli öğelerin üzerinde kullanılmaya elverişlidir. Çünkü sivri uçlu bu şekil, daha geniş veya dar yapılarak kavise uydurulabilir. Genellikle Romanesk dönemle ilişkilendirilir. İngiltere, Wiltshire'daki Devizes'te bunun bir örneği görülmektedir. Kırıkçubuk, Art Deco döneminde de revaçtaydı.

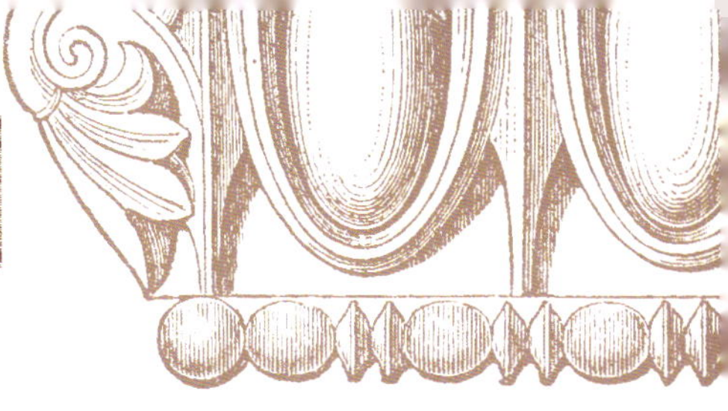

Menderes

Menderes deseni, kesişen çizgilerin dikaçılarla bir ileri bir geri gitmesi, bunu yaparken de birbirini kesmesiyle meydana gelir. *Greek key* olarak da bilinen menderes deseni Antik Yunan'da yaygın olarak kullanılmaktaydı. Ayrıca geç 18. yüzyıl Neoklasik bezeme tasarımlarının da önemli bir parçasıydı.

Yumurta-ok

Tepesi kırılmış yumurtayla aralarına serpiştirilmiş oklardan oluşan bu diziye, somut benzerliğinden dolayı yumurta-ok silmesi adı verilir. Burada, daha ayrıntılı bir etki meydana getirmek için bir inci dizisiyle birleştirilmiştir. Yumurta-ok hem Klasik dönemde hem de Klasik Yeniden Canlandırma üsluplarında kornişler ve diğer silme bantlarında yaygın olarak kullanılmıştır.

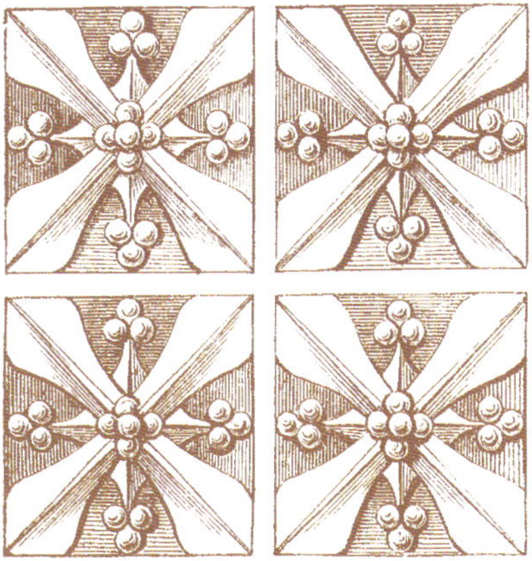

Baklava deseni

Gruplar halinde ya da çoklu olarak kullanılan X veya haç şekilleri, birbiriyle kesişen karmaşık bütünsellikte desenler meydana getirebilir. Tekstilde kullanılması nedeniyle genellikle baklava deseni ismi yaygınlaşmıştır. Baklava deseni oyulabilir, karolara uygulanabilir ya da açık ve koyu renkli tuğla kullanılarak oluşturulabilir.

Meneviş

Birbirinin içine geçen dairelerden oluşan desene meneviş adı verilir. Benzerlik gösterdiği menderes deseni gibi, meneviş de frizleri ve kornişleri süslemekteydi. Korniş ve tavan silmelerine çok zengin bir görünüm kazandırmak için kullanılıyordu.

Bezeme Olarak Mimarlık

Mimari öğeler dekoratif oldukları kadar işlevseldir ve pek çok durumda temel işlevleri görsel doygunluk vermektir. Tepe tomurcuğu bacayı bir başka şekilde sonlandırır; çeşitli bindirmelikler çıkıntılı elemanları taşır gibi görünür, oysa strüktürel dayanım genellikle başka yollarla çözülmektedir. Mimari detaylar da tamamen dekoratif şekillerde kullanılabilir. Gotik dönemde kalkan duvarları ve girişik bezemeler yaygın olarak bu şekilde kullanılmaktaydı. Pencere ve kapıların üzerine yerleştirilen alınlıklar bina bitimlerindeki kalkan duvarlarını temsil etmekteydi. Bu bölümde bu dekoratif mimari öğelerin birkaçı ele alınmaktadır.

Mikro-mimari
Bu sivri külâhın alt kısmında, kalkan duvarı ve niş gibi minyatür mimari detaylar kullanılarak dekoratif bir minyatür bina dizisi meydana getirilmiştir. Mikro-mimari olarak bilinen bu dekoratif motif, 14. yüzyıl Gotik mimarlığında, özellikle İngiltere'de çok revaçtaydı.

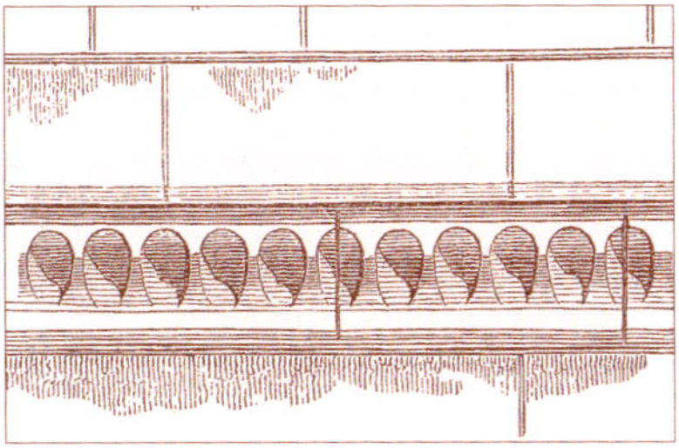

Kat silmesi

Katlar arasına ya da cephelerdeki diğer önemli bitişme yerlerine konan ince yatay bantlara kat silmesi adı verilir. Kat silmesi Romanesk ve Gotik dönemlerde yaygın olarak kullanılmaktaydı. Benzer bir etki, sonraları tuğla binalarda, sıvalı veya doku verilmiş tuğlalarla sağlanmıştı.

Alınlık

Alınlık, üç kenarı da kornişli silmelerle çevrelenmiş dekoratif bir kalkan duvarıdır. Alınlıklar, burada görüldüğü gibi, üçgensi ya da kavisli olabilir. Buradaki örneğin tepesi kırmadır, ortasında kupalı bir tepe tomurcuğu yer alır. Alınlıkların tabanı da kırma olabiliyordu (alt kısım ayrılıyordu).

Konsol

Konsol, sarmallanan ters S-şeklindeki bezemeli bir bindirmeliktir. Klasik dönemde ve tüm Klasik Yeniden Canlandırma üsluplarında balkonları (bu Rokoko örnekte olduğu gibi), şömine rafları ile kapı ve pencere üstlerindeki kornişler gibi çıkıntı yapan elemanları taşımak için yaygın olarak kullanılmaktaydı.

Markiz

Markiz, bir heykelin, ya da burada olduğu gibi, bir kapının üzerine yerleştirilen çıkıntılı bir başlıktır. Deniz kabuğuna benzeyen bu markiz, Connecticut'taki eski bir Amerikan evinde, kavisli bir alınlığın içi oyularak oluşturulmuştur. Markiz, Gotik mimarlıkta da yaygın olarak kullanılmaktaydı.

Silme

Silme, genellikle üçboyutlu olan bir sürekli banttır. Bir açıtı ya da sütun başlığı, altlık veya korniş gibi başka bir mimari elemanı güzelleştirmek için kullanılır. Silmeler kalın dairesel (genellikle tam kaval silme denir), oluklu ve eğimli (45 derecelik pah gibi) şekiller alabilir. Bir silmeyi süslemek için neredeyse her türden desen kullanılabilir. Ancak yumurta-ok gibi kesintisiz desenler ve tekrarlayan tasarımlar özellikle yaygındır, çünkü bunlar herhangi bir uzunluğa uyarlanabilir. Tekrarlanan bu tasarımlar farklı boyutlarda olabilir ve bazıları, örneğin furuşlar, oldukça büyük tasarlanabilir.

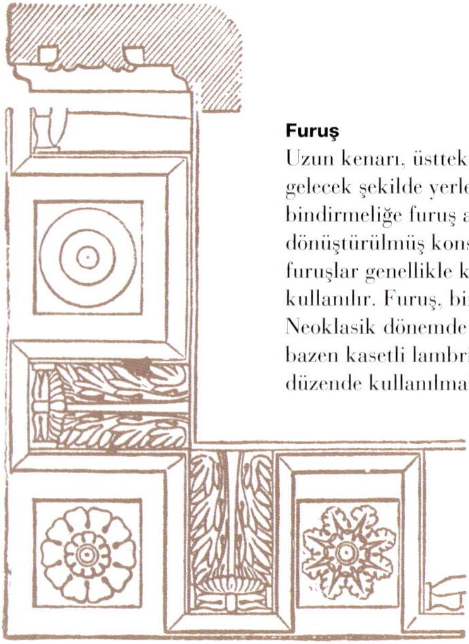

Furuş
Uzun kenarı, üstteki yatay yüzeyin karşısına gelecek şekilde yerleştirilen bu S-kıvrımlı bindirmeliğe furuş adı verilir. Yatay bir şekle dönüştürülmüş konsol bindirmeliğine benzeyen furuşlar genellikle kornişin alt kısımlarında kullanılır. Furuş, bir bezeme türü olarak Neoklasik dönemde oldukça revaçtaydı ve bazen kasetli lambrilerle birlikte almaşık bir düzende kullanılmaktaydı.

Boyunsak silme ve tam kaval

Bu İyon sütun altlığı, silmelerin (kavisler, oluklar, sonradan eklenen silmeler) bir mimari elemanı ışık ve gölgeyle birlikte nasıl zenginleştirdiğini gösteriyor. Altlığın biçimi temel olarak incelmektedir. Ancak bu etki oluk silme (ya da boyunsak silme) ve kalın dairesel silmeyle (tam kaval) kırılmaktadır. Üstteki tam kaval silmenin üzerine, birbirinin içine geçen desenler eklenmiştir.

Pah

Mimari elemanları yumuşatmak için kenarlarına eğim verilebilir. Dört köşeli bir silmenin kenarlarının eğik bir biçimde kesilmesi, yani pah yapılması, Romanesk ve Gotik dönemlerde özellikle yaygındı. Ama pahlar başka dönemlerde de kullanılmıştı. Pah yalnız başına ya da diğer silmelerle birlikte kullanılabilir.

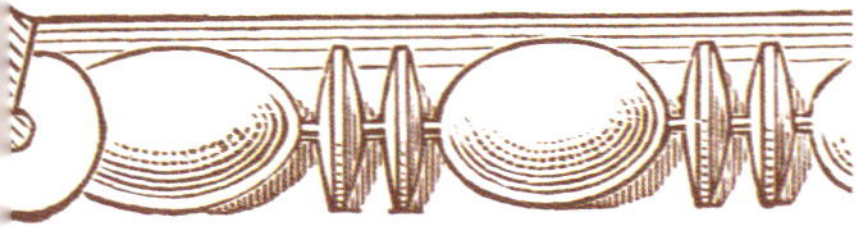

Tespih bezek

Dizilmiş boncuklara benzeyen bu silmeye tespih bezek adı verilir. Klasik Yunan mimarlığında İyon düzeniyle bağdaştırılmıştı. Fakat hem Roma'da, hem de Neoklasik dahil olmak üzere sonraki dönemlerde yaygın olarak kullanılmıştı. Romanesk mimarlıkta da farklı şekillerde görülmüştü.

Yumurta-ok

Bu silmenin isminin nereden geldiğini anlamak kolaydır, çünkü tıpkı ince oklarla ayrılmış bir dizi yumurtaya benzemektedir. Okun biçimine bağlı olarak bazen yumurta-dil veya yumurta-çapa gibi biçimler de almaktadır. Klasik mimarlığın ve onun türevlerinin önemli bir unsuruydu.

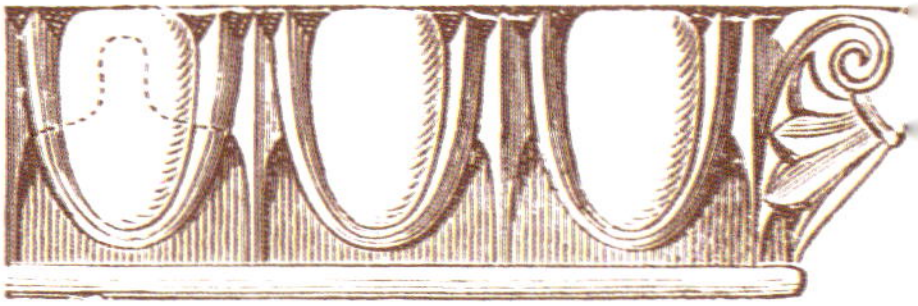

Dekoratif Nesne

Cansız nesne tasvirleri genellikle bir bezeme öğesi olarak kullanılmaktaydı. Bunlar arasında mızrak, ok gibi silahlar, vazolar, kupalar ve piramit biçimli dikilitaşlar en yaygın olanlarıydı. Dekoratif deri kayışlarını temsil eden örgü bezeme gibi nesnelerin stilize edilmiş tasvirleri de revaçtaydı. Bu tür nesnelerin kendi başlarına veya kıvrımdallar ve diğer motiflerle birlikte kullanılması, Yunan ve Roma dönemleriyle doğrudan ilişkilendiği için, özellikle Rönesans, Barok ve Neoklasik dönemlerinde oldukça yaygındı. Pek çok nesnenin, ancak uzman kişiler tarafından anlaşılabilecek mecazi ya da sembolik anlamları vardı: Örneğin kupa, ölümü anımsatmaktaydı.

Kartuş
S-kıvrımlı bir çerçevesi olan oyma duvar plağına kartuş adı verilir. Her zaman değil ama bazen kartuşların içinde kitabe, figür ya da dekorlar yer alabilir. Kartuşlar Barok ve Rokoko bezemelerinde özellikle revaçtaydı ve genellikle şeritler, armalar ya da kıvrımdal izleriyle çevrelenerek genel bir dekoratif etki meydana getirilmekteydi.

Hanedanlık arması

Kalkan, başlık ve hanedanlıkla ilgili diğer nişanlar mimari bezeme olarak Ortaçağ ve Rönesans'ta son derece revaçtaydı. 17. yüzyıla tarihlenen, Edinburgh'daki Heriot's Hastanesi'nin girişindeki detaylı göbeğin ortasında, kurucusunun hanedanlık kalkanı, üstte miğferi ve altta da ona ait bir özlü söz yer almaktadır.

Örgü bezeme

Deri kayışlarına benzerliği nedeniyle bu ismi alan örgü bezeme, Kuzey Avrupa mimarlığında, özellikle İngiltere ve Kuzeybatı Avrupa ülkelerinde revaçta olan bir süsleme biçimiydi. Örgü bezeme bir yüzeye uygulanabilmekte, ya da burada olduğu gibi, tek başına bir arma olarak kullanılmakta, ışık-gölge oyunları yapmaktadır.

Dikilitaş

Belçika, Antwerp'teki Belediye Sarayı'nın (1561-5) kalkan duvarında görüldüğü gibi, yüksek düz hatlı ve yukarıya doğru sivrilen gövdelere dikilitaş adı verilir. Dikilitaş, Kuzey Avrupa Rönesans mimarlığının önemli bir dekoratif öğesiydi ve genellikle kalkan duvarlarında kullanılmaktaydı.

Kupa

Kupa, kapağı da olan yüksek, kavisli bir kaptır. İncelen bir altlık üzerine yerleştirilir. Neoklasik mimar Robert Adam tarafından tasarlanan bu örnekte olduğu gibi, Romalıların cenaze törenlerinde kullandıkları kaptan türeyen kupa, ölümü temsil eder. Vazo da buna benzer ama kapağı yoktur.

Sözlük

AÇIT MERKEZİ açıt ayağının iç yüzeyi.

AKANT derin kıvrımlı yaprakları olan bir bitki türü (kengeryaprağı olarak da bilinir).

ALÇI SIVA ince dövülmüş kireç veya alçıtaşı hamuru; iç mekân duvarlarının ince işçiliğinde kullanılır.

ALEVLİ GOTİK akış içindeki motiflerle karakterize olan, Gotik mimarlığa ait bir Geç Ortaçağ üslubu.

ALINLIK bir Klasik portiğin üzerindeki kalkan duvarı; aynı zamanda dekoratif olarak kullanılan kalkan duvarı biçimlenmesi.

ALL'ANTICA Antik dönem örnekleri üzerine temellenen.

ALTAR Tanrı'ya adak yapılan masa ya da kaide.

ALTKUBBE genellikle daha büyük bir kubbeyi taşımak için kullanılan kısmi kubbe.

AMBÜLATUAR kilise korosunu kuşatan yan sahın (çevredalız olarak da bilinir).

ANTEFİKS Klasik çağda çatı kenarı boyunca kullanılan düşey bitim elemanlarından biri.

ANTEMİYON stilize edilmiş hanımeli yaprağı.

ANTİKİTE Antik Yunan ve Roma çağları (Antikçağ olarak da bilinir).

APSİT kilisenin kavisli doğu ucu.

ARABESK kıvrımdal tasarımları.

ARKAT kemer dizisi.

ARMACILIK otoriteye ait ve sembolik nişanlardan oluşan kaplama sistemi.

ARMACILIKLA İLGİLİ armacılık bilgisi kullanan veya ona ilişkin olan.

ARMUDİ bir basık ters veya S-şeklinde kavis.

ARŞİTRAV Klasik saçaklığın en alçak bileşeni (baştaban olarak da bilinir); bir açıtı çevreleyen çerçeve veya pervaz.

ASTRAGAL dışbükey silme.

AŞIK çatı boyunca uzanan yatay kiriş.

ATLANT Yunan tanrısı Atlas'ı temsil eden erkek figürü şeklindeki mesnet.

ATRİYUM çatısı açık giriş holü veya merkezi avlu.

BAKLAVA bir eşkenar dörtgen şekli.

BAKLAVA DESENİ kare ya da eşkenar dörtgenlerin tekrarıyla meydana gelen desen.

BALKON çıkıntı yapan galeri veya geçit.

BAROK 17. ve 18. yüzyılın abartılı Avrupa mimarlık üslubu.

BAZİLİKA yan sahınlı nefiyle bir Roma ve Hıristiyan bina türü.

BEAUX-ARTS 19. yüzyıl sonu ile 20. yüzyıl başlarına ait süslü bir mimari tarz.

BETON donduğunda son derece sertleşen çimento ve agrega (kum ve taş) karışımı; yapı malzemesi olarak kullanılır.

BEZEKLİ KİLİTTAŞI tonoz kaburgalarını birbirine bağlayan merkezi taş.

BEZEMELİ GOTİK İngiliz Gotik mimarlığına ait bir üslup.

BİNA KOLU binanın yan kısımları.

BİNDİRME üstteki kemer ya da kolonu destekleyen çıkıntılı blok veya sütun başlığı.

BOYUNSAK SİLME oluk oluşturan silme (ters deveboynu olarak da bilinir).

BUKRANYUM genellikle kırlantlarla birlikte bezeme olarak kullanılan öküzbaşı.

BURÇ kalenin ana kulesi.

BÜST bir insan figürünün baş ve omuzlarını gösteren heykel.

CAM KAYITI penceredeki camları tutan düşey veya yatay kayıt; pencere kayıtı da denir.

CEPHE binanın dik doğrultuda bakılan iç veya dış görünüşleri.

CEPHE KAPLAMASI dış cephede kullanılan kaplama.

COTTAGE ORNÉ düşsel bir kırsal üslup içindeki 'bezemeli kır evi'; çoğu kez bir Pitoresk peyzaj oluşturma amacı taşır.

CUMBA PENCERESİ zemin katın üzerinde başlayan çıkma pencere.

ÇAN DUVARI çanları taşıyan küçük kalkan duvarı.

ÇAN KULESİ çan için yapılan kule.

ÇAPRAZ BAĞLAMA bir dizi dikmeyi birleştiren çapraz destek.

ÇAPRAZ KABURGA taşıyıcı kaburga ile ortadaki bağlama kaburgası arasında kalan dekoratif kaburga.

ÇATI EĞİMİ bir çatı yüzeyinin eğimi.

ÇATI PENCERESİ çatıdan çıkan pencere.

ÇENGEL BEZEK kıvrık yaprak biçiminde çıkıntılı bezeme deseni.

ÇIKMA konsol yapan üst kat.

ÇIKMA KULE özellikle zemin kat seviyesinden sonra başlayan küçük kule.

ÇIKMA PENCERESİ dairesel planlı çıkma pencere.

ÇİFTE KEMERLİ PENCERE DÜZENİ iki açıtlı pencere; genellikle üstünde bir de daire biçimli bir pencere bulunur. Venedik kemeri olarak da bilinir.

ÇİMENTO katılaşıp sertleşme özelliği olan killi kalker esaslı yapı; harç, beton ve sıva yapımında kullanılır.

ÇÖRTEN damlardaki yağmur veya kar sularını uzağa akıtmak için yapıdan dışarıya uzanan oluk.

DAYANMA AYAĞI duvarı güçlendirmek amacıyla kalınlığını artıran kâgir kütle.

DERZ KİREMİDİ *tegula* denen çatı kiremitlerinin arasındaki geçmeleri kapamak için kullanılan kavisli kiremit.

DEVSÜTUN DÜZENİ iki veya daha çok kat yüksekliğindeki kemer.

***DIOCLETIAN* PENCERE DÜZENİ** üç altbölümü olan bir yarım daire açıt.

DİKEY ÜSLUP İngiliz Gotik mimarlığına ait bir 15. yüzyıl üslubu; duvar ve pencerelerindeki dikaçılarla oluşturulmuş bölümlenme etkisiyle karakterize olmuştur.

DİKİLİTAŞ dört taraflı, giderek incelen yüksek bir biçimlenme.

DİKME bir düşey, ahşap taşıyıcı.

DİŞ DİZİSİ küçük kare bloklardan oluşan bir dizi.

DOĞAL gerçekçi duran.

DOLGU bir yapının bileşenleri arasındaki boşlukları doldurmak için kullanılan malzeme.

DOR DÜZENİ beş Klasik düzenden biri.

DÖRTYAPRAK dört dilimi olan bir şekil.

DÖŞEME KİRİŞİ döşeme ya da tavanı destekleyen yatay ahşap eleman.

DUMAN BACASI dumanı dışarıya atan baca içindeki kanal.

DUVARCI taş veya tuğla örgüsü yapan kişi.

DÜŞEY KAYIT pencereyi bölümlere ayıran düşey eleman.

EKSEDRA büyük niş.

EN DÉLIT bağımsız (Gotik sütuna atfen).

ETEK bir duvar, kolon ya da diğer dikmelerin altından uzayan sade yapı öğesi.

FAKULYA kemer ile çevresindeki dikdörtgen arasında kalan üçgen alan (kemer köşe tablası olarak da bilinir).

FASETA bir geometrik şeklin yüzlerinden biri.

FEDERAL ÜSLUP yaklaşık olarak 1776 ile 1830 arasına tarihlenen Amerikan Neoklasik mimarlığı.

FENER bir çatı ya da kubbenin üzerinde yer alan ve içeriye ışık almayı sağlayan kule.

FESTON birbirine şeritlerle bağlanan kıvrımdal ve meyve desenleri.

FİLAYAĞI kolon ya da payanda ayağı.

FLÈCHE küçük sivri külâh; genellikle ahşapla yapılıp kurşunla kaplanır.

FRANSIZBALKONU VEYA FRANSIZPENCERESİ döşemeye kadar inen ve bir balkona ya da terasa kapı gibi açılan pencere.

FRESK pigmentin doğrudan ıslak sıva üzerine uygulandığı resim.

FRİZ bir dekoratif yatay bant; özellikle saçaklığın ortasında yer alan bileşen.

FURUŞ kornişin altına konan yatay S-kıvrımlı bindirmelik.

GALERİ bir yanı genellikle açık olan geçit.

Sözlük

GEÇİŞLİ ODALAR kapılarla birbirine bağlanan bir dizi oda.

GEÇME TONOZ (HAÇTONOZ) kaburgası olmayan beşiktonozların [*ç.n.* dik olarak] kesişimi.

GEORGIAN yaklaşık olarak 1714 ile 1830 arasına tarihlenen İngiliz mimarlık üslubu.

GİRİŞİK BEZEMELİ PENCERE KAYITI Gotik penceredeki dekoratif taş kayıtlar.

GİYDİRME CEPHE bir taşıyıcı iskeletin önüne takılan ve taşıyıcı olmayan ince çeper.

GOTİK yaklaşık olarak 1150 ile 1500 yılları arasındaki Avrupa mimarlık üslubu.

GOTİK YENİDEN CANLANDIRMA geç 18. yüzyıl ile 19. yüzyıl arasında Gotik'ten esinlenerek geliştirilen üslup.

GÖĞÜSLEME KİRİŞİ bir dikmeyi taşımak için konsol yapan kısa, ahşap çatı elemanı.

GÖMME (sütunlar için) duvara gömülmüş gibi duran.

GÖZ genellikle pencere ya da kemerlerle oluşturulan düşey kısım.

GÖZPENCERE daire biçimli pencere.

GROTESK fantastik ya da efsanevi; özellikle insan, hayvan ve kıvrımdal biçimlerini bir araya getiren figürlere atfedilir.

GÜVERCİNLİK güvercin veya kumru yetiştirmek için yapılan yapı.

HAÇVARİ haç biçimi verilmiş.

HARÇ kireç veya çimentoyla yapılan ve tuğla veya yapı elemanları arasında kullanılan hamur.

HIMIŞ ahşap iskeleti açıkta olan, dolgulu yapım.

HOL giriş mekânı; aynı zamanda Ortaçağ evinin ana odası.

IŞIK ŞEVİ eğik yüzey [*ç.n.* içeriye daha çok ışık almak için pencere kenarında yapılan şev, abajur olarak da bilinir].

İKİ ÇERÇEVESİ DE HAREKETLİ DÜŞEY SÜRME PENCERE iki sürme bölümü olan pencere çerçevesi.

İSKELET ahşap ya da metalle yapılan bir strüktürel çerçeve.

İYON DÜZENİ beş Klasik düzenden biri.

KABA YONU her bloğun, ortası çıkıntı yapacak şekilde kesildiği taş örgüsü.

KABURGA tonoz kemerlerinin üzerindeki silme.

KÂGİR taş veya tuğladan yapılmış.

KAİDE bir sütunun altında yer alan veya bir heykeli taşıyan altstrüktür.

KALE MAZGALI kesiti alçalıp yükselen parapet duvarı; mazgallı siper olarak da bilinir.

KALKAN DUVARI çatı bitimindeki duvarın üçgen bölümü.

KANATLI PENCERE kapağı menteşeli olan pencere.

KAPI SAÇAĞI kapının önünde kısmen kapalı olan mekân.

KARTUŞ genellikle oval ya da daire şeklinde olan dekoratif çerçeve.

KARYATİT kıvrımlı giysiler içindeki kadın figürü şeklinde olan mesnet.

KASETLEME gömük bölme dokusu.

KAT bir binanın döşeme seviyesi veya iki döşeme arasındaki boşluk.

KAT SİLMESİ katları görsel olarak ayıran çıkıntılı, yatay silme; kordon olarak da bilinir.

KEMER [*ç.n.* genellikle] yay şeklinde olan açma.

KEMER TABLASI kapı lentosu ile üstündeki kemer arasında kalan alan.

KEPENK pencereyi kapamak için kullanılan ahşap kapak.

KESME TAŞ düzenli bloklardan oluşan taş işçiliği.

KESON TEMEL ıslak koşullarda temel olarak kullanılan, sızdırmaz ve sugeçirmez beton strüktür.

KIRIKÇUBUK V-şekli veya zikzak.

KIRLANT çiçek, yaprak ve dallardan oluşan şerit; ayrıca *bkz.* Feston.

KIRMAÇATI her yöne eğilen çatı.

KİKLOP ÖRGÜSÜ çok büyük taşlarla yapılan duvar örgüsü.

KİLER Ortaçağ evlerinde yaş gıdanın saklandığı oda.

KİLİTTAŞI kemerlerde [*ç.n.* ayrıca kubbe ve tonozlarda] örgüyü kilitleyen merkezdeki taş.

KİRİŞ yatay taşıyıcı eleman.

KİRİŞ YUVASI duvar örgüsünde, iskeleyi taşımak için bırakılan boşluk.

KLASİK Antik Yunan ve Roma çağlarıyla ilgili olan.

KLASİK DÜZEN Klasik sütun ve saçaklıklar için kabul edilen beş üslup.

KOLONAT sütun dizisi.

KONOİT örneğin bir yelpazetonozun yelpazelerini meydana getiren koni şeklindeki biçimler.

KONSOL dış kenarlarında taşıyıcısı bulunmayan çıkma; üstte içe doğru ve altta dışa doğru kıvrımlanan bir çıkma desteği.

KORENT DÜZENİ beş Klasik düzenden biri.

KORKULUK küpeşteyi taşıyan düşey ayak.

KORNİŞ çıkıntı yapan yatay silme; özellikle bir saçaklığın en üst bileşeni.

KORO YERİ kilisenin koro için ayrılmış bölümü.

KÖŞE TAŞI eğimleri ve köşeleri sağlamlaştırmak için kullanılan büyük blok.

KRALİÇE ANNE TARZI Gotik ve Barok detaylandırmalarla karışık bir eklektik 19. yüzyıl tarzı.

KUBBECİK bir küçük, dekoratif kubbe şekli.

KULAKÇIK arşitravın üst kenarlarındaki çıkıntılar.

KULE genişliğine oranla yüksekliği fazla olan yapı.

KULE ÇATI *bkz.* Sivri külâh.

KURŞUN KAYIT vitray camını tutan kurşun bant.

KURUDUVAR harçsız örülmüş taş duvar.

LAMBRİ alanı silmelerle tanımlanan dekoratif ahşap veya alçı duvar kaplaması.

LENTO bir açıtın üzerindeki kiriş; dikme ya da kolonlarla taşınır.

LENTOLU YAPIM düşey taşıyıcılar ve yatay kirişlerle (lento) oluşturulan yapım şekli.

LEVHA CAMI büyük boyutlu cam levha.

LİMON KİRİŞİ merdivenin eğik çıkan kısmı; kapalı (dolu) veya açık (basamak ve rıhtları gösterecek şekilde) olabilir.

LOCA bir veya daha fazla kenarı boyunca bir açık sütun dizisi bulunan galeri.

LOMBARD BOYLAMALARI dekoratif taş bant.

LUCARNE bir küçük Gotik çatı penceresi.

LÜNET yarım daire şeklinde pencere (veya yarım daire şeklinde sağır panel).

MADALYON bir küçük, dairesel çerçeve veya motif.

MAHYA çatının en üst kenarı.

MARKİZ dekoratif saçak.

MASKE dekoratif insan veya hayvan yüzü.

MAZGALLI SİPER *bkz.* Kale mazgalı.

MENDERES düz çizgilerin belli açılarda birleşmesiyle oluşan kıvrımlı desen.

MENEVİŞ girift halkalardan oluşan dekoratif desen.

MERDİVEN DİKMESİ dönel merdivenlerde ortaya konan dikme ya da tek kollu merdivenin bitim dikmesi.

MERTEK çatı kaplamasını taşıyan uzun, eğimli ahşap eleman.

METOP Dor üslubunda yapılmış bir frizin üzerindeki sade ya da dekoratif pano; üçüzyivlerle ardışık olarak kullanılır.

MIZRAKUCU PENCERE uzun, dar ve sivri bir Erken Gotik penceresi.

MİKRO-MİMARİ dekoratif olarak kullanılan kemer ve kalkan duvarı gibi minyatür mimari motifler.

MİNARE camilerde ezan okumak için kullanılan kule (yüksek ve ince yapılıdır).

MODERNİZM yaklaşık olarak 1920'den geç 20. yüzyıla dek kullanılan mimari üslup.

MOLOZ TAŞ DUVAR kaba, işlenmemiş taşlarla örülen duvar.

MOTİF genellikle tekrarlayan dekoratif eleman.

Sözlük

MOUCHETTE gözyaşı damlasına benzeyen şekil, Gotik girişik bezemeli pencere kayıtlarında kullanılır.

MOZAİK küçük renkli döşeme parçacıklarıyla yapılan resim.

MÖ Milat'tan önceki devir (dönem).

MS Milat'tan sonraki devir (dönem).

NAOS *bkz.* Sella.

NARTEKS ilk Hıristiyan kiliselerinde, inancını yeni değiştirenlerin durduğu alan.

NEF kilise cemaatinden olanlar için kilisede ayrılan bölüm.

NEOKLASİK 18. yüzyıl ile erken 19. yüzyıl arasında revaçta olan bir mimari üslup; önceki Klasik örnekler üzerine temellenir.

NİŞ genellikle arkası ve üstü kavisli olan dekoratif girinti.

NORMAN *bkz.* Romanesk.

OEIL-DE-BOEUF dairesel veya oval pencere.

OPİSTODOM Yunan tapınağının arka tarafındaki kapalı bölüm.

OPUS RETICULATUM betonun içine yerleştirilen küçük taş parçalarının oluşturduğu ağa benzeyen örüntü (ağörgülü duvar olarak da bilinir).

ORTAÇAĞ Avrupa tarihinde yaklaşık olarak MS 1000 ile 1550 arasına tarihlenen dönem.

ÖN CEPHE bina dışının önden görünüşü.

ÖRGÜ BEZEME deriyle yapılan örgüye benzeyen dekoratif desen.

PADAVRA kaplama tahtası; aynı zamanda Kraliçe Anne tarzının geç 19. yüzyıl Amerikan mimarlığındaki çeşitlemesi.

PAH eğik olarak kesilmiş kenar.

PALLADYEN Andrea Palladio'nun (1508-80) üslubunda olan.

PALLADYEN PENCERE DÜZENİ iki düz yan penceresi olan açıt. Bu açıtların saçaklığı ortadaki kemerli açıtı taşır.

PALMET stilize edilmiş palmiye yaprağı.

PANDANTİF dairesel kubbe ile kare taban arasındaki küresel üçgen alan.

PANJUR havalandırma için kullanılan bir küçük yapı öğesi veya açıt.

PARAPET çatı seviyesinin üzerine çıkan korkuluk duvarı.

PAYANDA AYAK kolona benzeyen, ama ondan daha büyük ve daha sağlam olan kâgir taşıyıcı.

PENCERE KAYITI *bkz.* Cam kayıtı.

PENCERE ŞEVİ pencere açıtının kenarları.

PENCERE/KAPI DİKMESİ bir kapı ya da pencere açıtının düşey parçası.

PERİSTİL bir bina ya da avlunun etrafındaki Klasik kolonat.

PİLASTR yassı kolon biçimlenmesi (genellikle bir duvara gömülüdür).

PİNAKOLO dayanma ayağı ya da başka bir strüktürün tepesinde yer alan ve genellikle sivri uçlu olan bir dekoratif yapı öğesi (çatı kuleciği).

PİTORESK sözcük anlamı 'resimsi'; çeşitlilik ve dramayı vurgulayan bir estetik; geç 18. yüzyıl akımı.

PLAN bir yatay kesit veya bir binanın içindeki mekân organizasyonunu gösteren çizim.

PODYUM Klasik tapınağı taşıyan platform.

POLİKROM çok renkli.

PORTE-COCHÈRE araç erişimine izin veren, üstü kapalı geçit veya altına bir araçla girilebilecek kadar geniş kapı saçağı.

PORTİK önünde kolonadı olan üstü kapalı alan.

PUTTO çıplak erkek figürü.

PÜSKÜL kemerin içindeki dekoratif uç.

RIHT basamağın düşey kısmı.

ROKOKO hafif ve incelikli bir 18. yüzyıl üslubu (kavisli çizgileri bol ve gösterişlidir).

ROMA Antik Roma ya da MÖ 27 ile MS 330 arasına tarihlenen Roma İmparatorluğu dönemi kastedilmektedir.

ROMANESK yaklaşık olarak MS 1000 ile 1200 arasına tarihlenen bir mimari üslup; İngiltere ve Normandiya'da *Norman* olarak da bilinir.

ROTONDA dairesel mekân.

RÖNESANS Klasik biçim ve öğretilerin İtalya'da 15. ve 16. yüzyıllarda, Kuzey Avrupa'da 16. ve 17. yüzyıllarda yeniden canlanması.

RUNDBOGENSTIL Almancada 'yuvarlak-kemerli üslup' anlamına gelen ve farklı dönemlerin motiflerini kullanan bir 19. yüzyıl ortası Yeniden Canlandırma üslubu. Bu üslubu kullanan Henry Hobhouse Richardson'ın (1838-1886) ardından Amerika'da kimi zaman *Richardsonian* Romanesk olarak da adlandırılmıştır.

RÜZGÂRGÜLÜ rüzgârın yönünü gösteren döner çatı süsü.

SAÇAK çatının duvardan dışarı taşan bölümü.

SAÇAK PERVAZI çatı kalkan duvarının eğimli kenarlarını örten dekoratif levha.

SAÇAKLIK Klasik düzende sütun başlığının üzerinde yer alan yatay strüktürün tümü.

SAĞIR (kemer veya girişik bezemeli pencere kayıtının) arkasında açıtı olmayan duvar.

SAĞIR ARKAT açıtı olmayan körkemer dizisi.

SARKITMA SAÇAK pencerenin üzerini örten kumaş veya ahşap örtü; sayvan olarak da bilinir.

SAYVAN *bkz.* Sarkıtma saçak.

SCAGLIOLA pigment, alçı ve yapıştırıcıyla yapılan hamur.

SELLA bir Klasik tapınakta kutsal iç oda.

SENKENDAZ bir parapet üzerinden düşmana ok atılmasını sağlayan delik.

SINIR TAŞI bir açıtın etrafındaki kısa tuğla ya da taş bloklar.

SIRAEV bitişik ev dizisi.

SIVA çimento ve agregayla (kum veya taş) yapılan hamur; su geçirmeyen duvar kaplaması olarak kullanılır; [*ç.n.* eskiden bütün sıva işleri] stük veya stüko olarak bilinirdi.

SİLME profilli veya dekoratif bir yüzeyi olan bant.

SİVRİ KÜLÂH kilisenin yüksek, sivri kulesi; kule çatı da denir.

S-KIVRIMI S-şeklindeki kavis.

SOFİT kemer gibi bir mimari bileşenin altyüzeyi.

SPOLIA genellikle sembolik anlamı olan malzemenin yeniden kullanımı.

STİLİZE EDİLMİŞ anlatımı soyut veya sembolik olan.

STİLOBAT bir Klasik tapınak tabanı veya platformunun en üst basamağı.

STÜK *bkz.* Sıva.

SÜRME PENCERE pencere camını taşıyan ve düşeyde kayan (bazen de yana kayan) pencere.

SÜTUN genellikle bir kemer ya da saçaklığı taşıyan bağımsız düşey taşıyıcı.

SÜTUN ALTLIĞI sütunun en alt kısmı (sütunun altına konan taban).

SÜTUN BAŞLIĞI sütunun üst kısmı (sütun ile kiriş arasına konan taş parça).

SÜTUN GÖVDESİ sütunun silindirik gövde kısmı.

SÜTUNÇE küçük sütun.

ŞAPEL kilisede kendine ait altarı olan bir altbölüm veya kilisecik.

ŞÖMİNE ÇERÇEVESİ şöminenin etrafındaki dekoratif yapı öğesi.

ŞÖMİNE RAFI şömine üzerindeki lento veya raf.

ŞÖMİNE TABANI ateş yakmaya elverişli yanmaz döşeme.

TABLA ortadaki kısmı yükseltilmiş kare veya dikdörtgen pano.

TAÇKAPI anıtsal giriş kapısı.

TAM KAVAL SİLME yarım veya tam daire silme.

TAPINAK özellikle Yunan ve Roma mimarlıklarında bulunan bir dini yapı.

TAS-DE-CHARGE tonoz kaburgalarının belirmeye başladığı ya da duvar yüzeyinden çıktığı nokta.

TASVİRLİ bir anlatı tasvir eden.

TEGULA Roma çatı kiremidi; özgün hali düzdür ancak sonradan geçmenin üzerindeki derz kiremidini desteklemek amacıyla kenarlarında küçük yükseltiler yapılmıştır.

Sözlük

TEPE NOKTASI kalkan duvarının ya da üçgen alınlığın sivri tepesi.

TEPE PENCERESİ tavanda ya da tavana yakın yerde bulunan pencere dizisi.

TEPE TOMURCUĞU bir kalkan duvarı, sütun ya da diğer ayaklar üzerinde yer alan dekoratif topuz.

TEPELİK bir yatay elemanın tepesine konan bezeme öğesi.

TERAS bahçe içinde yükseltilmiş platform.

TONOZ kavisli kâgir tavan (alttan içbükey olan yarım silindir şeklindeki tavan, taş veya tuğlayla yapılır ve harçla örülür).

TONOZ BAŞLANGICI içinden tonozun yükseldiği taşlar ya da tuğlalar.

TONOZ BÖĞRÜ tonozun kaburgalar arasında kalan yüzeyi.

TOSKANA DÜZENİ beş Klasik düzenden biri.

TOURELLE zemin kat hizasının üzerindeki duvardan yükselen küçük çıkma kule.

TRANSEPT kilisede nefi dikaçıyla bölerek çıkan kısım.

TRANSEPT KAVUŞAĞI (ÇELİPLEMESİ) bir kilisede nef, transept ve koro yerinin kesiştiği alan.

TRİFORYUM bir Gotik katedralinde ortada bulunan kat.

TRİGLİF Dor üslubunda yapılmış bir frizin üzerindeki üç yivli pano; metoplarla ardışık olarak kullanılır.

TROMP kubbe ile altındaki bina arasındaki dolgu (pandantif kadar karmaşık değildir).

TRUMEAU taçkapının ortasındaki ayak, alınlık tablasını taşır.

TUDOR DÖNEMİ İngiltere tarihinde 1485 ile 1603 arasındaki dönem.

TUĞLA ÖRGÜSÜ döşenen tuğlanın meydana getirdiği örüntü.

TÜF hafif bir volkanik taş türü.

UÇAN PAYANDA bağımsız kemerli dayanma ayağı.

ÜÇYAPRAK üç dilimi olan bir şekil.

ÜSTLÜK kapı üzerinde yar alan yarım daire pencere.

VENEDİK KEMERİ *bkz.* Çifte kemerli pencere düzeni.

VİKTORYA DÖNEMİ Kraliçe Viktorya'nın egemen olduğu dönem (1837-1901).

VİLLA [*ç.n.* Rönesans'ta] yazlık veya [*ç.n.* 19. yüzyıl İngilteresi'nde] banliyö evi.

VİTRAY renkli cam.

VOLÜT spiral biçiminde olan kavis ya da kıvrım.

VOUSSOIR kemerde kama şeklinde taş.

YAĞMURLUK SİLME bir kapı ya da pencere üzerinde yer alan üç kenarlı silme.

YALIBASKISI yatay tahtaların üst üste bindirilmesiyle oluşturulan kaplama.

YAN SAHIN binanın kemer dizisiyle ayrılmış parçası.

YAN YATMIŞ eğim verilmiş.

YAPIŞIK *bkz.* Gömme.

YARIM KUBBE bir yarım daire plan şemasını örten kubbe.

YILDIZTONOZ diğer iki kaburga arasından geçen ve tamamen dekoratif olan tonoz kaburgası.

YİV bir sütun veya yüzeydeki paralel, içbükey kanallar.

YUMURTA-OK yumurta ve ok biçimindeki desenlerin ardışık olarak dizilmesiyle yapılan silme.

YUNAN MÖ 7. ile 2. yüzyıl arasına tarihlenen Antik Yunan üslubu.

YUNAN YENİDEN CANLANDIRMA geç 18. yüzyıl ile erken 19. yüzyıl arasına tarihlenen ve Antik Yunan örneklerini sürdüren üslup.

ZIVANA DİLİ iki ahşap parçasını birleştirmek için zıvanalığın içine yerleştirilen çıkıntı.

ZIVANALIK zıvana dili için açılan delik veya oluk; ahşap parçaları birleştirmede kullanılır.

Dizin

Dizin

Dizin

YAZARIN SUNUŞU

Dominique Page'e ve Ivy Press ekibine, zor koşullar altında bu kadar iyi bir iş çıkardıkları için minnettarım. James Stevens Curl'ün *Oxford Dictionary of Architecture*'ı olmadan bu kitap yazılamazdı. Karşılık beklemeden yaptığı bu iş için ona ve kitabın hazırlık sürecinde danıştığım diğer sayısız yazara çok teşekkür ederim. Özellikle Albert Rosengarten, Russel L. Sturgis, E.E. Viollet-le-Duc, J.H. Parker ve James Fergusson, sadece bu kitabın içinde yer alan yapıların çoğunu ve diğer mimari öğeleri resmetmekle kalmadılar, ayrıca bana bu yolda çok şey öğrettiler. Son olarak, en büyük teşekkürü, bana müthiş bir destek veren eşim Matthew'a, ve kendine özgü varlığıyla bana yardımcı olan Felicity'ye borçluyum.

YAYINCININ SUNUŞU

Ivy Press, görsellerinin kullanılmasına izin veren Sears Holdings Archives'e teşekkür eder.